后浪

巫蛊乱长安

汉武帝晚年的夺嫡暗战

谭木声 ◎ 著

贵州出版集团
贵州人民出版社

图书在版编目（CIP）数据

巫蛊乱长安：汉武帝晚年的夺嫡暗战 / 谭木声著. -- 贵阳：贵州人民出版社，2024.7
ISBN 978-7-221-18292-0

Ⅰ.①巫… Ⅱ.①谭… Ⅲ.①中国历史—西汉时代—通俗读物 Ⅳ.①K234.109

中国国家版本馆CIP数据核字(2024)第073320号

WUGU LUAN CHANGAN： HANWUDI WANNIAN DE DUODI ANZHAN
巫蛊乱长安：汉武帝晚年的夺嫡暗战
谭木声　著

出 版 人：朱文迅	选题策划：后浪出版公司
出版统筹：吴兴元	编辑统筹：张　鹏
策划编辑：周湖越　王潇潇	责任编辑：黄　伟
装帧设计：墨白空间·陈威伸	责任印制：常会杰

出版发行：贵州出版集团　贵州人民出版社
地　　址：贵阳市观山湖区会展东路SOHO办公区A座
印　　刷：嘉业印刷（天津）有限公司
经　　销：全国新华书店
版　　次：2024年7月第1版
印　　次：2024年7月第1次印刷
开　　本：690毫米×960毫米　1/16
印　　张：20.25
字　　数：250千字
书　　号：ISBN 978-7-221-18292-0
定　　价：68.00元

后浪出版咨询(北京)有限责任公司　版权所有，侵权必究
投诉信箱：editor@hinabook.com　　fawu@hinabook.com
未经许可，不得以任何方式复制或者抄袭本书部分或全部内容
本书若有印、装质量问题，请与本公司联系调换，电话：010-64072833

贵州人民出版社微信

目录

- 前言　从残片推想原貌的野心 ... i
- 引子　长安九日 ... 001
- 第一章　今日良宴会 ... 019
- 第二章　刘沏的竞争者 ... 025
- 第三章　巫蛊初起陈阿娇 ... 044
- 第四章　军功织就的网 ... 061
- 第五章　凋零与播种 ... 080
- 第六章　卫去李来 ... 096
- 第七章　外戚不可去 ... 116
- 第八章　杀太子的刀 ... 131
- 第九章　巫蛊再起公孙丞相 ... 148

第十章	不安的太子	163
第十一章	江充入宫了	182
第十二章	太子之死	198
第十三章	李广利与刘屈氂的约定	208
第十四章	托孤	226
第十五章	皇帝一无所知	237
第十六章	天子后悔了吗	249
第十七章	吹皱一池春水	271
附篇	他是黄雀？	293
参考文献		307

前　言
从残片推想原貌的野心

本书的写作冲动缘起于阅读历史作家刘勃《司马迁的记忆之野》的第十章"倾国",其中所提示的人物之间复杂、明灭不定的关系网给我留下了深刻的印象,汉武帝晚年令其父子反目的巫蛊之祸的真相,似乎就在这张网后若隐若现。它勾起了我巨大的好奇心,我试图梳理这张网,弄清楚那些历史人物之间的关系,由此理解他们行为的动机。

我的写作向来由好奇心所驱动。上一部作品《太后西奔》缘起于读到该事件亲历者吴永的回忆录《庚子西狩丛谈》——慈禧太后在庚子事变中的狼狈我曾有所知,但狼狈落魄至此仍令我震惊。这段充满细节的回忆那么魔幻,又那么真实;那么不可思议,又那么符合情理。一股强烈的好奇涌上来,我想搞清楚养尊处优、牢牢掌握大清命运四十多年的慈禧太后是如何跌落至此的,命运经历如此巨大的反差,对她未来的思想行事又有什么影响。

拙作《巫蛊乱长安》的核心是推理和猜想。虽然中国人可能是全世界最热爱记录历史的民族,但古代历史的记载仍然不足以让后人弄清楚许多事情的细节,许多真相也就由此湮灭。我的博士生导师马勇先生曾教导我,大意是:研究近代史,比的是谁掌握更多、更新的资料。因为近代的材料档案很多，总有学者们看不到的，同时，还有一些档案虽在世间，但不知什么时候才能公开。而古代史研究比的是谁能在现有材料中看出新意，以及在材料缺失的空白处提出有创见的、逻辑自洽的和当下可见材料难以推翻的推理和猜想。这方面最杰出的例子当属陈寅恪先生的一系列大作。

近代史和古代史的这点不同，我深有体会。写作《太后西奔》时，我努力搜罗资料，但是出版后仍然还能不断看到此前没有见到的材料，甚至是与我使用的材料相矛盾的记录。在写作《巫蛊乱长安》时，我时时能感受到现存的记载和那段丰富的历史比起来，只算得上是残破的片段，在片段之间隐约能看出一些蛛丝马迹，但是仅靠这些片段就得出一些结论，按照历史研究规范来说不可接受。比如朝中存在赵人倡户小团体，比如汉武帝有可能是非正常死亡这些事情。还有一些事，仅凭常识就能知道，必须具备一些因素才能发生，但是史家只写这些事发生了，但促使它们发生的因素没有任何记载。巫蛊之祸的关键人物江充被赵王通缉，在出行被严格限制的西汉社会，他却能够逃到长安，并且顺利地将自己的诉状递到武帝案头，在武帝提出召见他时，竟敢自定着装，而他的装束正是武帝所好。这中间任一环节都不可能是单靠他自己能解决的，但谁在帮他？为什么帮他？江充应允以什么回报？只能结合其他材料去推理、去猜测。

我写作这部作品很多时候就是在历史的碎片中去推想历史的真相，有时猜到山穷水尽处，超出了编辑容忍的极限。比如关于苏文的一章，编辑就认为推理太过，说："要不你写成小说吧。"其实我也认真考虑过这个提议，万一自己有成为下一个马伯庸先生的潜质呢？不过仔细考量下来，要完成一个完整圆滑的故事，需要补充的细节太多了，篇幅恐怕不小，主人公的动机更是得无中生有，于是只好在做了充分的说明后，将这一章作为番外篇附在文后。

不过读者诸君也不用担心，这部小书在行文时很注意区分历史材料和推理猜想，并且特意加上了注释，这让读者能明白地看出来哪些是《史记》《汉书》《资治通鉴》等史籍的记载，哪些是它们彼此矛盾之处，哪些是历代研究者的成果（其中也有大量这些研究者的推理），哪些是本书作者的推理和猜想。只要你阅读时略微专注，就不会被迷惑。书稿付梓前，承蒙在巫蛊之变问题上深有研究的李峰教授通读全书，提出很多宝贵意见，订正了书稿的一些错漏之处，使得这本推理与猜想之书具有了相对坚实的基础，我非常感谢。除此之外，本书内容还有什么错误，概由作者负责。

本书本质上不是要展现作者新发现的历史真相，而是展现历史的可能性。已经发生的历史具有唯一性，但如果只能依靠破碎的残片去还原它，它就具有了丰富的可能性。我以为，在充分掌握现有历史材料和研究成果的基础上，可以对其中的缺失之处，对因果链条的断裂处展开推理与想象。在不违背现有材料（包括文献与考古发现），不违背逻辑和常识，不背离人心人情的前提下，每一个推理和猜想都具有同等的价值。我希望本书能激起读者对历史想象的热情，焕发读者推理历史可能的冲动。看完本书后，在符合以上限定条件下，读者自己做出的推理与猜想的价值不比任何学术权威差。

想象与推理，在满足我所提到的限定条件时，不但不会贬损历史学的价值，还会给它增添魔力。在历史学能够被证明是实证的、客观的科学这一点已经变得越来越困难的当今，还不如为其加持"可能性艺术"的冠冕。

我要在此感谢我的父母与岳父岳母。这本书写作于大疫期间，三年中的大多数时候我的小家庭轮流与两边老人住在一起，承蒙他们帮助照顾我初生的小女儿，我才得以有精力写作此书。本书初稿最后一章完成的时间是 2022 年 11 月 25 日，此时我正作为航班上的次密接者被隔离在酒店。几天之后，疫情宣告结束。

木声

2024 年元旦

引 子
长安九日

七月壬午

汉武帝征和二年（前91年）七月壬午（初九），白昼，长安。

太子宫中，太子刘据的门客舍人们正集结在他身前，听候紧急命令。太子命他们分四路，假称奉皇帝诏书，收捕前水衡都尉江充，光禄勋、按道侯韩说，御史章赣，黄门苏文。

武帝此时正在长安以北三百里外的甘泉宫，据说身染疾病，已多日不与太子、皇后通音讯，遣使问候皆不得回报，京城中人都处在猜测疑虑之中，以此时的形势，由太子门客而非朝廷官员为使者传诏捕人，无论如何都不能取信于人。所以，现场应当会有门客问："如不从，当如何？"

"杀无赦！"从太子当时的处境与事情发展的结果看，他想必会如此回答。

刘据今年三十八岁，已为储君三十二年。储君是天下最有前景的"工作"，也是世间最难熬的位子。三十二年太长了，其间的苦痛压抑，让他不能再忍，这几日里发生的直接针对他的危险之事也让他明白，没有时间再忍了。

他必须搏一次。

太子门客疾赴上述四人之所在，口称："天子有诏，收捕尔等下狱。"按道侯韩说质疑使者有诈，拒不从命，使者直接拔刀将他格杀。韩说曾任将军，率军出征东越、匈奴，竟然不及抵抗，毙命当场。御史章赣也不信，拒捕，被太子门客拔刀砍伤，但他一介文官，竟能带创逃走，太子门客未能追及。黄门苏文闻讯，未待太子门客到达，提前脱身而逃。唯一被活捉的是此次行动的主要目标——江充，至于他是相信诏书，束手就擒；或是虽同样怀疑诏书，但想等待皇帝的回护；还是拒捕失败——史无明文。

待所有门客结束任务回报，当已是晚上。矫诏杀了父亲的大臣，太子接下来该如何行事？

壬午夜，未央宫。此时，宫门已闭，有人在门外要求即刻入宫。

汉代继承秦制，城市实行严格的宵禁制度，入夜一定时刻之后，有郎官巡街，街道不得有人行走。[1]时刻一至，里坊落锁，宫门紧闭，无论何等显贵，均须有皇帝诏书方可出入宫门。[2]

长乐、未央二宫为西汉长安最主要的宫阙。"长乐"意为长久快乐；"央"通"灾殃"的"殃"，"未央"意为远离灾祸——这都是当时常见的吉祥话。长乐宫在东，至西汉末年一直为太后和成年的太子所居。[3]未央宫在西，为皇帝处理政务与居住之所，与长乐宫相距一里。在太初元年（前104年）武帝扩建长安城西的建章宫并迁

---

[1] 《史记》卷六《秦始皇本纪》《索隐》引《汉旧仪》："宿卫郎官分五夜谁呵，呵夜行者谁也。"

[2] 《汉书》卷九三《佞幸传·石显》："显尝使至诸官，有所征发，显先自白：'恐后漏尽宫门闭，请使诏吏开门。'上许之。"石显贵为中书令，亦是汉元帝的幸臣，也须有特诏方可在夜间入宫。

[3] 关于太子宫的位置，详参宋杰：《两汉时期的太子宫》，《南都学坛》，2019年第3期。

居过去之前，这里一直是帝国的权力中枢。

来人敢在长安夜行并要求进入权力中枢所在的未央宫，是因为手中持节。"节"代表皇帝权威，为长约八尺[1]的竹竿，顶端束有牦牛尾制成的节旄。[2]使臣出使"持节"，如张骞使大月氏，苏武使匈奴。武帝时，调动军队，出入宫禁也用节。把守未央宫门的公车司马令见来人持节，便开门将其放入。此人入宫后疾奔前殿北侧的椒房殿——那里是皇后所居之处——的长秋门，向守卫指名要见长御倚华。长御是皇后身边女官的名号，相当于皇帝身边的侍中。倚华是她的名字。

来人是太子舍人无且（jū），太子舍人是太子太傅和太子少傅的属官。无且这个名字不类汉时人，颇有战国遗风。荆轲刺秦王时，在大殿之上以药箱击荆轲，为秦王拔剑争得时间的御医就叫夏无且。

无且深夜入宫是奉太子之命，将白天发生的抓捕行动通过长御倚华向他的母后卫子夫紧急禀告。倚华之名在目前可见的史籍中仅此一见，不过在太子与皇后的关系中，她一定是个极重要的角色，否则无法解释班固为什么要在《汉书》中为一个传话的女官留下名姓。单从"太子使舍人无且持节夜入未央宫殿长秋门，因长御倚华具白皇后"[3]这句话，无法判断无且是把情况告诉倚华，由她转告皇后，还是由倚华带领无且当面向皇后报告。

不管是哪种情况，或许可以推断出两点：一是太子白天的行动事先并未与皇后商议；二是下一步该怎么办，太子并无预案，想听

---

[1] 汉代1尺约23厘米。
[2] 《后汉书》卷一《光武帝纪》注引《汉官仪》："节，所以为信也，以竹为之，柄长八尺，以旄牛尾为其眊三重。"
[3] 《汉书》卷六三《武五子传·戾太子据》。

取母亲的意见。母以子贵，但同样，母亦以子危，事情闹到这般地步，皇后与太子是一荣俱荣，一损俱损。

除了白日捕杀四人之事，太子还通过无且向皇后说了什么？皇后的反应如何？她对后续如何应对有何意见？这些都是谋于密室，"出君之口，入君之耳"的事，统统不入史家的记载。我们只能通过接下来发生的事推测这夜无且"具白皇后"的对话内容。

根据《汉书》的记载，无且禀报皇后并回报太子之后，太子准备放手大干一场："发中厩车载射士，出武库兵，发长乐宫卫。"中厩有两种说法，或说其为存放皇后车马的马厩，或说其为天子内厩，[1] 无论哪种说法，这些车马均属于未央宫。武帝不在的情况下，皇后便是未央宫的主人，即便太子手里有节，征发未央宫车马恐怕也要得到皇后首肯。由此可见，从抓捕天子的大臣升级为在京城动兵，是太子深夜和皇后商议后做出的决定。调用未央宫车马运送弓弩手只是一步，太子还调动了自己所居的长乐宫的卫士，并派人打开了长安储藏武器装备的武库。

车马、军士、兵器齐备，可以在京城采取军事行动了。

发兵之前，太子亲自到关押江充之处，大骂他：

赵虏！乱乃国王父子不足邪！乃复乱吾父子也！[2]

随后斩杀江充。

江充做了什么，太子对他如此痛恨，这般紧张忙乱之际还要当

---

[1] 《汉书》卷六三《武五子传·戾太子据》颜师古注："中厩，皇后车马所在也。"《资治通鉴》卷二二，征和二年胡三省注："余谓中厩者，天子之内厩也。秦二世时，公子高曰：'中厩之宝马，臣得赐之。'非专主皇后车马也。"

[2] 《汉书》卷四五《江充传》。

面骂他后才杀他？

杀江充之后，太子宣称："江充反。"但如果只是为了镇压反贼，此时江充已经被杀，有同党之嫌的三人也已或死或逃，为何还要深夜动兵？

史书记载，太子动兵的宣言是"帝在甘泉病困，疑有变；奸臣欲作乱"[1]，然后太子就派自己的门客为将帅，率长乐卫士进攻丞相府——看来"奸臣"中还有丞相。

武库在未央宫东北，南边紧邻着丞相府，或许长乐卫士从武库取出兵器后，就乘中厩车马直奔丞相府了。丞相名叫刘屈氂，他听说太子起兵来攻相府，什么都顾不上收拾安排，仓促逃走，甚至将丞相的相印和绶带都遗弃在府中。[2] 如此狼狈仓皇，真是"殊无大臣之体"。

从丞相的狼狈来看，他对此事毫不知情，并无准备，为什么太子一起事就要把矛头对准他呢？丞相真的像他表现出来的那样如此无辜无备吗？

到现在为止，对太子来说，一切都很顺利，但天亮以后呢？

皇帝知道了

壬午日（七月初九）的白天，御史章赣带伤而逃，黄门苏文闻讯而逃。当夜丞相长史也"乘疾置"逃，三人都是奔向甘泉向武

---

1 《汉书》卷六六《刘屈氂传》。
2 《汉书》卷六六《刘屈氂传》："戾太子为江充所谮，杀充，发兵入丞相府，屈氂挺身逃，亡其印绶。"颜师古注："挺，引也。独引身而逃难，故失印绶也。"

帝告变。[1]

　　武帝此时正以避暑的名义住在甘泉宫，关于他是什么时候得到长安生变的消息的，虽史无明载，但亦有蛛丝马迹；而他获得不同来源信息的时间与先后，逐步影响了他对整个事件的判断，从他的反应速度与强度，也能多少窥见他的心思。

　　按《三辅黄图》所载，甘泉宫"去长安三百里"。汉代1里为415米，那么长安到甘泉的汉驰道距离在120公里左右。考古发掘出的甘泉宫遗址在陕西淳化县甘泉山，若按今日道路，离汉长安城遗址约103公里。关中土地平坦，没有大的山谷，所以历史的道路与今日道路大致相同，《三辅黄图》所载应当无误。

　　三人中，丞相长史虽出发最晚，但他是"乘疾置"奔向甘泉宫的。"置"为官府沿道路所设的驿站，备有马和车，供传递公文的驿使换乘。疾置，就是采用最快的驿马换乘方式前进。当时，在不间断换人换马的情况下，驿使疾奔一昼夜的最快纪录是550里；[2]若在不换人且不顾马力极限的情况下，强悍的军人一夜行军可达200里。[3]在马镫尚未发明，仅靠人双腿紧紧夹住马腹的情况下，这是相当惊人的行进速度了。

　　丞相长史，此人姓甚名谁并没有记载，史家给予的待遇竟然不如皇后身边的女官倚华。不过这个职位相当于丞相的秘书长，秩千

1　《资治通鉴》载，丞相"使长史乘疾置以闻"，即刘屈氂逃走前派丞相长史去甘泉向武帝汇报。而《汉书》无"使"字，意为这是长史的自发行为，更显丞相逃走时之慌乱。

2　据《汉书·酷吏传·王温舒》，王温舒任河内郡太守后，为了加快呈报死刑的速度，"令郡具私马五十匹，为驿自河内至长安，……奏行不过二日"。河内到长安一千一百里左右，自己出钱买五十匹马配置在沿途的置，保证快速换乘，两日可达。高敏：《秦汉邮传制度考略》，《历史研究》，1985年第3期。

3　元狩四年（前119年）漠北之战中，卫青的骑兵追击匈奴单于，一夜约行200里。见《史记》卷一一一《卫将军骠骑列传》："汉军因发轻骑夜追之，大将军军因其后。匈奴兵亦散走。迟明，行二百余里……"

石，属于高级文官，想必年纪不小，身体也说不上多强悍，三百里的路程恐怕他拼了老命也得骑一天多。所以推断他可能是在七月初十的晚间抵达甘泉。

章赣与苏文二人比长史早走半天，采用什么交通方式不得而知，但一人有伤，一人是阉人，速度不应快于"乘疾置"的长史，苏文应是在七月初十的深夜或者七月十一日的白天见到武帝的。所以至迟在七月十一日，三人均已到达甘泉宫。

史籍只记录了苏文、长史与武帝的对话。从君臣对话来看，虽然长史先到，但作为外朝官，他要经过繁复的程序才能见到皇帝，苏文作为黄门，一到甘泉就能直接入宫，所以皇帝先接见的反是苏文。苏文将太子的作为定性为"无状"——悖逆无道的行为。[1] 苏文出逃的时间早于长史，他所掌握的信息只是白天发生的事：太子要抓捕他们几人。武帝对此并不太当回事，太子面对那些直接针对他的举措感到恐惧，对江充、苏文等人又久怀忿恨，因此做出一些过激的举动，他完全能够理解，不足为奇，一切仍在自己的掌握中。[2] 武帝对此的应对是派出使者召太子来甘泉宫当面解释。

对苏文所报轻描淡写的反应，可证明此时武帝尚未及听到长史所报的信息。丞相长史见武帝当在苏文之后，可能在七月十一日白天，他带来了七月初九晚上发生的事情的信息：太子起兵，开武库，攻相府。比起抓捕几个臣子，这性质就变了。

但是长史应该隐瞒了丞相"挺身逃，亡其印绶"一事，所以武帝听完，问："丞相何为？"丞相是外廷首长，节制百官。皇帝不在京城之时，按之前的惯例，诸事托付太子，现在太子为变，责任自

---

1 《资治通鉴》卷二二，征和二年："苏文迸走，得亡归甘泉，说太子无状。"
2 《资治通鉴》卷二二，征和二年："太子必惧，又忿充等，故有此变。"

然落在丞相身上。

长史的回答是:"丞相秘之,未敢发兵。"这明显是一个胡扯的理由,是为了掩盖丞相已逃的事实。武帝一听,自然大怒:"事籍籍如此,何谓秘也?"在长安起兵攻打丞相府,这么大动静,丞相还要保什么密?他没有想到刘屈氂身为丞相,甚至会做出更荒谬的举动:跑了。现在的长安已经陷入了事实上的"无政府"状态。

长史带来的消息,使得武帝完全改变了昨晚对事情性质的判断:太子"子弄父兵",控制了未央、长乐两宫,又进攻代表行政中枢的丞相府,其意已不在申冤与自保,看来是要篡位。

武帝雄才大略,数十年来杀伐决断,即便面对的是嫡出长子,也毫无迟疑。他立刻对长史说:"丞相无周公之风矣。周公不诛管、蔡乎?"周武王、管叔鲜、蔡叔度和周公旦都是同母兄弟,武王死后,管叔、蔡叔作乱,周公诛管叔,放逐蔡叔。丞相刘屈氂是武帝的庶兄中山靖王刘胜之子,是皇帝的侄子、太子的堂兄弟,所以皇帝便用了周公诛管蔡这个典故。这是告诉刘屈氂,对太子不要顾忌,该杀就杀,该捕就捕。武帝又给丞相颁赐玺书,让长史速速返回长安带给丞相,传达具体指示:因为武库已经被太子控制,所以应尽快搜寻城中牛车作为盾牌遮蔽;不要与太子军短兵相接,避免士兵多有死伤;紧闭长安所有城门,不要放太子之党脱逃。[1]指示具体到了作战的技术细节,可见武帝心思之缜密;不让任何反叛者逃脱,可见武帝决心之坚定。

皇权不容任何人觊觎,即便是法定的继任者。

下达完指示,长史应该是立即"乘疾置"赶回长安,寻找丞相,

---

[1] 《资治通鉴》卷二二,征和二年:"乃赐丞相玺书曰:'捕斩反者,自有赏罚。以牛车为橹,毋接短兵,多杀伤士众。坚闭城门,毋令反者得出。'"

传达旨意，组织抵抗。他如果足够快，应在七月十二日深夜或者十三日凌晨赶到长安。

长安的消息在长史之后源源不断地传到甘泉宫，武帝一直在关注事态的进展。太子起事后，通告在京百官：皇帝有病，被困在甘泉宫，与外界不通音讯，怀疑已被奸臣所控制，奸臣借此图谋作乱。[1]他宣称，自己的行动是除奸臣，清君侧，救天子，想以此为自己的行动正名，争取朝廷官员的合作。武帝收到这个信息之后，毫不迟疑，针锋相对，立刻从甘泉宫起驾，奔赴长安，入居长安城西的建章宫。他以此行动向长安官民宣示：朕在此，朕很清醒，未被任何人控制，太子的行为是反对朕的行为，是谋反，人人得而诛之。

如果武帝是在十一日接见长史之后得知太子宣言之事，那么乘车至长安大致需要两日，他应当在十三日晚一些时候抵达建章宫，在路上这两天，武帝应该充分地思考了应对之策以及会引发的各种政治后果。从事后来看，他已决意彻底地消灭太子及他背后的卫氏外戚的力量。途中，他不断向长安派出使者，发布指令。丞相长史在这两天里也找到了丞相，稳住了阵脚，刘屈氂在武帝抵达长安的第一时间入建章宫拜见武帝，听取指示。

十三日这天，武帝以城西建章宫为指挥部，太子以城东长乐宫为指挥部，父子就此开始正面对决。

争先手

从进攻丞相府之后到皇帝回到长安之前，七月十日至十二日这

---

[1] 《资治通鉴》卷二二，征和二年："帝在甘泉病困，疑有变；奸臣欲作乱。"

三天，关于太子一方的行动记载不多，阵仗拉得这么大，他们必定不会无所作为。但是目前能看到的，可能发生在这三天里的唯一记载，是夺取京城驻军的控制权。看来他和他的谋士们非常清楚"今上"是一个什么样的君主，他们的作为必然会招致什么样的反应，没有其他可能性。所以，决战开始之前，争得更多的军队控制权就是争得博弈的先手。

太子首先盯上了长安城内的囚、徒、奴。所谓囚，是因罪被关押在监牢的犯人；所谓徒，是有罪而被发配到官府工坊里做工的犯人；此外还有一种是因罪没入官府的奴隶，称为奴。长安各官署里有大量的囚、徒、奴，太子派遣使者伪造皇帝命令，以赦免他们的罪行为条件，将这些人征召成军，以武库的武器装备他们，由太子少傅石德和门客张光等人为将分别率领。这种做法有先例可循，韩信以淮阴侯困居长安时，他的门客栾说的弟弟向吕后告发，说韩信密谋矫诏发"诸官徒奴"响应在代地造反的陈豨。[1]这件事很可能是吕后制造的冤案，但没想到她的创意在百年后被玄孙刘据实际运用。

而纵观京畿防卫体系，太子能争取的军队寥寥可数。京畿的防卫体系由内向外可分为四个系统。

最内层是省中，即皇家的生活区，俗称后宫，其宿卫由宦者令（后改称黄门令）执掌，管理门禁出入，没有实际战斗力。

第二层是殿中的宿卫。长乐、未央、建章诸宫之内有一组组相对独立的建筑群：或称殿，如未央宫内皇后所居椒房殿；或称宫，如长乐宫内太后所居长信宫。这些区域之内，省中之外统称殿中。[2]其防卫由光禄勋掌管，属下诸郎官秩比三百石至比六百石不等，通

---

[1] 《史记》卷九二《淮阴侯列传》。《索隐》言，也有说法为谢公举报。
[2] 陈苏镇：《汉未央宫"殿中"考》，《文史》，2016年第2期。

常约有千人。汉代的"郎"主要吸纳一定级别官员的子弟，在皇帝身边服务，由皇帝甄选，作为日后的候补官员。也有地方选举或自荐而被皇上看中的人士，如东方朔、公孙弘，被武帝接见后授为郎。甚至还有花钱获取资格的，称"赀选"，如司马相如。[1]依汉制，除议郎从事纯粹的文职工作之外，其他的郎官都轮流执戟值班，皇帝在宫中时则守卫诸殿门户，皇帝出行时则充车马仪仗。[2]他们的职能更多的是服务与仪仗，也没有多大的战斗力。

武帝登基后，这支队伍增加了期门、羽林两支。武帝刚即位时，只是十几岁的青年，精力充沛，天性好动，经常微服出行，挑选郎官中的武骑常侍以及从陇西、北地等边地选出的善骑射的待诏良家子，在殿门约期会齐，一起呼啸而行。他们逐渐发展成一支固定的侍卫队伍，多至千人，名曰期门。太初元年（前104）二月，武帝下令修建建章宫，建成后武帝移居此处，建章宫代替未央宫成为帝国新的权力中心。同年，武帝又组建建章营骑，作为建章宫的宿卫部队，后改名羽林骑，人数在两千人左右。之所以称为羽林，一种说法是取其驰骑"如羽之疾"，人数"如林之多"之意；一种说法是"羽"意为王者羽翼。羽林骑中有一部分叫"羽林孤儿"，他们是武帝多年征伐中战死沙场的士卒的子孙，由羽林收养，教以武艺。

据《汉书·地理志下》载："汉兴，六郡良家子选给羽林、期门，以材力为官，名将多出焉。"这六郡指的是陇西、天水、安定、北地、上郡、西河，这些地方都迫近匈奴，当地人常年修习战备，

---

[1] 关于汉代郎官的选任制度，可参见赵晓优：《西汉郎官制度的形成》，《中北大学学报（社会科学版）》，2007年第S1期。成祖明：《郎官制度与汉代儒学》，《史学集刊》，2009年第3期。

[2] 《后汉书·百官志二》："凡郎官皆主更直执戟，宿卫诸殿门，出充车骑，唯议郎不在直中。"

民风彪悍，崇尚射猎，在对匈奴的战斗中出了很多名将。因此这两支队伍的战斗力很强。但期门是跟随皇帝出行的，羽林是皇帝所居建章宫的卫士，太子都无法掌握。不仅如此，他们还很可能随武帝从甘泉回到了建章，成为剿灭太子的力量。

第三层宿卫叫"宫门卫屯兵"，守卫殿外宫内。建章宫未立之时，长安的权力核心在未央宫，因未央宫在长安城内的南部，故称宿卫未央的屯兵为南军。此外，还有长乐、建章、甘泉三宫的宫门卫屯兵，也是南军的一部分，归卫尉掌管。南军卫士由各郡服兵役的士卒到京服役一年，轮流调换组成。武帝时，南军总数约万人。[1]

建章、甘泉二宫的卫屯兵太子自然调动不了，可是未央宫的屯兵他也没能调动，从可见的记载来看，除了中都官囚徒，太子只调动了长乐宫的卫士，力量相当薄弱。

于是他把目光投向了最后一支力量：北军。

皇帝与太子之间争先手的生死对决，就围绕北军的掌控权展开了。

北军在汉初时由中尉统领，最初是征召内史地区（长安周边的左内史、右内史、主爵中尉管辖之地，武帝时改为三辅）的骑士组成，因官署在未央宫北而称北军，本职为负责京城及京畿地区的治安。武帝时，改中尉为执金吾，执金吾不再掌北军，北军由新增设的八校尉各自统率，兵源也有所变化。[2] 北军常年参加对外征伐，实力最为强大。其中有三支部队由归顺的匈奴及西域战士组成，称为

---

1 《汉书》卷六《武帝纪》：建元元年（前140年）"秋七月，诏曰：'卫士转置送迎二万人，其省万人。罢苑马，以赐贫民。'"。
2 臧知非：《战国秦汉行政、兵制与边防》，苏州大学出版社，2017年，第157—159页。

胡骑，分别设置长水、宣曲、胡骑三校尉统领。[1]宣曲校尉驻于长安西南，长水校尉驻于长安东南，胡骑校尉驻于长安北方，三校尉互为犄角，如长安有变，这些胡骑是重要的镇抚力量。

既然如此，太子下一步的行动便是夺取京城周边的胡骑。于是他派长安监狱中一个名叫如侯的囚犯，持节去调动长水及宣曲二校尉的胡骑为己所用。（由于胡骑校尉"不常置"，或许此时没有设立胡骑校尉，故而史书没有提及太子派如侯前往调动胡骑校尉。）如侯这个人想必也有传奇的故事，太子怎么会认识一个囚犯，又如何相信他能将兵？而且他的名字和无且一样，不像汉代常见的名字，更像是从战国穿越而来的游侠、刺客。

然而更多的细节我们已无从得知，因为如侯的行动失败了。本来，如侯差一点儿就成功了，长水、宣曲的胡骑已经全副武装，集结完毕了。就在此时，武帝的使者马通赶到，大呼："节有诈，勿听也！"

马通的出现，说明皇帝与太子不谋而合，也想到了北军。

北军除一部分驻在长安城中外，其余部分，特别是八校尉所部，均驻于城外三辅地区，皇帝定会派出使者征发他们。马通能碰上驻于长安东南和西南的长水、宣曲两校尉被如侯调动的事，说明他应当就是征发长安南部各校尉的使者。

马通能及时赶到，说明控制北军是皇帝首先发布的命令之一。

在太子行动的同时，皇帝也发布了一系列的命令。至于这些命

---

[1] 《汉书》卷一九上《百官公卿表》中列举八校尉为中垒、屯骑、步兵、越骑、长水、胡骑、射声、虎贲，其中胡骑校尉不常置，故也有七校尉之说。其中"长水校尉掌长水宣曲胡骑"，然而近世学者从出土汉简中找到了新的证据，证明尚有宣曲校尉一职，负责统领宣曲胡骑。参见马智全：《肩水金关汉简中的"宣曲校尉"》，《商丘师范学院学报》，2021年第7期。

令是他到达建章宫后发出的，还是在路上，坐在车里一边思考一边发布，由快骑送到长安的，不能清楚地分辨，不过差别也就在一天左右。

皇帝派侍郎马通入长安这道命令，发布的时间不能确认，但可以推测它下达于皇帝到达建章宫前。因为如果马通是随皇帝到达建章宫之后才被派出使，此时皇帝抵达建章宫的消息应该已在长安传开了，如侯已经没有机会矫诏了。所以命令包括马通在内的诸使控制北军，应当是皇帝在抵达长安前做出的决定。

马通应当是在此之前随丞相长史乘疾置入京，赶到长安的时间当在七月十二日深夜或者十三日凌晨。而如侯集合胡骑发生在白天的可能性较大，马通得到讯息，做出反应也需要一定时间，所以此事最早只能发生在十三日清晨。除此之外，还应另有使者征发其余队伍，因为没有发生如侯这样的事件，史书便未作记载。

于是马通立刻告知长水、宣曲校尉，如侯所持之节有诈，不要听从调遣，两相比较，由侍郎而非长安囚传递的诏书肯定更真实，两校尉服从了马通，如侯见事败试图逃走，但被捕，之后被斩杀。随着日后太子的彻底失败，关于如侯、无且的历史记载统统被销毁，被遗忘，只是雪泥鸿爪般地留下了两个名字和十几个字的线索。

马通随即率领这些胡骑进入长安城内，攻打太子。他还调发了水衡都尉属下的楫棹士，交给大鸿胪商丘成指挥。[1]

水衡都尉主管河泽众多的上林苑，他属下的楫棹令、丞负责管理船舶，划船的壮士叫楫棹士，人数或有数百；大鸿胪一职原为典

---

[1] 《汉书》卷六六《刘屈氂传》："太子……使长安囚如侯持节发长水及宣曲胡骑，皆以装会。侍郎莽通使长安，因追捕如侯，告胡人曰：'节有诈，勿听也！'遂斩如侯，引骑入长安，又发辑濯士，以予大鸿胪商丘成。"

客，在太初元年（前104年）改为此名，负责在朝会时主持礼仪。马通能想到调发划船之士作战，并把他们交给负责典礼的大鸿胪指挥，不知是来自武帝事先的部署还是自己的主观能动性。

而有意思的是，马通的哥哥与江充素来交好，[1]武帝派此人前往长安，或许也别有深意。

皇帝还唯恐这些兵卒不够，又下诏征发三辅近县兵，由丞相兼主帅，中二千石官员分别统率。中二千石是九卿级别的高级官员，由他们统率京畿附近的各支军队，这无疑说明随着皇帝抵达长安，之前太子宣言引起的种种惶惑已经消失，事情的性质已不是太子所言的"除奸臣，清君侧"，而是父子相争。官员们迅速投向皇帝一边，到建章宫报到。调动北军之外，还特意再征发邻近京畿各县的驻军，说明皇帝意在以绝对优势，在最短时间内解决太子之乱，毕竟是首都长安，不安定的时间稍长就会引发意想不到的后果。

接下来的举措是澄清调动军队的号令。汉朝立国之时，以羽檄调动军队，高祖曾说："吾以羽檄征天下兵。"檄是长一尺二寸的木简，在其上书写命令征召军队，如有加急的事就粘上鸟的羽毛，表示要急速送到，如鸟飞之疾。[2]文帝二年（前178年）时，开始用铜质的虎符或竹质的令箭（竹使符）向天下郡国的郡守、国相调军。[3]武帝时，才开始用"节"征调军队。太子的一系列矫诏举动都是依靠他手里掌握的"节"，夜入未央宫，发长乐卫士及武库兵，发长水、宣曲胡骑都是如此。武帝抵达长安后再以同样的"节"发布命

---

1 《汉书》卷六八《金日磾传》："初，莽何罗与江充相善，及充败卫太子，何罗弟通用诛太子时力战得封。"
2 《汉书》卷一下《高帝纪》。
3 《史记》卷一〇《孝文本纪》。

引子 长安九日 015

令，势必引起混乱。本来"节"是纯红色的，现在皇帝下令将牦牛尾做的节旄改为黄色，以和太子的相区别。[1]

但是太子还在努力让手中的"节"发挥作用，和父亲做最后的一搏。

血流入沟

七月十三日白天，未央宫北，北军军营南门外。

此时，如侯的行动已经失败，北军中屯驻城外的胡骑已为皇帝掌控，太子能争取的只有京城内五校尉统辖的诸军。统领五校尉的，是直属皇帝的监北军使者。[2]太子需要他的支持。

此时的监北军使者是任安，司马迁给他写过一封信，后世题为《报任安书》，让他在历史上的知名度远超过他应有的地位。

太子亲自来到北军军营南门外，这里与未央宫北门相对。他站立在车上召唤监军使任安。任安从军营出来，太子颁给他符节，令他发兵助己。任安跪拜领受了"节"，这本意味着任安接受了命令，但是他回营之后，既不从命发兵，也不指出这是矫诏，发兵平乱，捉拿太子，而是闭门不出，独留太子在营门外等待。

任安与太子是有关系的。他本是大将军卫青的门客，武帝让卫青推荐一些门客给朝廷选拔任用，最后选出两人，任安就是其中之一。[3]而大将军卫青是皇后卫子夫的弟弟，太子的舅舅，死于十五

---

[1]《汉书》卷六六《刘屈氂传》："初，汉节纯赤，以太子持赤节，故更为黄旄加上以相别。"
[2] 武帝后期，统领北军及诸校尉的，主要是监军使者。见邹本涛：《西汉南北军考辨》，《中国史研究》，1988年第1期。
[3]《史记》卷一○四《田叔列传》。

年前。

太子站在车上，等待在北军南门外，他对受节的任安满怀期待，不知道站立了多久才意识到任安并无意助他，黯然引兵离开。现在他掌握的只有长乐宫卫士与诸官囚徒奴，长安再没有其他力量可为他用，于是他"驱四市人凡数万众"作战。市是市场，也就是说，太子驱使长安市场中的商人来为他作战。[1]

按现在的思维，商人和士兵是完全拉不上关系的两类人，可是汉代的制度，凡有大的征伐，常备军队不足用时，就要征发七种人从军，叫"七科谪"。"吏有罪一，亡命二，赘婿三，贾人四，故有市籍五，父母有市籍六，大父母有籍七，凡七科。"[2] "吏有罪"是犯了罪的吏，让他们上战场将功赎罪。"亡命"是因各种原因脱离户籍的游民，"赘婿"是上门入赘的女婿，这两者被认为破坏了当时的社会管理秩序和道德观念，因而受歧视，[3] 征发从军是对他们的一种惩罚。"贾人"是坐贩，"市籍"是当时对集市贾人的户籍管理方式，他们的生活和交易都在城市指定的"市"中进行。[4] 在重农抑商的时代，商业受到歧视，曾经有市籍，或者父母、祖父母有市籍的人都要被征发从军。

"吏有罪"者应该已经在诸官囚徒奴中了，"亡命""赘婿"一时都不好找，而有市籍者有户籍可查，且大都居住在长安市场中，征发容易，所以太子想到了这批人，长安四市中竟有数万商贾，可见其

---

1 《资治通鉴》卷二二，征和二年："太子立车北军南门外，召护北军使者任安，与节，令发兵。安拜受节；入，闭门不出。太子引兵去，驱四市人凡数万众。"
2 《史记》卷一二三《大宛列传》《正义》。
3 某种程度上说，赘婿是一种以劳动偿还债务的奴隶，故而受到歧视。参见[日]仁井田陞：《汉魏六朝债权的担保》，《东洋学报》，21:1，1933年。
4 陆建伟：《秦汉时期市籍制度初探》，《中国经济史研究》，1999年第4期。

平日的繁华。

太子"驱赶"这些人行军至长乐宫西阙下,在此遭遇重整旗鼓的丞相军队。因为此时形势已经明朗,民间都已传开"太子反",因此再没有官吏依附太子,被迫作战的市人也动摇逃脱,而丞相一方的援兵却源源不断地开到。双方在长安巷战五日,死者数万人,血流入长安街道两侧的排水沟中汇成洪流。

七月庚寅(十七日),太子军败,此夜,太子南奔覆盎门。[1]覆盎门又名杜门,是长安城南墙东头的第一座城门,紧邻长乐宫,说明太子这几日坐镇长乐宫指挥,在接到形势已无可挽回的消息后,便欲由此出走。长安诸城门由北军把守,并不在太子的控制中,皇帝也已发布诏令"坚闭城门,毋令反者得出",但是,太子还是得出长安。监守此门的是司直田仁,他就是当年与任安一起被卫青从门客中选出推荐给朝廷的另一人。

从壬午至庚寅,共九日。到底是什么,让父子反目,长安地覆天翻?

---

[1] 《汉书》卷六六《刘屈氂传》。

第一章
今日良宴会

皇后之死

七月庚寅，太子逃出长安之时，皇后卫子夫留在未央宫椒房殿，等待着她的命运降临。这一年，她已经见过了太多的杀戮。年初，她的姐姐卫君孺一家被族诛，她自己的两个女儿阳石公主、诸邑公主[1]牵连其中，武帝并不顾念父女之情，一并诛杀。她的儿子三十二年来万般小心，委曲求全，可今日也没能逃过这一命运。

这是她的命运，也是卫氏家族的命运。

武帝并没有亲自去见子夫，他只是派遣负责宗室事务的宗正刘长乐和负责京城警备的执金吾刘敢到未央宫，在椒房殿外宣诏收回皇后玺绶——这就是要废后的意思了。子夫听完诏书，回到殿内便自尽了。随后黄门苏文、姚定汉两人进殿，将子夫的尸首抬到一辆小车上拉了出去，在公车令的官署里找了一间空房暂时安置，后胡乱找了一口小棺材，将子夫盛入其中，从覆盎门拉出去，简单安葬到城南桐柏亭。至此，"卫氏悉灭"。

子夫下葬的桐柏亭在覆盎门外大道的东侧，几个时辰前，太子

---

[1]《汉书》颜师古注云阳石公主、诸邑公主为皇后卫子夫之女。

奔出覆盎门，就是在这条大道上仓皇策马，亡命不知所踪。

卫子夫自尽之前脑中最后闪过的念头是什么呢？

不知道她有没有想到民间流传的那首歌谣：

生男无喜，生女无怒，独不见卫子夫霸天下。[1]

不知道她有没有想到数十年前平阳公主家的那场盛宴，那是她与皇帝的初遇，也是皇帝对她的初幸。过去种种，此刻浮现，想必是另一番滋味。

初　幸

时间拨到故事的起点，那是四十多年前的一个春天[2]，武帝在灞水举行了祓礼。

汉时，春季的祓礼多行于三月，人们都要去往河滨，在河水中洗濯身体，以此驱除凶疾，这称为祓除。[3]结束祓礼后，武帝到姐姐平阳公主府上参加提前安排好的宴会。

平阳公主是武帝的同母长姐，封号本是阳信公主，下嫁开国功臣曹参的曾孙平阳侯曹时，故世多称其为平阳公主。姐弟二人感情非常好，武帝时常夜晚带着亲近骑士出长安微行游乐，于所过之处自称平阳侯。

平阳公主为迎接皇帝的宴会做了精心的准备。

1　《史记》卷四九《外戚世家·卫皇后》。
2　有关卫子夫与汉武帝相遇的时间，参见陈啟喆：《"巫蛊之祸"中外戚、权臣势力消长的考证——以〈史记〉〈汉书〉为中心》，《西南古籍研究》，云南大学出版社，2012年。
3　关于西汉时祓除礼举行的时间，参见贾艳红：《上巳节考论》，《齐鲁学刊》，2015年第1期。

汉立国至今已有七十余年，中间经过文景二帝与民休息的仁政，府库充盈，社会富裕。至武帝时，上层享乐之风极盛，宴饮奢靡。武帝的叔叔梁孝王的门客邹阳写过一篇《酒赋》，记录了当时诸侯王与宾朋宴饮的场面：

> 哲王临国，绰矣多暇，召蟠蟠之臣，聚肃肃之宾。安广坐，列雕屏，绡绮为席，犀璩为镇。曳长裙，飞广袖，奋长缨。英伟之士，莞尔而即之。君王凭玉几，倚玉屏，举手一劳，四座之士，皆若哺梁肉焉。乃纵酒作倡，倾碗覆觞。右曰宫申，旁亦徵扬，乐只之深，不吴不狂。于是锡名饵，祛夕醉，遣朝酲。吾君寿亿万岁，常与日月争光。

只须看"曳长裙，飞广袖""纵酒作倡，倾碗覆觞"诸句，便可想见宴会的奢靡盛大。这还只是诸侯王的宴饮，远不及皇帝的酒宴。史料记载了武帝的姑姑兼岳母馆陶长公主一次在家宴请皇帝的开销，那次武帝考虑到自己从官甚众，姑姑所费必多，于是先行赏赐姑姑一千万钱。宴饮完毕之后，馆陶长公主又回赐给武帝及作陪列侯的从官大量金钱杂缯。此次平阳公主宴请皇帝的豪侈当不下于此。

除了纵酒享乐，这次宴会还有一个更重要的内容。

此时武帝即位已有几年，仍然没有子嗣，这不免让姐姐有点儿着急。为此，平阳公主为弟弟搜罗了许多女子，养育在家，精心训练，要在宴会中献上。

宴会开始，平阳公主献上悉心妆扮的美人侍酒，出乎她的意料，武帝一个都没看上。

那就饮酒吧。既是饮酒，自然要"曳长裾，飞广袖""纵酒作倡"。公主家里的歌舞伎登场献艺，在长裾飘动、广袖飞舞之间，武帝望见一名"讴者"（即歌者），被她吸引了。

这位"讴者"，名叫卫子夫。

子夫当时为皇帝唱的是什么歌曲已经无从得考。汉代的《古诗十九首》中有一首《今日良宴会》，是这样唱的：

今日良宴会，欢乐难具陈。
弹筝奋逸响，新声妙入神。
令德唱高言，识曲听其真。
齐心同所愿，含意俱未申。
人生寄一世，奄忽若飙尘。
何不策高足，先据要路津。
无为守穷贱，轗轲长苦辛。

我们只能暂且想象卫子夫在这一天唱的是这首。"今日良宴会，欢乐难具陈。弹筝奋逸响，新声妙入神"，这样的歌词，也正合当时的情景。武帝不知道是被子夫的美貌所吸引，还是被她"妙入神"的新声所打动，命她歌罢服侍其饮酒。

汉代的酒提纯技术不够，酒精度不高，欲求醉意自然得多饮，喝多了自然要如厕。古代上流阶层把如厕叫更衣，这种说法其实并非为了隐晦，想想他们在朝会宴会等正式场合所穿的衣服何其宽大就可知道，如厕确实要先脱去外衣才行。供皇帝更衣的房间叫尚衣轩。[1]武

---

[1] ［清］何焯:《义门读书记》卷二〇："长廊有窗而周回者曰轩，此轩中盖屋也。"［日］泷川资言:《史记会注考证》第5册:"中井积德曰：侍尚衣，是执更脱衣裳之役。又曰：轩，小屋。是近厕，即更脱衣裳之处。"上海古籍出版社，2015年，第2525页。

帝指名要子夫服侍更衣，趁着酒性，在尚衣轩临幸了子夫。

那一年，皇上还是个少年，虽不知他是否英俊，但从其一生的行事来看，应是气宇轩昂，英姿勃发。不知道临终前的子夫会不会懊悔这场相遇，虽然她本人其实毫无选择的余地。

回到宴席上，皇帝心情非常好，"还坐欢甚，赐平阳主金千斤"。[1]

身　世

以上就是卫子夫与武帝的初遇。一个歌女获得年轻帝王的垂青，后来还成为皇后，如此童话般的情节，就这样被书写于《史记·外戚世家》之中。

然而，这个美丽故事却有一个谜团，那就是卫子夫的出身。

《史记·外戚世家》说卫子夫"生微矣"，"微"一指微贱，二指微茫，即身世不明，卫子夫二者兼有。

卫子夫的母亲在史书中被称为"卫媪"，媪是对年老女性的称呼，类似今天的婆婆，这是史家的追记，她年轻时肯定不是这个名字，不过我们暂且以此称呼她。卫媪是平阳侯的家仆，此即为微贱。

而微茫则是指卫子夫生父不详。

颜师古认为，卫媪之卫是其夫姓。若如此，卫媪的丈夫便是武帝的岳父，至少当尊称一声"卫太公"，而史书中却没有关于他事迹的只言片语，连"卫太公"三个字都没出现。

卫媪生了三个女儿，长女君孺，次女少儿，三女子夫；三个儿子，长君、青、步广。其中只有卫青的父亲有明确记载，是与卫媪私通的平阳县吏郑季，其他五人之父并无记载。卫媪这六个孩子日

---

[1] 西汉时1斤约为258克。

后都是显贵的外戚,按理说不应该只记卫青之父,连皇后的生父都不提一句,这是为了让世人"默认"除了卫青是私生子,其他五人都是所谓"卫太公"的子女吗?

司马迁在《史记·卫将军骠骑列传》开篇介绍完卫家几个孩子后,以"皆冒卫氏"收尾,"冒"字大有深意。它暗示我们,卫媪很可能并未嫁人,卫不是夫姓,而是她自己的姓,不但卫青之父是与她私通之人,卫子夫之父,甚至其他几个孩子之父也都可能是与她私通之人,并且可能不是同一个人。卫子夫无论如何总是"今上"为时最长的皇后,司马迁把话说到这一步已经很大胆了。不过以汉时人的风气,这或许也算不得什么,以"礼教"杀人的儒学诸厮,此时还未占据古代中国人的心灵。

卫媪本人是平阳侯的家僮,也没有嫁人成为自由民,所以她的孩子生下来也是平阳侯家的奴婢:卫青是"骑奴",即家奴中的骑士;子夫则被教养成"讴者",也就是为主人歌唱的奴婢。

武帝回宫之后,平阳公主立即献子夫入宫,登车之时,公主抚着子夫的背对她说:"去吧,好好吃饭,保重身体,有大贵之日,愿勿忘我。"[1]正如《今日良宴会》所唱:"人生寄一世,奄忽若飙尘。何不策高足,先据要路津。无为守穷贱,轗轲长苦辛。"

她今后要"策高足""据路津",不只是为改变自己微贱的身世,也要为平阳公主求得富贵。

此时,一切看起来都充满了希望。但之后,子夫的富贵之途一帆风顺否?

---

[1] 《史记》卷四九《外戚世家·卫皇后》:"行矣!强饭勉之。即贵,无相忘!"

第二章
刘彻的竞争者

　　武帝晚年废太子这一幕亦曾在景帝朝上演，差不多的储君之位争夺局，现在的执局者当年也是局中人。事后来看，今日这一局，武帝亲自操纵，不惜躬亲入局，可争到鱼死网破，实无胜者。当年那一局，他还是孩子，什么都没做，却是最大的赢家。

　　他的父亲景帝最初所立的太子不是他。前元四年（前153年），景帝即位已四年，皇后薄氏仍无子，遂立栗姬所生的庶长子刘荣为太子。仅仅三年后，前元七年（前150年），太子便被废黜，数月后徙为临江王。同年四月，七岁的胶东王刘彻被立为太子。

　　根据《史记》《汉书》及《汉武故事》的相关记载，这次易储是一场交易的结果，这场交易由景帝的姐姐长公主刘嫖主导，其间掺杂着妇人的嫉妒、母亲对女儿自私的宠爱和被权力扭曲的亲情。但真的仅仅只是这么简单吗？

　　故事的背景还得从身世坎坷的老母亲对最小儿子的偏爱说起，一厢情愿的偏爱终究抵不过机关算计，但也造成了争夺继承权的不小风波，风波之下暗流涌动，长公主刘嫖也借机暗中谋得一己私利。

叔叔与奶奶

　　长公主刘嫖和景帝刘启、梁王刘武三人都是窦太后的儿女。窦太后是一个有故事的女人，她名叫漪房，曾是侍奉吕后的宫女，后来吕后赏赐诸侯王每人五个宫女，漪房在选。漪房是个苦命的姑娘，她本是赵地清河观津人，幼年时父亲坠河而死，弟弟窦广国四五岁时被人拐卖，此时家中还有母亲和哥哥窦长君在，她想离家近一些，便去求主持派遣的宦者，请他一定把她安排到去赵国的行列中。此人答应了，可到安排时竟然忘了，将漪房的名字列入了去代国的名单。漪房知道时，名单已经呈上吕后并获得了批准，事情已无可挽回。她大哭，不愿去，可吕后已经批准的事哪里由得一个宫女改变？而且，命运已在前方为她做好了安排。

　　到代国后，代王对漪房无比宠幸，先生女儿刘嫖，后生刘启、刘武两男。吕氏破灭，周勃、陈平等群臣商议迎立代王为皇帝，即汉文帝。文帝立数月后，群臣请立太子，文帝为代王时本有王后，此时已死，这位王后生有四个儿子，都算是代王的嫡子，四人在继承上的顺序都优先于漪房的儿子，可不知什么原因，文帝即位时，这四个儿子竟然已全部病死，于是漪房的大儿子刘启就成了文帝的庶长子。按照无嫡立长的原则，刘启遂被立为太子。母以子贵，漪房就成了皇后。

　　此后，漪房因病失明，文帝转为宠爱慎夫人、尹姬，但她们都没有儿子，对漪房的地位也就没有影响。[1]熬到文帝驾崩，太子刘启就成了景帝，窦漪房就成了窦太后。当年宦者误将漪房的名字排入去代国的名单，偏偏代王又阴差阳错地登上帝位，他的嫡妻虽生了

1　《史记》卷四九《外戚世家·窦太后》。

四个儿子,又都早死,漪房的儿子又成了太子,这一系列随机事件叠加在一起,便造就了漪房的命运。

俗话说"皇帝爱长子,百姓爱幺儿"。尤其是母亲,大都更溺爱最小的儿子。窦太后也一样,早年失亲的经历和失明后每日枯坐宫中的孤寂,使她更加重视亲人的陪伴,她便接近无原则地钟爱小儿子刘武。刘启的皇后薄氏一直无子,老太太就一门心思想要让哥哥立弟弟为太子。这样的心思也未必是出于对权力的贪婪,要想让按规矩应该回封地梁国的小儿子名正言顺地留在长安,陪伴在她身边,可能这是唯一的办法。

一次家宴上,哥哥酒酣之际,举杯对弟弟说:"千秋万岁后传于王。"弟弟立刻辞谢,虽知这并非真心话,但心中还是很高兴,老太太也欢喜得不行。可是在场作陪的老太太的堂侄窦婴竟当场站起来反对,说:"天下者,高祖天下,父子相传,此汉之约也,上何以得擅传梁王?"帝位只能父传子,这是汉家的政治规矩,景帝只是继承了高祖打下的天下,必须按规矩办,无权破坏父死子继的成规,传位给弟弟。此时,家宴的气氛想必很尴尬了。

窦婴说的道理确实无可辩驳,太后也不便当场发作,可是转天就废除了他的门籍,也就是入宫的通行证,[1]不再允许他进宫朝请,这充分表明了太后的态度。哥哥酒醒了也颇为后悔,不再提起此事,第二年就立庶出的长子刘荣为太子。更有深味的是,窦婴被任命为太子太傅。[2]母子兄弟的关系此时恐怕就有些微妙了。

---

1 门籍,也称符籍,是一条长二尺的竹牒,上面记着有资格入宫之人的年纪、名字、长相,悬挂在宫门之侧,来人和符籍对得上才表明有资格进宫。《汉书》卷九《元帝纪》应劭注:"籍者,为二尺竹牒,记其年纪、名字、物色,县之宫门,案省相应,乃得入也。"
2 《史记》卷一〇七《魏其武安侯列传》。

前元七年（前150年），太子刘荣被废，太后又动了心思，安排下酒宴与皇帝欢饮，酒酣之际，亲自对儿子请求："安车大驾，用梁王为寄。"安车是指太后乘坐的小车，代指自己；大驾意为逝世。此言之意，便是："我离世之后，梁王就托付给你了。"其意就是希望皇位兄终弟及。景帝无奈，"跪席举身曰：'诺。'"。可是哥哥接连生了十四个儿子，皇位哪里还轮得到弟弟，于是景帝便转移矛盾，以此事向群臣问计。袁盎以春秋时宋宣公之事为例劝谏太后，宋宣公传位给弟弟，致使宋国五世不得安宁。

太后虽然不高兴，也不能与整个朝廷为敌，与汉家成法为敌，背负置社稷动荡于不顾的道德责任，只能彻底死心。可弟弟咽不下这口气，竟然派人入京刺杀十多位反对立他的大臣，袁盎死于刺客刃下。此案很快破获，兄弟实际上已反目，太后也自觉难堪，于是母子兄弟之间的关系就不仅仅是微妙，而是彻底陷入了僵局。

化解僵局的是姐姐刘嫖，姐姐让弟弟派大臣入京请罪，在她的疏通下，国法转为家事，哥哥弟弟在太后面前相对而泣。看上去母子兄弟似乎冰释前嫌，但从此哥哥与弟弟一同出行时，不再与之同乘一辆车。

景帝中元六年（前144年），梁王入京朝见，请求留在京城侍奉母亲。可上次的事虽然揭过去了，哥哥心里还是带着提防，没有同意。弟弟快快不乐，回封国后心神恍惚，数月后就病死了。母亲极悲痛，茶饭不思，念着是哥哥害死了弟弟。这相当于以绝食的方式把道德压力置于景帝身上。汉以孝治天下，见母亲如此，景帝"哀惧，不知所为"，便与姐姐商议。姐姐给哥哥出主意，把弟弟的五个儿子都封为王，五个女儿皆赐以封地（汤沐邑），以讨母亲开心。依汉朝的法度，只有诸侯王的嫡子可以袭封王爵，其余的子嗣都要降级袭爵。诸子均封王,这是皇帝才拥有的规格。[1] 哥哥答应了这一破格之举,姐姐再去劝解宽慰母亲,母亲这才停止悲伤,"为帝加壹餐"。[2]

由此两事可见,景帝对窦太后极为孝顺,在梁王的事情上,除了皇位传给弟弟一事外,其余都对母亲言听计从。另外,姐姐在家庭事务中具有举足轻重的调和作用,她的意见常能被母亲、兄弟听取。尤其是在弟弟死后,太后把所有的宠爱都放到了女儿身上,留下遗诏,自己死后,所有的财物都由女儿继承。[3]

母亲与姑姑的交易

其实早在初立刘荣为太子之后,为了自己的长久富贵,长公主就已经在暗中利用自己对皇室家庭事务的强大影响力,操纵着选立新储君了。

长公主眼前的富贵来自她的母亲窦太后,来自她的弟弟景帝。景帝之后,虽说由景帝哪个儿子继位都是她的侄子当皇帝,但姑侄关系始终比现在的姐弟关系疏远了许多。但如果能把阿娇嫁给未来的皇帝,使之成为皇后,接着成为太后,她也就能长远富贵。

长公主下嫁的是堂邑侯陈午,他是开国功臣陈婴的孙子。他在文帝前元三年(前177年)袭侯。[4]

长公主与陈午生有一个女儿,小名阿娇。长公主便与太子的母

---

1 《史记》卷一七《汉兴以来诸侯王年表》:"天子观于上古,然后加惠,使诸侯得推恩分子弟国邑……及天子支庶子为王,王子支庶为侯,百有余焉。"
2 《史记》卷五八《梁孝王世家》。
3 《史记》卷四九《外戚世家·窦太后》:"窦太后后孝景帝六岁崩,合葬霸陵。遗诏尽以东宫金钱财物赐长公主嫖。"
4 《史记》卷一八《高祖功臣侯者年表》。

亲栗姬商量，让阿娇做太子妃。栗姬更近于一个善妒的妻子，而非深沉的女政客。长公主和她的侄女平阳公主一样，都爱给皇帝弟弟送美人，长公主送给景帝的美人们"得贵幸，皆过栗姬"。栗姬由此怨恨长公主，不顾后果地拒绝了这个提议。

长公主转而与胶东王刘彻的母亲王夫人谈这笔交易，这次她找对人了。

王夫人名王娡，她人生故事的传奇性比起窦漪房不遑多让。她的母亲是燕王臧荼的孙女，名叫臧儿。臧荼本是拥立刘邦为帝的诸侯王，后在刘邦剪除异姓王的行动中被杀。臧儿流落民间，嫁给王仲，生男王信和两个女儿。王仲死后，臧儿再嫁给田氏，生男田蚡、田胜。臧儿的长女王娡在文帝之时，嫁给一个叫金王孙的人为妻，并已生有一女。臧儿不知在哪儿卜了一卦，说她两个女儿的命都贵不可言。那时候叫王孙的一般都是过去贵族的破落户，跟着金王孙不像能大贵的样子。臧儿毕竟是燕王臧荼的孙女，对再现臧氏的富贵有着异于常人的执着和决断，她竟然不顾女婿的反对，把王娡夺回家，找门路送入太子刘启的宫中为宫人。王娡入宫后果然得幸，被封为美人，为刘启生了三女一男。平阳公主是她的大女儿，这一男便是刘彻，初封为胶东王。臧儿通过王娡又把小女儿儿姁送入宫中，儿姁为景帝生了四子，其后都被封为王。至此，这位卜卦大师之言已是相当准的了。

可臧儿的志向恐怕不仅仅是让女儿生出几个王爷而已，长公主的提议让她们看到了走上权力顶峰的可能，她们欣然接受了长公主的提议，让刘彻与陈阿娇结为夫妻。

长公主瞄准的可是皇后之母的位子，所以必须为刘彻夺得太子之位，太子刘荣成了眼前的障碍。接下来，一个以废黜太子刘荣为目标的行动展开了。

此后长公主一有机会便向景帝诋毁栗姬，见于记载的一个指控是：栗姬与其他贵妇参加长公主的宴会时，让人行"媚道"诅咒她。何谓媚道？在下文中有解释，若干年后，她的女儿阿娇也被指"行媚道"。不见于记载的种种小话想必花样百出，以长公主对窦太后的影响力，其中一些自然也会借母亲的口说出来，于是景帝心中对栗姬不免就有了怨怼。

栗姬似乎对此毫无戒心。景帝曾经患病，感觉特别不好，担心自己将不久于人世，就将诸位皇子托付给栗姬，对她说："百岁后，善视之。"这于栗姬应该是一件大好事，景帝之言确认了太子的地位是牢固的，而栗姬将成为太后，因此才向她托付诸子。

可是嫉妒充斥了栗姬的大脑，让她失去了理智，她无法对景帝的托付做出正确的理解，无法对强敌环伺的环境做出清醒的判断，也无法认清自己的身份：她是最险恶的宫廷政治的参与者，而非平常人家的妻子。听到景帝的嘱托后，她甚至还发脾气，不答应在皇帝身后照顾其他的孩子，并且出言不逊。史书没有记载这"不逊"之言是什么，恐怕是数落皇帝对她的种种不好，甚至对诸子的未来放出威胁之言。皇帝应该很愤怒，但是没有当场发作。景帝的愤怒不是因为夫妻之情至此，而是想起了吕后的历史教训，所以这样的愤怒，雷霆万钧。

最终给出致命一击，让皇帝下决心易储的是长公主的盟友、儿女亲家王夫人。这么大的利益争夺，她不能坐享其成。王娡利用皇帝的愤怒，选择景帝愤怒的时机，安排外廷大臣们进言立栗姬为皇后。

其实这是个名正言顺的提议，刘荣被立为太子已经四年，去年，即景帝前元六年（前151年）秋，薄皇后已被废，[1]而太子的母亲却仍未被立为皇后，这可能也是栗姬"不逊"之言的一部分。但是这个提议的时机无比微妙，外廷臣子哪里知道宫中这些夫妇矛盾，遂被王娡利用，由大行出面上奏："'子以母贵，母以子贵'，今太子母无号，宜立为皇后。"景帝正在气头上，大怒道：这是你该掺和的事吗？[2]

大行是礼官，本职是按礼仪接待诸侯以及外国来朝，[3]确实无请立皇后太子之责。因此，景帝认为这不是以大行之职可干预的事情，背后必有想在未来邀功的心思，将大行下狱诛杀。大行的上奏刺激景帝立即行动，几个月后，太子被废为临江王，远徙江陵。栗姬求见皇帝不得，忧惧而死。

在日毁栗姬之时，长公主也在"日誉"刘彻，每天找机会向景帝称赞王夫人的儿子德行俱佳。王夫人也是在怀着刘彻时就处心积虑，编造了一通鬼话，说梦见一轮红日入腹，之后诞下刘彻。[4]

刘彻出生于文帝驾崩、景帝即位前后。[5]于是景帝也认为刘彻出生之时有异象，贵不可言。刘荣被废后数月，为了断绝窦太后和梁王的念想，景帝遂立王夫人为皇后，刘彻为太子。

为让窦太后接受这个安排，长公主必然在母亲那里做了不少工作。虽然没有史料直接记载长公主做了什么，但从一些侧面信息可以看出窦太后并没有因此敌视王皇后，她甚至亲自出面要求皇帝封

---

1 《汉书》卷五《景帝纪》。
2 《史记》卷四九《外戚世家·王太后》。
3 《史记》卷一一《孝景本纪》："更命廷尉为大理……大行为行人……"《集解》："瓒曰：'大行是官名，掌九仪之制，以宾诸侯。'"
4 《史记》卷四九《外戚世家·王太后》："男方在身时，王美人梦日入其怀。"
5 《史记》卷四九《外戚世家·王太后》："未生而孝文帝崩，孝景帝即位，王夫人生男。"

王皇后的哥哥王信为侯，连景帝自己都不好意思，推辞道："始南皮、章武侯先帝不侯，及臣即位乃侯之。信未得封也。"[1]本朝虽有封外戚为侯的惯例，但都是封太后的兄弟为侯，没有封皇后兄弟的。窦氏外戚南皮侯窦彭祖、章武侯窦广国都不是文帝所封，而是景帝即位后才封的。窦太后亲自出面求破格之封，说明她接受了这一安排，不再执着于立梁王为太子。毕竟，在小儿子已没有希望时，由最喜爱的女儿的女婿来做太子，比任何其他孙子来做都更亲一些。

以上就是史书所载的刘彻成为太子的经过。但是，汉朝此前从未有过更易储君废黜皇后之举，汉朝废太子，这是首例。这一重大变动仅仅是由后宫交易促成的吗？政治真有那么简单吗？本书主角武帝的父亲真如史书所描述的那样，感情用事，在母亲、姐姐和妻子的包围中不知所以吗？

景帝何许人也？

景帝为太子时，文帝身上曾长脓疮，他最宠爱的幸臣邓通随侍身畔，常用嘴为文帝吸出脓液。一日二人闲话家常，文帝问："天下谁最爱我者乎？"邓通回答，应该没有人比太子更爱陛下。日后，太子前来问病，文帝便呼太子上前为他吸脓，太子虽然照办，但脸上不自觉地露出了为难的神色。事后太子听说邓通常常为文帝吸脓，恐怕也听说了邓通所说的那番话，两相对照，惭愧自责竟转化为对邓通的怨恨。文帝驾崩，景帝即位后，邓通即被免官家居。文帝生前极爱邓通，为让他终生不缺钱，赐他铜山，允许他自由铸铜钱。

---

[1] 《史记》卷五七《绛侯周勃世家》。

邓通免官后，有人告发他越界采铜，官吏查办的结果不过是"颇有之"，处罚却是"尽没入邓通家，尚负责［债］数巨万"。一个"颇"字，对应的却是"尽"，且得加上"尚负债"，史家不平之意溢出笔端。长公主和邓通有旧，几次送钱接济他，却全被官吏没收来偿债，他身上连一个发簪都留不下。长公主以后就只能给他送衣服和食物。邓通寄住在别人家，至死不名一钱。[1]

景帝的精于算计当然不只用在私怨上，如果有需要他亦不吝算计到血亲身上。

景帝对梁王许下"千秋万岁后传于王"如此分量的承诺，真的只是"酒酣"后的随口之言吗？其实景帝说这番话的时机颇值得注意，这场宴会发生在景帝前元三年（前154年）十月诸侯王进京朝请之时，[2]趁着这个时机，晁错上奏说楚王在薄太后丧礼上礼仪有过错，景帝以此为借口，对楚实行削地的举措。[3]三个月后，吴楚七国反。

高祖刘邦解决了异姓诸侯王问题之后，文帝朝的同姓诸侯王对中央政权的威胁就变得越来越明显。一方面，文帝本身就是以诸侯王的身份入继大统，这给了其他诸刘子孙一个先例，他们因此认为自己也有这样的资格。另一方面，随着时间的推移，诸侯王和皇室一脉的血缘越来越疏远，感情越来越淡漠。晁错和贾谊在文帝时就已数次上疏建议削藩，虽未被采纳，但文帝也做了一些部署，如将小儿子刘武从淮阳王改封为梁王，日后看来就是关键一步。梁地为

---

1 《史记》卷一二五《佞幸列传·邓通》。
2 《资治通鉴》卷一六，孝景帝前三年十月；代剑磊：《汉景帝更立太子的政治史分析》，《唐都学刊》，2019年第5期。
3 《史记》卷一〇六《吴王濞列传》："三年冬，楚王朝，晁错因言楚王戊往年为薄太后服，私奸服舍，请诛之。诏赦，罚削东海郡。因削吴之豫章郡、会稽郡。"

天下要冲，紧扼吴楚等东方大国进攻关中的必经之路，并且地广兵强，财力雄厚。到景帝朝时，晁错再请削藩，景帝颇为心动。至景帝前元三年（前154年），景帝已决心着手削藩，这次诸侯入京就是一个重要契机。此事一旦发动，东方诸侯未必俯首听命，梁国的力量便成了景帝的重要倚靠。正是在这个时机，景帝"随意地"说出了这句"酒酣"之语。

这个许诺的回报可不小。战事开始，梁国首当其冲，吸引了吴楚的主力，战况十分激烈，"吴楚先击梁棘壁，杀数万人"。[1]梁的抵抗也十分坚决，梁王的这份坚决中，未必没有不久之前哥哥那句"酒酣"之语的作用。景帝以周亚夫为太尉"东击吴楚"，在吴楚大军压迫下苦苦坚守的梁王数次催促周亚夫救援棘壁，周亚夫不应。周亚夫的战略是趁叛军主力被梁国军队吸引之机，出敌之后，断其粮道，景帝提前就知道了这个计划。出兵之前，周亚夫上奏说："楚兵剽轻，难与争锋。愿以梁委之，绝其粮道，乃可制也。"[2]这是当年高祖刘邦据荥阳与项羽鏖战，彭越、英布在楚地断其粮道的故智，这一策略获得了景帝的许可，事后他还和周亚夫演戏给梁王看，派使者命周亚夫救梁，周亚夫不奉诏。

平定吴楚之乱后，诸侯王已不再对中央构成威胁。梁王拼死抵抗，梁国作为正面战场，因血战兵燹已被严重消耗，对景帝也不再有威胁。如果"千秋万岁后传于王"的许诺是在当时的局势下景帝为借梁国之力有意为之，那么这一许诺现在亦因局势的变化而烟消云散。第二年，刘荣被立为太子。

梁王死后，梁国一分为五，诸子尽立为王，窦太后满意了，孙

1　《史记》卷五八《梁孝王世家》。棘壁在今河南柘城县西北。
2　《史记》卷五七《绛侯周勃世家》。

子们全都封王，对得起小儿子了。可是站在景帝的立场，一个庞大的梁国就此被肢解，在天下要冲之地不给子孙留下吴楚那样的大国，岂不是大好事？只是不知长公主提出这两全其美的主意时，是自己只看到了第一层，哥哥看到第二层而顺水推舟，还是她早已算计好了，对景帝全盘托出，让母亲弟弟各取其利。

如果以为景帝与梁王是一母同胞，当不至于如此无情，那且看他对亲儿子如何。

太子刘荣被废后，徙为临江王。临江国为故秦南郡地，大致为今湖北省，国都在江陵（今湖北荆州市）。刘荣被废后在江陵也没过两年太平日子，景帝中元二年（前148年），有人控告刘荣"侵庙壖垣为宫"。[1] 壖本意是城边或河边的空地，这里特指宗庙等皇家禁地墙垣外的空地，这块空地是宗庙与普通建筑的隔离区域，宗庙本身的墙垣称为内垣，内垣外的壖亦有围墙，称为外垣，二者都是庙垣，任何人不得侵占毁坏。[2]

也就是说，有人报告刘荣为修建宫殿侵坏了江陵太宗庙壖地的外垣。景帝听闻，立刻召刘荣觐见。

刘荣入长安，没见到父亲就直接被送至中尉府对簿。[3] 中尉负责首都治安，其中一项职责是"掌治左右宗室外戚"，[4] 惩办权贵犯法之事。此时的中尉是郅都，《史记·酷吏列传》中的第一位酷吏就是他，他"行法不避贵戚，列侯宗室见都侧目而视，号曰'苍鹰'"。

---

[1] 《史记》卷一七《汉兴以来诸侯王年表》。表中误记此事发生在临江王荣四年（景帝中元三年）。

[2] 《汉书》卷二四上《食货志》："过试以离宫卒田其宫壖地。"颜师古注："壖，余也。官壖地，谓外垣之内，内垣之外也。"

[3] 《史记》卷五九《五宗世家》。

[4] [宋]吕祖谦：《大事记解题》卷一一本注。载吕新峰、赵光勇：《孝景本纪》，西北大学出版社，2019年，第102页。

在中尉府，郅都"责讯王"，刘荣请求给予刀笔，向父亲写自辩状，郅都不许。刘荣为太子时的太子太傅窦婴暗中送入刀笔竹简，刘荣写完后，就自杀了。

刘荣的自辩状应该也是由窦婴带出的，他将之送给窦太后，太后也了解了这份自辩状写就的过程，毕竟是自己的亲孙子，太后大怒，搜罗郅都的罪状，一定要置他于死地。景帝百般回护，对太后说："都忠臣。"太后反问："临江王独非忠臣邪？"奶奶一定要为孙子报仇，当然，可能很多亲贵都恨郅都，也在后面推波助澜，景帝无奈，"遂斩郅都"。[1]

刘荣为何选择自杀？如果"侵庙壖垣"的罪名成立，确实是死罪。如若干年后，武帝的丞相李蔡坐侵地案，"当下吏治，蔡亦自杀，不对狱，国除"。[2]可此类案件性质特殊，判决很大程度受皇帝意志主导。如晁错曾为内史，力主削弱藩王，正得景帝信用。内史府坐落于壖地之内，门向东开，出入不便，晁错就又在南墙开了一道门出入，而南墙正好就是太上皇庙的壖墙。于是丞相申屠嘉写好奏章，准备第二日朝会时奏请诛晁错。晁错得讯，当夜入宫见景帝。第二天上朝时，景帝对丞相解释：晁错所穿不是真正的庙垣，而是壖地内的其他墙，晁错无罪。[3]可见，这种事侵犯的是皇室利益，因此只有皇帝能决定罪名是否成立。

而现在景帝直接把刘荣交给"苍鹰"郅都，郅都又不许给他刀笔申辩。刘荣明白，父亲就是要让他的罪名成立，要他死，他只能

---

1 《史记》卷一二二《酷吏列传·郅都》。
2 《史记》卷一〇九《李将军列传》。
3 《史记》卷九六《张丞相列传》。关于内史府位置的论证，详见范云飞：《从"周礼"到"汉制"——公私视角下的秦汉地方宗庙制度》，《史林》，2020年第2期。

选择自杀。当初他从江陵北门出发赴长安时，车轴断裂，"江陵父老流涕窃言曰：'吾王不反［返］矣！'"。[1]可见景帝之心，天下皆知。宋人洪迈评价景帝在刘荣之事上既不公又无情："荣以废黜失宠，至于杀之，错方贵幸，故略不问罪，其不公不慈如此。"[2]

以上种种，说明景帝是一个极有主见，极有心机之人，甚至可说是睚眦必报，刻薄寡恩。这也可以说明他更换太子并非被长公主与王夫人的交易所摆布。长公主与王夫人的合谋只是让刘彻成为最佳候选人，但并不足以决定刘荣的废立。事实上，在对梁王与刘荣采取的措施上，景帝有着更深一层的考虑。

为子孙计

文景之时，皇帝面对的核心问题是解决三大历史遗留因素对皇权的束缚与威胁。

一个是诸侯王对皇权的觊觎与挑战。经过四五年的鏖战，刘邦终于在垓下彻底打败项羽。刘邦得天下的一个原因就是能吸纳使用韩信、彭越、英布等英雄。随后刘邦在定陶被推为皇帝，他必须回报这些功臣，封他们为王。可是席不暇暖，刘邦就投入到讨伐异姓诸侯王的战争中，至死才解决这个问题。为了填补异姓王留下的空白，他大封刘姓子侄为王。几十年后，这些同姓诸侯王与皇室亲情淡薄，却都认为自己是高祖子孙，也有权利继承汉家天下，特别是文帝以旁支入继大统，启发了他人的野心。就这样，原本巩固皇权的举措变成了可能会颠覆皇权的威胁力量。如果景帝确实看清了这

---

1 《史记》卷五九《五宗世家》。
2 ［宋］洪迈：《容斋续笔》卷九《汉景帝》。

一点,那么用吴楚与大国梁互相消耗,及此后分梁国为五,就是出于这样的考虑——现在是亲兄弟,数十年之后说不定就是子孙的祸害。平定吴楚七国之乱算是一次成功的"外科手术",此后武帝延续父亲的政策,以推恩令彻底去除了"病灶"。

第二个问题是外戚干政。外戚干预政治始于战国后期的秦国。[1] 秦昭王时宣太后及其弟魏冉、芈戎等控制秦军政大权达几十年。本朝开国之君高祖身后亦有吕后之事,景帝的时代离吕后不远,窦太后年轻时就是伺候吕后的宫女。高祖身后,吕后如何将戚夫人折磨成"人彘",如何毒杀后者的儿子赵王如意,这些事窦太后应当亲眼得见,亲耳听闻。她可能在景帝小时候就给他讲过这些事情,从而在景帝心中留下了深刻的印象。更有甚者,窦太后也有一定的嫌疑扮演过吕后的角色。在文帝还是代王时,其王后育有四子,但文帝即位后,"王后所生四男更病死"。[2] 就在代王立为帝后,四个人先后病死,虽然史料未有详细明确的记载,但也能猜到其中恐有蹊跷。

所以,当景帝因为"体不安,心不乐"而向栗姬托付诸位皇子,说"百岁后,善视之"时,恐怕他心中担忧的是吕后之事在他的子嗣身上重演。而当"栗姬怒,不肯应,言不逊"时,景帝应该是因此认定,刘荣一旦继位,栗姬必行吕后之事。可能在这个时候,景帝就下了废太子的决心。对"吕后现象"的警惕,也从景帝传给了武帝,若干年后,武帝在说到警惕太后干政的危险时,举的还是吕后的例子:"女〔汝〕不闻吕后邪?"[3]

第三个问题是汉初功臣集团对皇权的制约。《汉书·高帝纪》记

---

[1] 李禹阶:《论中国外戚政治的起源及形成的历史条件》,《四川大学学报(哲学社会科学版)》,2010年第3期。
[2] 《史记》卷四九《外戚世家·窦太后》。
[3] 《史记》卷四九《外戚世家·钩弋夫人》。

载了刘邦被推为帝时,诸侯王上劝进书的情景:

> 诸侯上疏曰:"楚王韩信、韩王信、淮南王英布、梁王彭越、故衡山王吴芮、赵王张敖、燕王臧荼昧死再拜言,大王陛下:先时秦为亡道,天下诛之。大王先得秦王,定关中,于天下功最多。存亡定危,救败继绝,以安万民,功盛德厚。又加惠于诸侯王有功者,使得立社稷。地分已定,而位号比拟,亡上下之分,大王功德之著,于后世不宣。昧死再拜上皇帝尊号。"

虽然领衔的这些人,除了吴芮,都在刘邦生前被灭,但是于此可见的是,这些人代表的开国军功集团之所以共同推选刘邦为皇帝,有两个重要理由:一个是他"于天下功最多",第二个是他"加惠于诸侯王有功者,使得立社稷"。正是因为刘邦的功劳最大,又能给兄弟们好处,他才会被众人推举为帝。

刘邦死后,这一开国军功集团及其后裔理所当然地牢牢控制着政权,在保卫的同时也制约着皇权。当吕氏威胁到刘氏皇权时,是这一集团的代表周勃、陈平等人诛杀了吕氏,迎立文帝。但保卫皇权和制约皇权本是一体两面,当窦太后要求景帝封王皇后的兄长王信为侯时,景帝不能自己做主,要征求丞相的意见,此时的丞相是周勃的儿子周亚夫,周亚夫回答:"高皇帝约'非刘氏不得王,非有功不得侯。不如约,天下共击之'。今信虽皇后兄,无功,侯之,非约也。"对此,景帝只能"默然而止"。[1] 到周亚夫死后,王信才被封

---

[1]《史记》卷五七《绛侯周勃世家》。

为盖侯。司马迁和王信是同时代人，应该还认识他，他在《史记·外戚世家》里对王信的评价是："盖侯信好酒。"但周亚夫反对封王信为侯并非因他品德有失，即便王信贤德，也不能破坏刘邦与开国军功集团的约定，这是权力合法性的来源。

有学者统计，高祖五年（前202年）到景帝末年，担任三公九卿、王国相、郡太守的高级官员，属于开国军功集团及其后裔的，在高祖时占97%，惠帝、吕后时占81%，文帝时占50%，景帝末年占46%。[1]这说明文帝、景帝一直致力于削弱这一集团，反过来也说明了这一集团对政权的影响力到景帝时仍然不可小觑，特别是这一比例的下降主要是在王国相、郡太守一级，而在中央三公九卿这一级，功臣集团在文景朝中的占比又高于上面的数字。

从景帝废太子后牵动的人事变动来看，废太子这一举措可能正与打击外戚和军功集团有所关联。太子被废，不是一个人的事，景帝紧接着下令"诛栗卿之属"。"栗卿之属"或解为太子之舅、栗姬的兄弟，或解为太子外家亲属。前者范围小，后者范围大。当时的中尉本来是卫绾，他原是文帝的臣子，为人忠厚，文帝驾崩时对景帝说："绾长者，善遇之。"景帝认为忠厚长者卫绾下不了狠手，干不了这种"脏活儿"，提前让他辞官回家，换酷吏郅都来"治捕栗氏"。[2]说明废太子的本质是对栗氏外戚的大规模血腥清洗。如此看来，"栗卿之属"当为整个栗氏外戚集团，这也才符合"之属"的

---

1 李开元：《汉帝国的建立与刘邦集团——军功受益阶层研究》，生活·读书·新知三联书店，2000年，第67页。
2 《史记》卷一〇三《万石张叔列传》："其明年，上废太子，诛栗卿之属。上以为绾长者，不忍，乃赐绾告归，而使郅都治捕栗氏。"《集解》："苏林曰：'栗太子舅也。'如淳曰：'栗氏亲属也，卿，其名也。'"《索隐》："栗姬之兄弟。苏林云栗太子之舅也。"《正义》："颜师古云：'太子废为临江王，故诛其外家亲属也。'"

意思。再从郅都对太子本人都不给刀笔一事，可以看出这场大狱的本质。

除了栗氏外戚集团，也还有相当一部分朝臣直接依附太子，可称太子集团。

太子太傅窦婴对废太子的举动多次劝谏，太子被废后便谢病归隐。[1]反对废太子的还有丞相陶青。陶青是开国功臣开封侯陶舍之子，吴楚七国乱时，群臣曾请诛杀激成事变的晁错，陶青参与其中。作为开国军功集团的后裔，他的政治立场自然是维护高祖旧制，反感变革新臣，他也在废太子后四个月被罢免，原因当和对废太子一事"固争之"有关。[2]

可能因此事被免职的还有奉常张欧。奉常为九卿之一，掌宗庙礼仪。[3]张欧是安丘侯张说的少子，[4]也属于开国军功集团的后裔，也在该年被罢免，史书未载原因，但其出身让史家怀疑张欧被免官亦与废太子之事有关。[5]

陶青和张欧对太子废立的发言权在于他们都是开国军功集团的后裔，而窦婴的影响力除了来自外戚的身份，还基于平定吴楚之乱的战功，他可以被看作外戚加新兴军功集团的成员。景帝废太子的一个用意可能就是要摆脱这一集团未来对皇帝的影响。当然，这是逐步实现的。继陶青之后的丞相是周亚夫，他既是开国军功集团后裔，又是在平定吴楚之乱中起来的新兴军功集团代表。日后景帝将

---

1 《史记》卷一〇七《魏其武安侯列传》："栗太子废，魏其数争不能得。魏其谢病，屏居蓝田南山之下数月。"
2 《史记》载"固争之"的丞相是周亚夫，但应是陶青。见秦进才：《周亚夫与栗太子之废新探》，《石家庄学院学报》，2011年第5期。
3 《汉书》卷一九上《百官公卿表》："奉常，秦官，掌宗庙礼仪，有丞。"
4 《汉书》卷四六《张欧传》。
5 见代剑磊：《汉景帝更立太子的政治史分析》，《唐都学刊》，2019年第5期。

他免官后对他仍心有戒备,说他"此怏怏者非少主臣也!",最后以逼周亚夫自杀了事。[1]此后景帝起用卫绾为刘彻的太子太傅,原因是景帝认为卫绾"敦厚可相少主",[2]但这或许只是托词,根本原因是卫绾不是开国军功集团的后裔。

易储之后,景帝基本实现了自己的目的,为继承人排除了威胁。刘彻即位后,王氏外戚基本没有太大作为;相权对皇权的制约越来越小,以太子太傅卫绾为相,"然自初官以至丞相,终无可言"。[3]而到了武帝时,丞相人选虽仍多出自列侯,但选的这些人都谨小慎微、平庸无能,"无所能发明功名有著于当世者"。[4]

所以,储君的废黜与变易,并不仅仅是爱憎有别,也绝不是一场后宫交易所能左右的。这是政治。只不过,恐怕当时除了景帝本人,没有几个人能看透这一点。所以长公主沾沾自喜,居功自傲,日后才惹下了天大的祸事。

---

[1] 《史记》卷五七《绛侯周勃世家》。
[2] 《汉书》卷四六《卫绾传》。
[3] 《史记》卷一〇三《万石张叔列传》。
[4] 《史记》卷九六《张丞相列传》。

第三章
巫蛊初起陈阿娇

汉景帝后元三年（前141年）正月二十七日，未央宫宣室殿迎来了十六岁的太子刘彻，他在此登上帝位，由此展开五十四年漫长的天子生涯。他这一生征伐四方，逝后谥为"武"，是为汉武帝。《史记正义》解释说，依谥法，"克定祸乱曰武"，可他所挑起的祸乱似乎更多于所"克定"的。同时代的人，如司马迁，称他为"上"或"今上"。

刘彻天资英拔，雄才大略，是不世出的有为之君，但在登上帝位的头几年，帝国实际的主人并不是他，而他本人也是在经历挫折之后才明白这一点。

建元新政

景帝在去世前十天，匆匆为刘彻举行了代表成年的冠礼。[1]一般情况下，男子二十岁方行冠礼。

按照汉家的规矩，皇帝若尚未成年，便须由太后称制，代行天

---

[1] 《史记》卷一一《孝景本纪》："正月甲寅，皇太子冠。甲子，孝景皇帝崩。"

子职权。刘彻的冠礼明显是父亲为了让他能够获得亲政资格而强行安排的。[1]

虽然从形式上，刘彻已被认定成年，但也无法掩盖他年方十六岁的事实，其完全亲政的资本依旧不足。[2]窦太后虽然已经晋为太皇太后，与皇帝的关系更远了一些，但她的权威是经过景帝朝十几年积累而成的，稳固而强大，有意无意间总会对王太后和皇帝行使权力起制约作用。于是，不知是在谁的主导下——王太后或刘彻本人，抑或是臧儿，一场夺权行动在刘彻甫一登基即行展开。

夺权是披着思想路线变革的外衣展开的。

在此之前，指导汉家施政的思想称为黄老之学。

"黄老"之名最早见于《史记》，汉初的黄老之学是融合了先秦老庄、法、阴阳、儒、墨、名诸多学派思想的杂糅之学。法家的统治术与道家的道论思想是其基石，《老子》和《黄帝四经》是其基本经典，故司马迁称之为黄老之学。

司马谈在《论六家要旨》中谈及道家思想的主旨："指约而易操，事少而功多。"这也正是黄老思想在政治作为上的态度。

一批信奉黄老思想的汉初功臣塑造了汉初政治的性格，其中最著名的是张良。高祖六年（前201年）正月，大封功臣，高祖说："运筹策帷帐中，决胜千里外，子房功也。"请张良"自择齐三万户"，张良固辞，于是高祖将自己初次结识张良的留县封给他，以

---

1 苏鑫：《汉代储君制度研究》，吉林大学博士学位论文，2016年。
2 《礼记·曲礼上》云"男子二十冠而字"，即男子二十岁方可加冠礼，以示成年。不过在汉朝的实际操作中，未满二十岁加冠不在少数。但即使如此，相比汉朝其他皇帝，刘彻加冠礼时的年纪还是很小。惠帝二十岁加冠礼；昭帝十八岁加冠礼；元帝为太子时，十九岁加冠礼；成帝为太子时，十九岁或二十岁加冠礼；哀帝未立为太子时加冠礼，时年十七岁。

之为留侯。功成之后的张良一心只想隐退，学习导引轻身等术，志在与神仙游，"愿弃人间事，欲从赤松子游耳"。高祖崩后，张良求仙之心更甚，长时间辟谷，不进饮食，吕后强劝他进食，享受世间富贵，对他说："人生一世间，如白驹过隙，何至自苦如此乎！"[1]从张良辅佐刘邦的手段，和他功成身退、醉心修仙的人生态度来看，他深受黄老思想的影响。

吕后执政时，继续践行"清静无为，与民休息"的黄老治术，"黎民得离战国之苦，君臣俱欲休息乎无为，故惠帝垂拱，高后女主称制，政不出房户，天下晏然。刑罚罕用，罪人是希。民务稼穑，衣食滋殖"。[2]简单说就是在上者不多事，在下者用心于生产生活，日子越过越好。曹参继萧何为相，不事变更，一切政令萧规曹随，每日饮酒，"事少而功多"。

窦太后曾侍奉吕后多年，耳濡目染之下，她受黄老思想的影响也在情理之中。窦太后的丈夫文帝也是一个"修黄老之言"的统治者，"不甚好儒术，其治尚清净无为"。[3]"清净无为，与民休息"是汉初经过长时间战乱，民生凋敝、民力已疲之后的必然选择。[4]

在这种思想氛围与政治传统下，窦太后在政治上成了一个坚定的"黄老主义者"，并希望这一政治理念能够作为汉家成法传承下去。在窦太后的影响下，景帝、太子以及窦氏外戚都"不得不读《黄帝》《老子》，尊其术"。[5]

当时有可能威胁到黄老之术且成系统的政治理念只有儒家学说，

---

1 《史记》卷五五《留侯世家》。
2 《史记》卷九《吕太后本纪》。
3 《风俗通义》卷二《正失》。
4 吴小强、张铭洽：《西汉窦太后的黄老思想与赵文化》，《邯郸学院学报》，2015年第3期。
5 《史记》卷四九《外戚世家·窦太后》。

然而窦太后"好黄、老言，不悦儒术"。窦太后曾召《诗经》博士齐人辕固生评价《老子》书，辕固生说，《老子》所言都是家常话而已，上不得台面。太后大怒，把辕固生扔到宫中的兽圈内，让他徒手和野猪搏斗。辕固生精于《诗经》的各种幽微之意，但徒手斗野猪必死无疑。景帝连忙派人给他送了一把极锋利的剑，辕固生方得保命。[1]

然而，同样生长在这种思想氛围之下，据说刘彻却偏偏"雅向儒术"，刚一登基就与坚信黄老的窦太后针锋相对，掀起了一场以"兴儒"为形式的变革运动。

兴儒就得去黄老。

建元元年（前140年）（建元作为武帝的第一个年号是事后追记，当时还没有此称），武帝即位的第二年，新政便开始施行。

新政须由新人来行，高层随之发生了一次重大的人事变动：丞相卫绾被免职，以魏其侯窦婴为丞相，武帝的舅舅武安侯田蚡为太尉。[2] 卫绾原是负责教刘彻黄老之学的太子太傅，[3] 窦婴、田蚡则"俱好儒术"，[4] 如此说来后面二人似乎是因为思想与"雅向儒术"的天子一致而得上位，但实际上这是窦氏外戚和王氏外戚在分润最高权力，汉家以外戚为三公自此始。之所以选择窦婴，既是因为他窦氏的身份可以安抚窦太后，又因此人向来有主见，并非事事唯窦太后马首是瞻，他曾因梁王一事被窦太后取消门籍即是证明。

---

[1] 《史记》卷一二一《儒林列传》："窦太后好老子书，召辕固生问《老子》书。固曰：'此是家人言耳。'太后怒曰：'安得司空城旦书乎？'乃使固入圈刺豕。景帝知太后怒而固直言无罪，乃假固利兵，下圈刺豕，正中其心，一刺，豕应手而倒。"

[2] 《资治通鉴》卷一七，建元元年六月。

[3] 关于卫绾的学术流派，见孙景坛：《"汉武帝'罢黜百家独尊儒术'子虚乌有"新探——兼答管怀伦和晋文（张进）教授》，《南京社会科学》，2009年第4期。

[4] 《史记》卷一〇七《魏其武安侯列传》。

窦、田二人又推荐赵绾为御史大夫,王臧为郎中令。赵绾的老师是研究《诗经》的大家申公,他自然是儒家学者,而原先的御史大夫直不疑则素好"老子之学"。郎中令是中朝官员的首领,负责沟通皇帝与外朝百官,地位极其重要,王臧亦是申公学生,原是太子少傅,负责教刘彻儒学。[1]

这样,朝中最紧要的四个职位(三公与郎中令)都换成了所谓儒家人物,接下来就要依据儒家治国理念展开政治改革了。

赵绾、王臧先是奏请立明堂,以供诸侯朝见天子。明堂是儒家古制的代表性设施,最早见于《逸周书·明堂解》。据说周公在洛邑始建明堂,诸侯在此朝见周天子,以明上下尊卑,宣明政教,颁布历法。自秦以后,其制已不存。赵绾还推荐老师申公为天子顾问,于是皇帝以驷马安车将八十多岁的申公从鲁地接至长安,"议明堂、巡狩、改历、服色事"。[2]

变革并不止于礼仪层面,还落实到了现实政治中,即"除弊政"。它的主要内容有四条:"令列侯就国""除关""以礼为服制""举適诸窦宗室毋节行者,除其属籍"。[3]

当时出入函谷关需要通行证,以控制关中和关东之间的人员往来。武帝废除了通行限制,让人员自由出入,是为"除关";"以礼为服制"即以儒家的礼法作为着装等级的标准。这两条没有引起太大的问题。

列侯各有其封邑,在中央没有官职的列侯理应回到自己的封邑居住,称为"就国","令列侯就国"是为了避免他们聚集在首都结

---

1 《史记》卷一二一《儒林列传》。
2 《资治通鉴》卷一七,建元元年六月。
3 《史记》卷一〇七《魏其武安侯列传》。

党营私，干预政治，扰乱司法。可当时长安是天下最繁华之地，也是权力的中心，谁都舍不得回到自己的小地方去。许多列侯都娶公主为妻，有"通天"的渠道，就天天在窦太后耳边毁谤新政，"毁日至窦太后"。虽遇到了些阻力，但这也是改革中常有的事。

最后一条就难免授人以口实了：检举揭发行为举止不检点、违背礼制的窦氏外戚和刘氏宗室，如坐实，就开除他们的外戚或宗室的身份。这条法令的对象是宗室和"诸窦"，也就是说只针对外戚中的窦氏，而"诸王"，即王氏外戚却并不在其中，这就将改革的矛头直接指向窦太后了。

可以想见，长乐宫中，每日有无数的人到窦太后面前控诉，无数的信息涌向她。她据此分析孙子和儿媳的意图，判断反制的举措和时机。她虽眼盲多年，但对发生的事清清楚楚，她还在观察，还在等待。

新政第二年，建元二年（前139年），以思想路线变革和除弊政为名的夺权行动撕下了伪装："赵绾请毋奏事东宫。"[1] 东宫即长乐宫，为太后所居，此时王太后陪着未成年的武帝居于未央宫，只有窦太后居于长乐宫。"毋奏事东宫"即今后政事不再向窦太后禀告，这相当于剥夺了窦太后参政的权力。

汉朝的"奏事东宫"制度可能是从吕后临朝时期延续下来的。太后在摄政期间，能代行皇帝所有权力，此为"称制"。临朝称制与一般的擅权不同，它意味着太后拥有改变国家制度的合法权力。如吕后想封自己的兄弟为王，这破坏了高祖与开国功臣们的白马之盟："非刘氏而王，天下共击之。"但周勃等人说："今太后称制，

---

[1] 《史记》卷一〇七《魏其武安侯列传》。

王昆弟诸吕，无所不可。"[1]可见在周勃等人的眼中，吕后在摄政称制期间，是有权改变刘氏方可封王的制度的。

虽然文景两帝登基时已成年，太后没有机会称制，但吕后的实践多多少少使得太后对朝政的参与成为惯例，无论是在皇帝年幼摄政期间还是皇帝成年亲政以后，太后都有合法的权力干预某些政治问题，南宋人洪迈曾将这一现象总结为："汉母后预政，不必临朝及少主，虽长君亦然。"[2]太后不用临朝就能干政，主要是凭借下达诏书的方式实现的。"制书"和"诏书"是代表皇权旨意的专用文书，制书发布制度性的命令，诏书发布日常事务的命令。天子成年亲政后，太后不能干预制度性问题，但可以下诏书决定具体问题。如文帝时周勃被诬谋反而入狱，薄太后之弟薄昭将此事告诉薄太后，薄太后认为对周勃谋反的指控并无实据，遂下诏命文帝释放周勃。[3]

据东汉蔡邕的《独断》记载，在太后称制期间，"群臣奏事上书皆为两通，一诣太后，一诣皇帝"。虽然窦太后名义上并没有临朝称制，但公卿大臣仍然向东西两宫分别奏请国事。这在景帝时期可行，可是武帝登基后，太后之位转移到王氏手里，窦太后作为太皇太后已然不具备参与朝政的合法性，故赵绾"请毋奏事东宫"，虽然打破了从景帝朝沿袭至今的惯例，但其实合乎汉家成法。[4]

不过规矩也是由权力铸就的。作为今上的奶奶，窦太后确实没有参与朝政的合法性，可十几年积累的权力还在手中，即便眼已盲，也不影响她出手的迅疾与准确，她以一场政治大洗牌来回应孙子和儿媳妇一年多来的精心布局。

1　《史记》卷九《吕太后本纪》。
2　[宋]洪迈：《容斋随笔》卷二《汉母后》。
3　《史记》卷五七《绛侯周勃世家》。
4　宋杰：《汉代皇室"两宫"分居制度的演变》，《中国史研究》，2019年第4期。

赵绾的这次上奏就给了窦太后一个合适的机会，它已表明所谓的兴儒学、除弊政都是幌子，真正的目的就是夺权，窦太后反击的时机也就成熟了。窦太后不从思想路线上回击，而是"使人微伺得赵绾等奸利事，召案绾、臧"——不管你是儒家还是什么家，就查你有没有犯法之事，有没有利用职权牟利之事，把政治斗争、思想路线斗争简化为打击官员违法犯罪。没有明确记载到底赵绾和王臧被抓住了什么"小辫子"，但是罪名一定不轻，因为结果是"绾、臧自杀"。[1]太后以此责备皇帝：你重用的都是什么人？顺手轻轻推倒了他一年来的兴作：设立明堂、铲除弊政等事均被废止，[2]"俱好儒术"的丞相窦婴、太尉田蚡也连带被免职。

窦太后重新任柏至侯许昌为丞相，武强侯庄青翟为御史大夫，石建为郎中令，太尉一职被裁撤。许昌是柏至侯许温之孙，庄青翟是武强侯庄不识之孙，汉初开国功臣集团的后裔自然也是本朝沿袭已久的黄老政治的拥护者。而石建是石奋之子，石奋早年随侍高祖，"无文学，恭谨无与比"，看来也是黄老政治的拥护者。于是人事任命上又回到了以高祖开国功臣集团后裔为三公的传统，为政之道又回归黄老之术。[3]

新君刘彻的夺权运动——建元新政就此失败，但此事并非雁过无痕，而是深深地影响了后人对历史的认知。兴儒本只是刘彻和王太后向窦太后夺权的幌子，终其一生刘彻对儒学并无特殊的兴趣，但借着这次失败的变革，后世不断渲染汉武帝对儒学的推崇，最后

---

[1] 《史记》卷二八《封禅书》。
[2] 《史记》卷一二一《儒林列传》："太皇窦太后……得赵绾、王臧之过以让上，上因废明堂事。"
[3] 孙景坛：《"汉武帝'罢黜百家独尊儒术'子虚乌有"新探——兼答管怀伦和晋文（张进）教授》，《南京社会科学》，2009年第4期。

发展成了"罢黜百家，独尊儒术"。司马光甚至不惜模糊时间，把董仲舒上《天人三策》的时间定位在建元元年，[1]将武帝接见董仲舒的情形含混地写成即位之初"诏举贤良方正直言极谏之士"，似乎他一登基就受到董仲舒的感召，可是董仲舒一生并未受到他的大用，只不过官至诸侯国的国相。武帝一朝明确以儒者身份为相的只有公孙弘，可是在司马迁的笔下，公孙弘并不具备一个理想的儒者形象，他没有原则与担当，极为油滑与虚伪。其实武帝一朝用人的原则是诸流并进，最重要的三个群体是开国功臣集团后裔、外戚和法家的酷吏，儒生真正登上政治舞台的中央尚须等到宣帝、成帝之时。

而从武帝个人来说，这场失败的阴影在他的内心难以抹去，日后他的诸多行事轨迹，他的恐惧，他的猜疑，都能从这里寻到草蛇灰线。

皇后阿娇

即位之初的夺权失败使得刘彻几乎皇位不保。景帝还有十三个儿子，窦太后的替换人选太多了。刘彻很可能是靠大长公主的极力斡旋才得免。[2]天子欠下岳母与妻子极大的人情，家庭生活未免失衡。

史言："窦太主恃功，求请无厌，上患之。"[3]窦太主就是大长公主刘嫖（此时刘嫖是当今皇帝的姑母，故于长公主前加"大"字），她参与谋立刘彻为太子，又在母亲掀起的近乎政变的清洗中保全了

---

1 董仲舒上对策的时间，历来史家争议极大，详见江新：《董仲舒对策之年考辨兼答孙景坛教授》，《河北师范大学学报（哲学社会科学版）》，2012年第3期。

2 韦知秀：《爱情与政治视域下的"长门遗恨"——〈史记〉阿娇婚姻悲剧分析》，《渭南师范学院学报》，2018年5月。

3 《资治通鉴》卷一七，建元二年三月。

刘彻的帝位，如许大的功劳，她自然要求相应的回报。可是所谓"相应"的界线在哪里，施恩方和报恩方从来有分歧，所以武帝认为她"求请无厌"，越来越厌烦她。

至于阿娇，史料对她的描述用得最多的就是一个"骄"字。《史记·外戚世家》说"上之得为嗣，大长公主有力焉，以故皇后骄贵"；《汉书·外戚传》说"及帝即位，立为皇后，擅宠骄贵"；两汉时期半真半假的志怪小说《汉武故事》说"然皇后宠遂衰，骄妒滋甚"；《资治通鉴》说"皇后骄妒，擅宠而无子"；等等。

刘彻与阿娇的婚姻未必有什么爱情基础。他被立为太子时才七岁，两人许亲之时他年龄要更小。大长公主曾想将阿娇许配给他的大哥刘荣，可见阿娇可能比刘彻年长不少。她的"骄"恐怕不是来自年少不懂事，而是根植于外祖母、母亲一脉相承的强势作风。年轻人刘彻已经受够了祖母的擅权，受够了姑姑兼岳母的"恃功"，而妻子阿娇又"擅宠而无子"，这可以理解为她要独占刘彻，但又不能生子。阿娇多方求医，花九千万钱而仍不能有子，这甚至导致淮南王等宗室起了觊觎皇位之心。刘彻对阿娇的反感越来越不加掩饰，导致王太后警告他："汝新即位，大臣未服，先为明堂，太皇太后已怒；今又忤长主，必重得罪。"新政之事已经惹恼窦太后，再让大长公主不高兴，最终得罪的人还是窦太后。王太后教导他："妇人性易悦耳，宜深慎之！"前半句是说女人家是很好哄的，而"深慎之"就大有深意了——哄她们不是为了家庭和睦，选择"不哄"要慎重，时机还没到。刘彻听懂了，"乃于长主、皇后复稍加恩礼"。[1]

在政治上不能自主，在家庭中不能自恣，刘彻只能在尽情的游

---

[1] 《资治通鉴》卷一七，建元二年三月。

猎中放纵自己。

《资治通鉴》的编年叙事最能呈现窦太后"反击"前后刘彻行为的巨大差异。建元二年（前139年）之前，他雄心勃勃，集中更替一系列关键职位的官员，接连出台种种革去旧政之举，甚至要改变帝国的治国逻辑。建元二年之后，他却宛若一个放纵的少年郎，大兴土木，耽于游猎，毫无明主之态。

《资治通鉴》载："是岁［建元三年］，上始为微行。"从这一年开始，刘彻过上了放纵自恣的生活。他"常以夜出，自称平阳侯；旦明，入南山下，射鹿、豕、狐、兔，驰骛禾稼之地，民皆号呼骂詈"。乘夜偷偷出宫，在终南山下驰骋射猎，可是这里作为京畿三辅之地，经过文景之时长期与民休息，加之国家引入大量关东移民，早已人口密集，田畴遍布。刘彻和他的骑郎们践踏的都是良田，百姓呼号怒骂。刘彻的游猎并非一时兴起，而是长期持续，扶风的鄠县和京兆的杜县两县的县令都想抓捕这群"纨绔"。有一次抓住了他们，刘彻的手下出示"乘舆物"，即代表皇帝所用的信物，暗示了主人的身份，"乃得免"。还有一次，刘彻一行人夜行经过一个叫柏谷的地方，在路边的一个旅社歇脚，向主人要些热水，可能他们这些恶少年的行径已经在三辅散播开了，主人便出言不逊："无浆，正有溺［尿］耳！"甚至还偷偷召集乡邻"欲攻之"。

后来，刘彻以昆明池西的宣曲宫为始向南设置了十二所休息更衣之处，即小规模的简易行宫，从此游猎路上饮水休息不需要再投宿旅店了，晚上常常住在长杨、五柞等离宫。[1]

再后来，刘彻索性就在长安近郊大修皇家禁苑以做游猎玩乐之

---

[1] 《资治通鉴》卷一七，建元三年。

所，命太中大夫吾丘寿王扩建秦时留下的禁苑上林苑。这一时期初开的上林苑，范围应该是从阿城向东到今灞河西岸，再转向南至宜春、鼎湖，南达终南山北麓，西界为长杨宫和五柞宫，再向北沿渭水南岸绕回阿城，周长三百里。[1]窦太后或许也希望孙子沉迷于游猎，不与她争夺权力，因而默许了他的挥霍，但毕竟黄老"节俭"的思想还是对大兴宫室的行为有所限制，所以上林苑初开时的范围应该没有达到刘彻的期望。真正执掌权力之后，在司马相如《上林赋》所描绘的人间天国蓝图的吸引下，在方士所吹嘘的杳远仙境的刺激下，在刘彻自身"王者无外，天下一家"的政治理念的笼罩下，终其一生，刘彻不断拓展上林苑的范围，不断新建宫苑，包括他此后理政居住的建章宫，这些苑囿宫室成为他好大喜功、兴发无度的纪念碑。

时间就这样过去，在"被迫"纵情声色三年后，刘彻终于等到了属于自己的时代。建元六年（前135年），五月丁亥（二十六日），窦太后薨，她立为皇后22年，尊为皇太后16年，贵为太皇太后6年，累计44年，享年应在七十岁左右。

数日后，六月癸巳（初三），朝廷即再次发生人事大变动。窦太后当年任命取代窦婴的丞相许昌被免，接替他的是武安侯田蚡。王氏外戚重新登上政治舞台，但是刘彻已经不会再次被太后、被外戚所操纵。原因有二：其一，刘彻是天资英武、雄才大略之君，成年后他就再难以被左右了；其二，王太后政治上的资质显然不如窦太后，且王氏外戚男不如女，没有一个人有臧儿那样的智慧决断，除了能言善辩，有些小计谋的田蚡之外，其他兄弟皆为庸才，对武

---

[1] 齐润运：《论汉武帝时期上林苑的范围》，《秦汉研究》第3辑，陕西人民出版社，2009年，第218页。

帝有所牵制却无法左右他。[1]

　　当然，田蚡不自量力，也想垄断权力。刚开始，他在政治上的建议、要求多能被采纳，他推荐人做官，能将人由居家的平民直接提拔至二千石的高官。可是当武帝不耐烦了，只说了一句"君除吏已尽未？吾亦欲除吏"，就能让田蚡"是后乃退"。[2]权力已经掌握在天子手里，他可以给你，也随时可以收回。

　　元光三年（前132年）冬，窦婴被处死，数月后田蚡去世，[3]王太后黯然退出政治舞台，退居后宫颐养天年，以后虽然偶尔也会给儿子推荐几个官吏，比如义纵，但已不再能触及皇权的根本了。经历了窦、王两位太后十年或强或弱的牵制，到这一刻刘彻才真正成为主人，无论在他的国，还是在他的家。

　　元光五年（前130年），窦太后薨后第五年，《汉书·武帝纪》载，是年秋，"七月，大风拔木"。这在汉人的认知里是公认的灾异。

　　这个灾异应在阿娇身上。

　　女巫楚服等教陈皇后"祠祭厌胜，挟妇人媚道"。此事被发觉，武帝遣御史张汤"穷治之"。

　　此事事关宫闱，不可为外人道，正史中只有寥寥几笔，从《史记》《汉书》留下的只言片语来看，女巫楚服教唆陈阿娇有两事，一是"巫蛊祠祭厌胜"，[4]二是"挟妇人媚道"。《汉武故事》对此有更细致的描述，说陈皇后"昼夜祭祀，合药服之。巫〔楚服〕着男子

1　陈佳宁、张玉芳：《汉武帝时期女性的政治参与研究——以〈史记〉为中心》，《西部学刊》，2019年第21期。

2　《史记》卷一〇七《魏其武安侯列传》："当是时，丞相入奏事，坐语移日，所言皆听；荐人或起家至二千石，权移主上。"

3　窦婴、田蚡去世时间，见〔清〕梁玉绳：《史记志疑》卷三三。

4　《汉书》卷九七上《外戚传·孝武陈皇后》："女子楚服等坐为皇后巫蛊祠祭祝诅，大逆无道……"

衣冠帻带，素与皇后寝居，相爱若夫妇"。但这只是小说笔法，难辨真伪。

所谓"巫蛊祠祭厌胜"，统称巫蛊之术，大致是制作木偶人代表某人，对其施行诅咒之术，然后埋入地下，特别是埋于道路之中，让灾祸远离自身或是转移到他人身上。在秦汉之时，只要不以天子为诅咒对象，行巫蛊之术并不犯法。秦代甚至设有专门施行巫蛊之术的"秘祝"之官，其职责是"即有灾祥，辄祝祠移过于下"，[1]当国家有天灾或不祥之事，就令秘祝官祠祭，将祸害转移到某些官吏或者百姓身上，这是官方公开地以民为壑，光明正大地引祸水下流。直到文帝前元十三年（前167年），朝廷才废除这一做法。[2]既然巫蛊之术不以天子为诅咒对象就不犯法，阿娇作为皇后却以此得罪，可能说明她的诅咒对象就是其丈夫，天子刘彻，如这一推测不错，可见刘彻多么伤她的心，也可见她是个被宠坏的女儿，得不到的东西宁可毁掉。

所谓媚道同巫蛊诅咒类似，如大长公主说栗姬在宴会上"常使侍者祝唾其背，挟邪媚道"[3]即是一种。钱锺书先生说："媚道当属'厌魅'，可以使人失宠遭殃，亦可以使己承恩致福。"[4]若如此，栗姬是在大长公主邀请景帝诸多姬妾的宴会上对其他姬妾"祝唾其背"，显然也是想让她们失宠。那么陈皇后行"媚道"，是要让谁失宠遭殃？

西汉末人桓谭曾说："昔武帝欲立卫子夫，阴求陈皇后之过，而

---

[1] 《史记》卷二八《封禅书》。
[2] 《史记》卷一〇《孝文本纪》。
[3] 《史记》卷四九《外戚世家·王太后》。
[4] 钱锺书:《管锥编》第一册，《史记会注考证》第十五则《外戚世家》，中华书局，1979年，第297页。

陈后终废，子夫竟立。"[1] 桓谭在汉哀帝、汉平帝时为郎，官位虽不大，但身处中朝，又离此事发生时不过几十年，所说未必无据。而生活在武帝时代的司马迁也将陈阿娇被废与卫子夫受宠联系起来："陈后太骄，卒尊子夫。"[2]

如此看来，陈阿娇是要让卫子夫失宠遭殃。卫子夫是元光二年（前133年）入宫的，入宫后被冷落了一年，在元光三年（前132年）再次"大幸"。而元光五年（前130年）七月陈阿娇巫蛊事觉，这之间一两年的时间，也正好让阿娇的嫉妒酝酿为争宠，再发展成诅咒。太长或太短都不合理。

刘彻让张汤来查办此事，指示要"穷治之"，张汤列名《史记·酷吏列传》，其手段自然不负今上之望。此案结局是"女子楚服等坐为皇后巫蛊祠祭祝诅，大逆无道，相连及诛者三百余人。楚服枭首于市"。[3] 张汤因"深竟党与，于是上以为能，稍迁至太中大夫"。[4] 此事株连波及三百多人，其性质似乎不只是宫内女子因嫉妒而行诅这么简单。

七月十四日（乙巳），陈皇后被废，皇帝"使有司赐皇后策曰：'皇后失序，惑于巫祝，不可以承天命。其上玺绶，罢退居长门宫。'"长门宫在长安城东南，它曾是大长公主的长门园，大长公主献给武帝，更名长门宫，今日武帝又以这样的方式将其还给了她的女儿。

这是武帝朝第一次因巫蛊而起的大狱，也是武帝朝第一次因巫

---

1 《后汉书》卷二八上《桓谭传》。
2 《史记》卷一三〇《太史公自序》。
3 《汉书》卷九七上《外戚传·孝武陈皇后》。
4 《史记》卷一二二《酷吏列传》。

蛊废皇后。此案株连了三百余人，但比起刘据所涉的巫蛊之祸，只不过是一次和风细雨的预演。被株连的三百人不知道是些什么人，但是可以知道，对于陈皇后一家，武帝没有赶尽杀绝。

事后，"窦太主惭惧，稽颡谢上"。[1]稽颡之礼是极庄重的礼节，在居丧、请罪、投降时行之，行礼之人屈膝下拜，以额触地，不露面容。这就表示过去助立太子，免窦太后之怒的恩德也再算不得数了。皇上安慰姑母："皇后所为不轨于大义，不得不废。主当信道以自慰，勿受妄言以生嫌惧。后虽废，供奉如法，长门无异上宫也。"从武帝的劝慰之语来看，有关废后的原因，当时有不同于官方所解释的"皇后所为不轨于大义"的"妄言"。这一"妄言"内容为何？里面有可能就有司马迁、桓谭提到的废陈皇后是为了立卫子夫这种说法，但是卫子夫被立为后还要等到两年后的元朔元年（前128），武帝的长子刘据出生；还有一种"妄言"可能是说这是武帝彻底清洗窦氏势力的行动，后世有研究者就认为陈皇后的巫蛊之狱实际是武帝对窦太后余党的一次清洗，那三百余人也都是因此而被株连的，[2]毕竟巫蛊之术是秘密进行的，不需要这么多人参与。一个结果未必只有一个原因，往往是多个原因导致了一个结果，后人都能推测到的原因，当时人未必想不到。

无论"妄言"为何，可以知道的是，武帝的官方解释不足以令大长公主信服，她在余生中曾几次对平阳公主抱怨："帝非我不得立，已而弃捐吾女。"皇帝为什么如此不自重而忘本呢？连平阳公主都不照官方解释来回答她，反而宽慰她说阿娇被废只是因为没能

---

1 《资治通鉴》卷一八，元光五年七月乙巳。
2 林剑鸣：《秦汉史》上册，上海人民出版社，2019年，第461页。

生子而已。[1]

无论如何，大长公主还是受到了皇帝的照拂，安度余生。阿娇被废的第二年，元光六年（前129年），其父堂邑侯陈午薨，大长公主之子陈须嗣侯。寡居的大长公主坐拥母亲给她留下的长信宫金钱财物，与男宠"卖珠小儿"董偃，按东方朔的说法，过着"败男女之化，而乱婚姻之礼……奢侈为务，尽狗马之乐，极耳目之欲"的浮华生活。[2]

十多年后，元鼎元年（前116年），大长公主的一生结束了，覆灭的厄运便也迅速降临到她的家族。她的葬礼刚结束，就有人举报她的两个儿子堂邑侯陈须、隆虑侯陈蟜"坐淫乱，兄弟争财"。所谓"淫乱"，是指在母丧期间举止服制不合礼制，所争之财恐怕大部分还是窦太后与大长公主留下的财物。有司的判决是"当死，自杀，国除"。这一切，阿娇都看在眼里。几年之后，她才死去，"葬霸陵郎官亭东"。[3]窦氏虽然在陈皇后被废之时就彻底丧失了政治影响，但直到此时，窦氏集团的人物才算全部退出了历史舞台。

此时，似乎所有安排给天子刘彻的牵制都已被他摆脱，他可以恣意行使君王的权威。可是这些牵制又似乎从未远离他，仿佛命运的阴影般一直纠缠着他。他这一生，从未摆脱巫蛊之事，也从未摆脱外戚的觊觎，甚至摆脱不了变易太子、废除皇后的宿命，且这戏剧般的宿命不断以越来越激烈的面貌上演。

陈皇后的诅咒从未破解。

---

1 《史记》卷四九《外戚世家·卫皇后》。
2 《汉书》卷六五《东方朔传》。
3 《汉书》卷九七上《外戚传·孝武陈皇后》。又有《史记》卷一九《惠景间侯者年表》载："元鼎元年，侯蟜坐母长公主薨未除服，奸，禽兽行，当死，自杀，国除。"

第四章
军功织就的网

俗套的开篇

讲完了刘彻成为武帝的历程，讲完了他的第一个皇后陈阿娇的故事，我们再回到第一章结尾的问题，卫子夫登车入宫后，富贵之途一帆风顺否？

命运竟和她开了个不大不小的玩笑。卫子夫"入宫岁余，竟不复幸"。还原当时的情景，武帝临幸子夫应该只是酒后一时兴起，看地点"更衣之所"便可知。平阳公主为固宠，趁热打铁提出送子夫进宫侍奉，也不过是家奴命贱，顺水人情，万一有宠，那就是一本万利的买卖。武帝亦不过是酒酣之际随口答应，像子夫这样的女子天天都有希进之徒进献，这在当时也算一种定制（献纳），后宫多一个少一个皆可。[1]

---

[1] 西汉选妃可以归纳成召纳、选纳、献纳三种形式。召纳是皇帝自行选妃，选纳是有关部门为皇室选妃。《汉书·外戚传》分别载有若干实例，如成帝外出微行，"见飞燕而悦之，召入宫"，文帝窦皇后"以良家子选入宫"等。郡国或个人向皇宫进献女子，称作献纳，《汉书·元帝纪》注中有"郡国献女"一句，《汉书·元后传》中有五凤年间王禁"献政君，年十八矣，入掖庭为家人子"的记载，这些都是向皇帝献纳女子的例子。参见卫广来：《论西汉纳妃制度》，《山西大学学报（哲学社会科学版）》，1990年第3期。

太史公虽然记载了平阳公主送别子夫时说"即贵，无相忘"，但平阳其实也并非怀有什么热望，不过是每一个经她手送给天子的女子，她大概都会嘱托这么一句。这里只有性欲发泄、利益交换，以人为工具，哪有一见钟情与温情脉脉。[1]

权力场没有罗曼蒂克。

天子大概回宫酒醒后就忘了子夫，入宫一年何止是"不复幸"，子夫连见天子一面都没有机会，一年之后宫中"择宫人不中用者，斥出归之"。

"白头宫女在，闲坐说玄宗"，这是唐人元稹《行宫》诗中的一句；"君门一入无由出，唯有宫莺得见人"，这是唐人顾况《宫词》诗中的一句。入宫的大部分女性，特别是被皇帝临幸过的，只能老死宫中，无缘再得自由。让不再被宠幸的女子或是因年纪、疾病不能再服侍的宫女出宫是汉代的"仁政"，吕后、文帝、景帝时都有此举。武帝朝有明确记载的就有两次，除这一次外，还有一次是《汉武故事》所载的："上……起明光宫，发燕赵美女二千人充之，率皆年十五以上，二十以下。年满三十者出嫁之。"明光宫的宫女满三十岁可以出宫嫁人。

卫子夫本不在出宫之列，但是她不想老死宫中，想要寻求别的出路，请求面见天子，放自己出宫。由此子夫获得了再次面见天子的机会，"涕泣请出"。这一面，或许让武帝回忆起了一年前的"良宴会"，又或许美人梨花带雨激起了他的格外爱怜，于是皇帝复幸之，而子夫"遂有身"。

---

[1] 武帝宠幸的卫子夫是歌奴，李夫人出身倡优之家，她们都是平阳公主献纳。钩弋夫人得幸的方式可说是变相的献纳，王夫人来历不明，不过她没有显赫的出身，很可能也是以姿色被献纳。以此看来，其他未被"大幸"，因此没被记载的女子出身献纳的应该不少。

命运和卫子夫开了个小玩笑，然后很快就又垂青于她，这一次临幸就让她有了身孕。武帝在此之前都没有子嗣，这证明了子夫具备生育的能力，更重要的是，证明了武帝本人具有生育能力。虽然这一胎生出的是女孩儿——卫长公主，但武帝的生母王太后也是在生育了平阳公主和南宫公主后，第三胎才生下他。于是天子对子夫"尊宠日隆"。

在汉代，尊宠妃子的一个重要方面就是重用其家人，天子遂"召其兄卫长君、弟青为侍中"。子夫的哥哥卫长君一生无事可述，他只是一个幸运儿，从奴婢所生的一大堆孩子中的老大，因为妹妹的缘由，突然变成地位显赫的外戚，他可能才能也平凡，无所作为，加之早逝，故在史书中仅有寥寥几笔。[1]

子夫的弟弟卫青则不同。他和子夫不同父，他的父亲叫郑季，本是平阳县的县吏，被县里派到平阳侯家侍奉服务，在此期间与"卫媪"私通生下了卫青。因郑季已有家室，所以卫青只能"冒姓卫氏"。所谓"冒姓"，就是他本是郑氏之子而用卫为姓。

这里仍然绕不开"卫"到底是卫媪的夫姓还是父姓的疑问。如果是夫姓，她的丈夫此时或许还在世，因为卫青只是她所生的六个孩子中的第五个，她之后还生了个儿子叫卫步广。可是这个"卫太公"竟能容忍妻子与人私通，十月怀胎，生下孩子之后还冒他的姓？如果"卫太公"在她与郑季私通前早已死了，所以卫媪可以光明正大地生下卫青，并在自己身边将其养育至少年，那么老六卫步广的父亲又是谁？

又或许卫媪作为平阳侯家的家僮，压根儿就未曾婚配，没有丈

---

[1] 《史记》卷四九《外戚世家·卫皇后》。

夫，卫是她的父姓。那么需要解决的问题更多：子夫的父亲是谁？卫长君、卫少儿、卫步广的父亲又分别是谁？

武帝朝最显赫的外戚卫氏，中国历史上最杰出的军事天才卫青，出身笼罩在一团迷雾之中，单根据现有的材料，恐怕永远没有解开答案的一天。司马迁和他是同时代人，可能知道答案。或许是为尊者讳，不方便明说，可又不想让这么重要的历史事实湮没，就故意在文字间留下如此大的漏洞，以暗示后人。到班固修《汉书》时，应该没有太多的顾忌了，但可能资料早已不存，传闻也已经不可考证。又或许班固是个古板的人，认为正史不应该记载这些"八卦"，所以他没有给出比司马迁更多的信息。

卫青出生后先是由卫媪抚养，根据汉代的法律，婢（女奴）所生的孩子也是主人的奴婢，所以主人允许卫媪在平阳侯府抚养这个孩子。[1] 不知道什么原因，或许是卫青获得了一次脱籍，即摆脱奴隶身份的机会，他在少年时离开了平阳侯府，回到生父郑季家。郑季只是一个县吏，家境中等，私生子找上门来，境遇当然不会好，卫青被打发去放羊。正妻的孩子们也不把卫青当兄弟，像对待家奴一样使唤他。寄于亲人篱下比一般的寄人篱下往往还更艰难，这段时光对卫青而言应该是极为煎熬的。一次有人看见他的面相，对他说："贵人也，官至封侯。"卫青并不高兴，苦笑："人奴之生，得毋笞骂即足矣，安得封侯事乎。"[2] 这时他的理想生活只是免于被打骂羞辱。这段经历对他的性格当有重要影响，日后他的谦退、隐忍都与

---

[1] 根据汉代律令，良贱（奴婢）相婚，贱贱相婚，所生子女皆为奴婢；而良贱相奸（通奸）的情况，所生子女身份从属于母亲的身份。卫青的情况就属于良贱相奸所生子，其母为婢，故卫青为奴。参见孙闻博：《秦汉简牍中所见特殊类型奸罪研究》，《中国历史文物》，2008年第3期。

[2] 《史记》卷一一一《卫将军骠骑列传》。

此有所关联。

长大后的卫青离开生父，重新回到平阳侯府，作为侯家的骑奴。如果之前他回到生父家是为了脱籍的话，现在他又重新成为平阳侯家的奴隶，或许这正说明他在生父家的生活不堪忍受，不如重回富贵之家为奴。汉代富贵之家出行多是"连车列骑"，在汉墓的画像石、画像砖和壁画上，均可见煊赫的阵仗，随同出行的有牵马奴、驾车奴、从车奴和骑奴等，卫青就是骑马随行的骑奴。《史记》提供了更精确的信息："从平阳主"——卫青是固定跟随平阳公主出行的骑奴。每次骑在马上远远地望着车中的公主时，不知道他有没有奢望过，有一天能娶这个女人为妻。

卫子夫入宫得幸后，因为姐姐的缘故，卫青摆脱了奴隶身份，离开平阳侯府到建章宫（重修前的旧宫）中做骑郎。[1]可也因为姐姐的缘故，卫青惹上了杀身之祸。皇帝新宠幸了平阳公主家的歌女，陈皇后的母亲大长公主本不当回事，可是听说这个歌女竟然有孕了，而自己的女儿阿娇为了求子已花了九千万钱却仍然无效，这就成了一个严重的威胁。大长公主听说卫子夫有个弟弟在建章宫做事，就派人把卫青抓起来，要杀了他。卫子夫有孕已为皇帝所知，大长公主无论如何不敢伤害子夫。杀卫青大概一是给卫子夫一个警告，陈皇后身后是强大的窦氏；二也是提前剪除卫氏潜在的外戚力量。

幸好卫青在建章宫结交了一些孔武有力的好朋友。骑郎公孙敖竟然带着一群壮士从关押卫青的地方把他解救了出来。"郎"是天子

---

1 谢弈桢：《〈卫青传〉"给事建章""为建章监"考疑》，《文教资料》，2016年第36期。谢氏厘清了卫青所在的建章宫是太初元年（前104年）重修扩建之前的建章旧宫。结合李陵担任建章"新"宫宫监的职责是"监诸骑"，再佐以卫青在平阳侯府为骑奴，其好友公孙敖为骑郎这几个证据，更应该得出的结论是卫青在建章宫为骑郎，升为建章"旧"宫宫监的职责也是"监诸骑"，而非如谢氏所说"管理园林离宫方面衣食起居的事务"。

第四章 军功织就的网　065

身边的近侍，文职负责文书起草、奏章流转，武职负责护卫。骑郎是骑兵护卫，卫青过去是骑奴，所以入建章宫就做了骑郎，因此他与公孙敖是同僚好友，那些壮士应该也是武职的郎官。救出卫青的既是武帝身边的侍卫郎官，大长公主本身又理屈，便也不能再追究。

但此事发生在近侍和皇亲之间，动静一定不小，还是传到了武帝耳中。他召见卫青，升他为建章宫宫监，并加侍中。宫监是负责一宫的长官，这是卫青的本职。侍中是加官，有了这个头衔，他可以出入宫禁，成为皇帝的亲近之臣，[1]这便是因祸得福了。子夫的哥哥卫长君也在这一次被封为侍中。

随着子夫持续为皇帝生儿育女，武帝对卫氏家族的宠遇日隆。卫子夫封为夫人，卫青升为太中大夫。大姐卫君孺嫁给太仆公孙贺。武帝为太子时，公孙贺是太子舍人，是陪伴天子长大的亲近之臣，武帝即位时立即封他为太仆。太仆是九卿之一，掌管皇帝的舆马车驾与全国的马政。天子出行祭祀时，太仆亲自御车，[2]必须是天子极亲信的人才能担任。卫君孺与公孙贺的婚姻，不管主动的是哪一方，都须得到天子首肯。二姐卫少儿在子夫显贵后，也到了长安，与一个叫陈掌的男子有了私情。陈掌是开国功臣陈平的曾孙，不过不是嫡孙，没有资格袭侯。武帝就把陈掌召来封为詹事，使他贵显，让二人成婚。卫少儿之前在平阳侯府做奴婢时与在侯府服务的县吏霍仲孺私通，生有一子，霍仲孺后独自离开侯府归家，就如卫青的生父郑季一般。少儿独自抚养儿子，她对这个私生之子的未来所求无多，只

---

1 《汉书》卷一九上《百官公卿表》："侍中……皆加官……侍中、中常侍得入禁中，诸曹受尚书事，诸吏得举法，散骑骑并乘舆车。"
2 《汉书》卷一九上《百官公卿表》："太仆，秦官，掌舆马，有两丞。"《汉官仪》："天子车驾次第谓之卤簿。有大驾、法驾、小驾。大驾公卿奉引，大将军参乘，太仆御……祭南郊，乘大驾，奉引如故，其余群司百官大出。祭北郊，乘大驾，奉引如故……"

求他无病无灾地长大，不要早夭，所以给他取名去病，随父姓霍。[1]

卫氏一门，起家奴婢，因子夫一人之力，显赫无比。不过，到此为止的外戚显贵故事在此前文帝、景帝时就所在多有，不外乎封官与赏赐，尊显与富贵。可是对于卫氏一门，以女色而显贵的俗套只是开篇，无人可以超越的故事才刚刚开始。

天子赌对了

史书在记录卫青升为太中大夫后，再次让他亮相要等到元光六年（前129年）。这一年，匈奴从上谷郡入侵，"杀略吏民"。武帝以卫青为车骑将军出上谷郡，公孙敖为骑将军出代郡，公孙贺为轻车将军出云中郡，李广为骁骑将军出雁门郡，四将各率万骑，"击胡关市下"。[2] 根据《后汉书·百官志》，汉代将军的职级，"第一大将军，次骠骑将军，次车骑将军，次卫将军。又有前、后、左、右将军"。车骑将军地位仅次于大将军和骠骑将军。卫青的出生日期《史记》《汉书》皆无记载，后世学者考证，可能是在景帝前元元年（前156年），[3] 元光六年他虚岁才二十八，首次领军出征就被任命为地位很高的车骑将军。公孙敖此前也未见征战记载，此次为骑将军独当一面，恐怕也与他和卫青是生死之交有关。公孙贺是卫君孺的丈夫，与卫青是郎舅关系。李广此时任未央宫卫尉，负责未央宫的守卫。此时建章宫尚未重修扩建，武帝居住理政仍在未央宫，李广算是天子相信的近臣。四位将领，三人和卫氏直接相关，此役似可视为正在形

---

[1] 《汉书》卷五五《霍去病传》。
[2] 《汉书》卷六《武帝纪》；《史记》卷一一〇《匈奴列传》。
[3] 张大可:《卫青、霍去病生年试探》,《社会科学》,1982年第1期。

成的卫氏外戚集团的第一次登台亮相。

这场战役的结果如下：可能因为是初次独当一面，公孙敖出师不利，为匈奴所败，亡七千骑。公孙贺与李广皆是老将，公孙贺没有遇上匈奴军，无所斩获；李广为匈奴所败，本人被擒，后佯死夺去押解者的弓马而逃脱。只有卫青一军打到匈奴大会诸部祭天之处的龙城，斩首及俘虏七百人。

此役公孙敖、李广下吏，论罪，当斩，赎为庶人；公孙贺无功无罪，故无赏罚；只有卫青有功，赐爵关内侯。[1] 汉代爵位分为二十级，最高一级是列侯，其次就是关内侯。

这场战役对于武帝和卫青都意义重大。

匈奴作为亚洲内陆的霸主，对汉朝一直是极大的威胁。高祖得天下之初，率四十万百战之士在白登被围，通过走单于阏氏的后门，才解围得脱，高祖为此羞愤终生。高祖崩后，单于给汉室的文书中甚至提出让寡居的吕太后下嫁单于。文帝之时，匈奴军锋能轻易威胁长安，汉军只能"军长安旁以备胡寇"，防守线竟退缩到首都郊外。[2] 经过几十年的休养生息，此时汉朝的社会财富、国家实力已经能够承担大规模的对外战争，又恰逢刘彻这么一个锐意进取、热心拓疆的君王，对匈奴从守势转为攻势的时机已经成熟。时势具备，独缺英雄。

汉对匈奴长期处于守势，所以汉军将领长于防御战、阵地战，不熟悉野战、运动战。并且历次汉匈战争的主战场都在汉朝疆域内，汉军缺乏在匈奴疆土内的草原、大漠作战的经验。李广就是一个明显的例子，所谓"冯唐易老，李广难封"，两千年来多有为李广不

---

1 《汉书》卷五五《卫青传》。
2 《史记》卷一一〇《匈奴列传》。

得封侯而唏嘘不平的，但"李广难封"是有原因的。李广长期为边郡太守，匈奴"避之，数岁不入界"，[1]这其实是说明他长于防守作战。司马迁描写过他与匈奴射雕者的遭遇战，这只能说明他个人骑射技艺出众。但率领骑兵大部队，在草原荒漠中远距离奔袭，指挥数万人快速机动、运动作战，则不能单靠主将武艺高超，而是另有一套办法。李广这次脱离城塞进攻匈奴本土，作为主将竟然被俘。在此后卫青围捕单于的漠北之战中，李广又迷路失期。另外一位宿将李息，景帝时已为将，武帝时的马邑之战中为材官将军，无功；以后两次出征匈奴，皆无功。这些事例都说明以李广、李息为代表的，成长于文景之时的老一代汉军将领，在同匈奴作战时，他们的军事知识结构已不适应从阵地战、防守战转向进攻战、运动战的这一时代变动。

武帝便只能从新一代将领中挑选能实现他的雄图大略之人。之所以是卫青，应有一定的偶然性。从现有的史料来看，卫青在此役之前并没有军事作战的经历，武帝朝在此之前的一次对匈奴大作战是元光二年（前133年）的马邑之战，参与指挥作战的将领有护军将军韩安国、骁骑将军李广、轻车将军公孙贺、将屯将军王恢与材官将军李息，并无卫青参战的记载。司马迁和班固对武帝为何信任卫青有为将之才，敢于交给他一支军队独当一面也没有任何解释。《资治通鉴》说："青虽出于奴虏，然善骑射，材力绝人；遇士大夫以礼，与士卒有恩，众乐为用，有将帅材，故每出辄有功。"这大致可算一个解释。卫青成年后在平阳侯府做骑奴，之后在建章宫和公孙敖一样做骑郎，所以"善骑射，材力绝人"。但他的骑射武艺

---

[1] 《汉书》卷五四《李广传》。

能超得过骑射世家出身的李广？"有将帅材"则是在战争实践中才能得出的结论，在任用之时无从看出。所以只能说：一、卫青为骑郎时展现了基本的军事素质；二、武帝有识人的慧眼；三、面对新的战争态势，无人可用；四、要提拔重用卫氏外戚；五、赌一把。如果不是史料对卫青在这次战役之前领军出征的记载有严重缺失的话，那这五个因素加起来，或能解释卫青第一次出征就以车骑将军身份独当一面的原因。

武帝赌对了。

这一战，对武帝很重要。打到龙城，是汉对匈奴的第一次胜利，虽然不大，但给了武帝信心：从被动防守到主动出击的战略转变是可行的。卫青此时还很年轻，他在以后的六次出征中，以杰出而稳定的表现，为武帝野心的实现贡献了必不可少的力量。"天下由此服上之知人。"[1]

这一战，对卫青，对卫氏家族同样很重要。

去年（元光五年，前130年），陈皇后因巫蛊事被废，皇后之位悬置。卫子夫虽得宠爱并已三次生产，但还都是公主。天子年富力强，今后还会宠幸很多女人，任何一个人产下男孩儿，都会威胁子夫的地位，都会比她更有竞争皇后之位的优势。卫青的崛起，成为卫氏家族新的权力保障，他对实现武帝的扩张战略不可或缺，从而也保障了子夫在宫中的地位。

卫青得胜的第二年为元朔元年（前128年）。朔，有息、始之意。"息"言万物繁息；"始"言更为初始。[2] 这年春天，子夫第四次

---

[1] 《资治通鉴》卷一八，元光六年。
[2] 《汉书》卷六《武帝纪》注："应劭曰：'朔，苏也。孟轲曰"后来其苏"。苏，息也，言万民品物大繁息也。'师古曰：'朔犹始也，言更为初始也。苏息之息，非息生义，应说失之。'"

生产，天佑卫氏，这次产下男子，这是武帝的长子，取名刘据。这一年，武帝二十九岁，他的爷爷文帝生他父亲景帝时才十六岁，景帝生长子刘荣时应在二十岁上下，[1]这个儿子让武帝等得太久了。他想必极为欣喜，三月十三日（甲子），子夫被册封为皇后。[2]这一年，卫青再次出征匈奴，率三万骑出雁门，斩首虏数千人。老将李息出代，无功。如果说卫青去年的胜利是个偶然事件的话，第二次胜利则巩固了天子对他军事指挥才能的信任：卫青的胜利可以复制。

再明年，元朔二年（前127年），"匈奴入上谷、渔阳，杀略吏民千余人"。武帝遣卫青、李息出云中郡，西至陇西郡，在河南地（今鄂尔多斯一带）与匈奴的楼烦王、白羊王作战得胜，"得胡首虏数千，牛羊百余万，于是汉遂取河南地"。[3]因为这次胜利，卫青获封长平侯，食邑三千八百户。这一战跟随他作战立功而得封侯的有校尉苏建，封平陵侯；校尉张次公，封岸头侯。[4]这是卫青第三次出征得胜。

卫青第四次出征在元朔五年（前124年），他的头衔仍是车骑将军，率三万人出朔方郡。这次随他出征的有卫尉苏建、左内史李沮、太仆公孙贺、代相李蔡，"皆领属车骑将军"。另一路由大行李息、岸头侯张次公为将军，出右北平。汉军总兵力十余万人，打击目标是长期侵扰朔方的匈奴右贤王。卫青出塞奔袭六七百里，趁夜色接近匈奴军营，包围了右贤王。匈奴对汉军这几年机动能力的快速进

---

1 刘荣生年，史无明载。《汉书·景十三王传》载："江都易王非……吴、楚反时，非年十五，有材气，上书自请击吴。"吴楚之乱爆发于前154年，此时刘非虚岁十五，故刘非生于前168年应是无疑。刘非为景帝第五子，那么长子刘荣生年必不晚于前168年。
2 《资治通鉴》卷一八，元朔元年三月甲子。
3 《汉书》卷六《武帝纪》；《史记》卷一一〇《匈奴列传》。
4 《史记》卷一一一《卫将军骠骑列传》。

步并没有清醒的认识,"右贤王以为汉兵远,不能至,饮酒,醉"。面对突然出现的汉军,右贤王大惊,醉酒之下又无法做出清醒的指挥,"独与壮骑数百驰,溃围北去"。这一战捕获右贤王所属小王(裨王)十余人,男女人众一万五千余人,牲畜"数十百万",大胜而还。[1]

左右贤王是匈奴单于之下最高级别的人物,左贤王管辖匈奴东部的人众土地,右贤王管辖西部的人众土地。这一战直击匈奴主力,差点儿抓住右贤王,给匈奴士气以沉重的打击,给汉军信心以巨大的鼓舞。

大捷的消息早已快马加鞭通报长安。大军回到边塞时,天子的使者已经等在这里,持大将军印,在军中拜卫青为大将军,"诸将皆以兵属大将军"。[2]

大将军之职汉朝并不常置,在卫青之前,被封为大将军的只有寥寥几人:高祖在汉中登坛拜韩信为大将军,这是因为萧何的力荐;吕后时拜营陵侯刘泽为大将军,那是因为他既是刘氏宗室,又娶了吕后之妹吕媭与樊哙之女;文帝时的三位大将军陈武、灌婴、张相如都是随高祖打天下时就立下军功的旧臣;景帝一朝只是在平吴楚之乱时拜外戚窦婴一人为大将军。卫青从第一次领军出征到封大将军,不过六年。

武帝真是太爱卫青了,封他为大将军还觉得不足以表达心意,在当年的四月初八(乙未),益封(增加封邑)卫青八千七百户,一并封其三子卫伉为宜春侯,卫不疑为阴安侯,卫登为发干侯。三子寸功未立,最小的卫登还是襁褓之中的婴孩。这一分封完全背离

---

[1]《汉书》卷六《武帝纪》;《资治通鉴》卷一九,元朔五年。
[2]《史记》卷一一一《卫将军骠骑列传》。

了高祖与群臣白马之盟的约定："非军功不侯。"卫青再三辞谢："臣幸得待罪行间，赖陛下神灵，军大捷，皆诸校尉力战之功也。陛下幸已益封臣青；臣青子在襁褓中，未有勤劳，上幸列地封为三侯，非臣待罪行间所以劝士力战之意也。"卫青这番话，一方面是推辞，天子封赏太过；一方面也是为跟随自己征战的将领请功。

武帝看懂了，回应道："我非忘诸校尉功也。"随即大封功臣。这一次跟随卫青出征而得封侯的有：合骑侯公孙敖、龙颔侯韩说、南窌侯公孙贺、乐安侯李蔡、涉轵侯李朔、随成侯赵不虞、从平侯公孙戎奴。李沮、李息及豆如意皆赐爵关内侯，共十人。[1]

第二年（元朔六年，前123年）二月，卫青率公孙敖、公孙贺、赵信、苏建、李广、李沮出定襄；斩首数千级而还。大军休整一月余，四月再出，卫青部"斩首虏万余人"。但是苏建与赵信率三千余骑遭逢单于本人率领的大军，力战一日余，全军覆没。赵信本是匈奴降将，被诱带着八百多骑重投匈奴，这八百骑估计也都是当初随他过来的匈奴降兵。苏建独身逃归卫青大军。依汉律，此役卫青功过相抵，未获益封。

不过正是在这一次战役中，卫氏新的将星登场：卫少儿的儿子霍去病以剽姚校尉出征，与轻装骁勇骑士八百人脱离主力转战数百里，斩首两千零二十八级，其中包括匈奴的相国、当户及单于的祖父辈等上层人物，生俘单于的叔父罗姑比，功冠全军，被天子封为冠军侯。

霍去病初次大放光芒的时候比舅舅卫青还年轻。《史记》说："是岁也，大将军姊子霍去病，年十八，幸，为天子侍中，善骑射，

---

[1] 《史记》卷一一一《卫将军骠骑列传》。

第四章　军功织就的网　　073

再从大将军……再冠军，以千六百户封去病为冠军侯。"因此一直以来多认为他封侯这一年是十八岁。有学者提出，"年十八，幸，为天子侍中，善骑射"，是插入介绍霍去病的背景，指的是他十八岁为侍中，而非封侯之年为十八岁。[1]根据汉代加恩封外戚的惯例，霍去病作为天子妃子的外甥而加恩封侍中，最大的可能是在元朔元年（前128年），卫子夫生下皇子刘据，被册封为皇后之时。如果这一年霍去病十八岁，那么元朔六年（前123年）出征时，他是二十三岁。这一次他是"再从大将军"，说明他已于元朔五年（前124年）随卫青出征，并且战绩卓著，冠于全军，所以这次是"再冠军"。依次推断，他出征前有五年的机会作为侍中随侍武帝身边学习骑射与兵略，算是武帝亲自培养出来的将领。所以他立功，相当于代替天子征战沙场，验证了天子的英明神武，所以武帝无比开心。此役结束后，赦苏建不诛，罚钱赎为庶人。上谷太守郝贤四次跟从卫青出征，累计斩首俘虏两千余人，此次积功封众利侯。张骞因出使大夏，熟知西域水草丰茂之处，随卫青出征为向导，使大军无饥渴，加上之前出使的功劳，此次封博望侯。

两年后，元狩二年（前121年），汉在春夏两次对匈奴用兵，都是霍去病统率，卫青并未参与，霍去病被授为仅次于大将军的骠骑将军。这年秋天，匈奴浑邪王率部众降汉，霍去病迎降，再立不世之功。霍去病的征战生涯成就了不少匈奴降将之封侯，如他的校尉句王高不识，封宜冠侯，取宜于冠军侯之意；鹰击司马赵破奴，九原人，少时在匈奴流浪，后归汉，可能是匈奴化的汉人，封为从骠侯；浑邪王及其部属五人封侯。这些人都可视为与霍去病有交集，

---

[1] 张大可：《卫青、霍去病生年试探》，《社会科学》，1982年第1期。

他对这些人有恩德。

元狩四年（前119年），汉对匈奴发起最后一次大规模进攻。这也是卫青与霍去病的谢幕之战。这一次获得了单于所在之地的情报，作战意图定为擒住单于。

郎中令李广仍未封侯，自请出征。武帝觉得他已经老了，又数次出征不利，本不答应，李广数次苦苦请求才让他跟随卫青一路，为前将军。这一路还有老搭档太仆公孙贺、主爵都尉赵食其、平阳侯曹襄（此时曹时已死，平阳公主的儿子曹襄袭爵）。霍去病自为一路，不设裨将，以李广之子李敢等为大校。

这一战，卫青遇上了单于部，在匈奴以逸待劳的情况下，卫青展现了高超的指挥艺术，绝地反击，包围了单于。激战之后，匈奴不支，单于带数百骑趁夜溃围而出。卫青发轻骑一夜追击二百里，虽未能生擒单于，但捕斩敌首一万九千级，且使匈奴本部与单于失去联系十数日，以至部众不得不短暂地另立新单于。司马迁描写这一战的文字极精妙，是正面描写战场的千古名文。根据他的描写，唐人卢纶留下了脍炙人口的《塞下曲》："月黑雁飞高，单于夜遁逃。欲将轻骑逐，大雪满弓刀。"本诗所呈现的文学场景，便有卫青追击单于的历史元素在其中。霍去病虽未遇上单于，但是斩获甚多，"封狼居胥山，禅于姑衍，登临瀚海"。[1]

不幸的是，此役随卫青出征的李广、赵食其军迷路，错过了围歼单于的时机，李广知此生封侯无望，又有罪，不愿面对刀笔吏的盘问，遂自杀；赵食其赎为庶人。受此牵连，卫青也不益封，部属军吏皆无封侯者。霍去病则益封五千八百户，随他出征的路博德封

1　《史记》卷一一一《卫将军骠骑列传》。

符离侯，邢山封义阳侯，李敢封关内侯。路博德、邢山都是第一次出现在历史记录中，李敢是李广的幼子。可以认为，霍去病领导的是比卫青一辈更年轻的新生代将领群体，他们在武帝的心中是帝国明日武功的寄托所在，所以慷慨封赏。此役追随霍去病而封侯的还有两位匈奴降将。

新兴军功集团

从元光六年（前129年）卫青兵锋初至龙城，到元狩四年（前119年）卫青包围单于，霍去病封狼居胥。从高祖被围，吕后被辱，到派使臣至匈奴王廷宣言："今单于即能前与汉战，天子自将兵待边；即不能，亟南面而臣于汉。"[1]从文帝时"军长安旁以备胡寇"，到匈奴失河西地而悲歌："亡我祁连山，使我六畜不蕃息；失我焉支山，使我妇女无颜色。"数十年间，汉与匈奴的力量对比发生了翻天覆地的变化，虽然背后是文景之治积累的万亿财富的支撑，但军事上都是卫青、霍去病和他们麾下的将领血战而得。

卫青七征匈奴，跟随他作战的校尉裨将得封侯者九人，为将军者十五人：公孙贺、公孙敖、李息、李沮、李蔡、李广、张次公、苏建、赵信、张骞、赵食其、曹襄、韩说、郭昌、荀彘。霍去病六击匈奴，属下将校有功为侯者六人，为将军者两人：路博德、赵破奴。这些人中，除了曹襄是曹参之后外，从现存材料看，都不是长期掌握权力的开国军功集团之后，至少不是这个集团的核心群体之后。他们在武帝朝的对外征伐中，追随出身比他们更卑贱的卫青、

---

1 《汉书》卷九四上《匈奴传》。

霍去病，凭借自身的军功博取功名，他们可以算是一个新的政治集团吗？

其实这些人之间的关系也是错综复杂，互有矛盾。

卫氏和霍去病的准确关系似乎另有玄机，清初学者姚苎田说："'卫皇后所谓姊卫少儿'，亦子夫自谓云云，其实支系鄙污，是姊非姊，均不可知也。马迁临文弄笔，颇著其丑。殆亦刺武帝黩夫妇之伦而进倡优之贱乎！"[1] 即言卫子夫和卫少儿是不是同母姐妹其实另有隐情。看武帝有意扶植霍去病以分卫青之势，似乎他知道其中奥妙。

李广家族与韩说家族也有矛盾。李广长子李当户曾为郎，随侍护卫武帝。武帝为胶东王时，弓高侯韩颓当的孙子韩嫣侍读，"与上学书相爱。及上为太子，愈益亲嫣"，韩嫣甚至"常与上共卧起"，[2] 渐渐就成为武帝的佞臣了。一次武帝与韩嫣游戏时，韩嫣不恭顺、不礼貌，"当户击嫣，嫣走"。因为这件事情，武帝认为李当户勇敢忠心。[3] 李当户二十多岁就病死了，[4] 留下一个遗腹子名李陵。而韩嫣的弟弟就是将军韩说。

李广家族与卫氏家族的关系也颇复杂。李广之死被认为和卫青有关，他的儿子李敢因此衔恨打伤卫青，此后被霍去病寻机射死。但是卫李两个家族的关系仍然盘根错节。李敢本人就是因在霍去病麾下作战而得"赐爵关内侯"的，李广的堂弟李蔡，是因为跟着卫青打仗才得赐侯爵的，之后一度为丞相。李敢的女儿是太子刘据宠

1　［清］姚苎田：《史记菁华录·外戚世家》，上海古籍出版社，1988年，第76页。
2　《史记》卷一二五《佞幸列传·韩嫣》；《汉书》卷九三《佞幸传·韩嫣》。
3　《史记》卷一〇九《李将军列传》。
4　李当户的生卒年，参见刘涛、王科社：《李广俘获匈奴当户及其长子当户年龄考》，《丝绸之路》，2010年第2期。

爱的妾，李敢的儿子李禹也是刘据宠信的部下。

当时的人似乎已经意识到这个新兴军功群体的存在，并认识到联结他们的枢纽是卫青、霍去病。

司马迁记载，苏建曾经亲口对他说，自己劝谏过卫青注意维护巩固身边的"小团体"。苏建奉劝卫青，他现在已经是天下最尊贵的人，但天下的士大夫对其赞誉还不够。因此卫青应注意多招揽贤士，如同"古名将所招选择贤者"。

卫青年轻时为侍中，随侍武帝身边，注意观察他的为政风格、喜怒好恶。对魏其侯窦婴、武安侯田蚡招揽门客、拉帮结派的行为，武帝私下里切齿痛恨，这应是卫青看在眼里的。他日后极为注意不在这一点上犯错误，谢绝了苏建的建议："亲附士大夫，招贤绌不肖者，人主之柄也。人臣奉法遵职而已，何与招士！"[1]霍去病也是如此。

但是，卫青这么多年万里征战，在军中令行禁止、杀伐决断，不管是有意栽培还是无意生成，必然会形成自己的班底。卫青之所以屡战屡胜，其中一个很重要的原因是在统率、团结部伍方面有杰出的才能。《史记》本传对此不载，但是在《淮南衡山列传》中，曾经跟随卫青出征的一名叫黄义的手下说："大将军遇士大夫有礼，于士卒有恩，众皆乐为之用。"图谋造反的淮南王派到长安打探的谒者曹梁从长安回来，禀报他了解到的情况，具体说明了卫青如何"于士卒有恩"："号令明，当敌勇敢，常为士卒先。休舍，穿井未通，须士卒尽得水，乃敢饮。军罢，卒尽已度河，乃度。皇太后所赐金帛，尽以赐军吏。"最尊贵的大将军，作战时身先士卒、撤

---

[1] 《史记》卷一一一《卫将军骠骑列传》。

退时亲自殿后，生活上处处体恤士卒，赏赐也全分给士卒，这样的将领，"虽古名将弗过也"。战争之中，将士高度依赖主帅：主帅无能，打了败仗，这些人要么死，要么下狱；主帅神武，打了胜仗，这些人便可"万里觅封侯"。遇上卫青这样的统帅，他们怎能不肝脑涂地？他们之间结下的情感与利益牵连远超京城文官所养的门客。所谓不"招士"，恐怕只是指不招揽文人士大夫、不交往游侠之类。

所以，这些因追随卫青、霍去病征战而封侯得将的人算一个利益集团吗？应该算，可以将之命名为"新兴军功集团"，以和随汉高祖打天下的开国军功集团相区别。

这个新兴军功集团与卫氏外戚算利益共同体吗？武帝在，太子刘据的地位不动摇，就不算是，因为他们之间的关系也错综复杂，互有矛盾；但如果武帝要换卫氏太子，让未来的皇帝出自卫氏之外，他们或许就会是。

第五章
凋零与播种

大将军须有揖客

元朔五年（前124年）的大捷后，卫青封大将军，三子封侯，姐姐已是当朝皇后，外甥是天子的嫡长子，册立为储君只是时间问题。跟随他作战征伐的大批军人拜将封侯。卫青的地位一时尊贵无比，《资治通鉴》说："于是青尊宠，于群臣无二，公卿以下皆卑奉之。"三公九卿都以下对上、卑对尊的礼节来对待他。

当朝只有以耿直闻名的汲黯对他"亢礼"，也就是以臣子见臣子的礼节平等对待，见面作一个长揖而已，[1]不"卑奉"。有谄媚好事之人劝汲黯：卫青的地位如此尊贵，群臣都在他之下，这是天子的意思，"君不可以不拜"。汲黯回答："夫以大将军有揖客，反不重邪！"——大将军地位如此尊贵，如果又能礼贤下士，容忍对他只作揖而不下拜的人，不更显其贵重吗？关于这番对话，以前史家大都是站在卫青的角度来解读，如颜师古评价："言能降贵以礼士，最为

---

1 《史记》卷一二〇《汲郑列传》。《汉书》卷一下《高帝纪》注引应劭："亢礼者，长揖不拜。"颜师古："亢者，当也，言高下相当，无所卑屈，不独谓揖拜也。"

重也。"¹颜师古认为汲黯这么做是要更为彰显卫青那与他尊贵地位相匹配的高贵人品。这样的理解，只是把汲黯和劝他"拜"卫青的人一样看待了，认为他也只不过是个更高级的马屁精而已。历史中从不缺趋炎附势之人，甚至多有劝诱胁迫他人一起趋炎附势者，但是汲黯不是这样的人，这只是他一种委婉的表达，其重点不在"反不重邪"，而是在"揖客"，他就是那个权力的"揖客"。

司马光可能也是这么看的，所以他在这之后接着写道：

> 大将军青虽贵，有时侍中，上踞厕而视之；丞相弘燕见，上或时不冠；至如汲黯见，上不冠不见也。上尝坐武帐中，黯前奏事，上不冠，望见黯，避帐中，使人可其奏。其见敬礼如此。

卫青作为大将军在百官中虽然如此尊贵，但是不出征的时候，在天子身边时，天子只是把他看作一个近臣。他和天子说话时，天子有时"踞厕而视之"。"踞"指两腿伸直张开地坐着，"厕"有两种理解，一说指床的边侧，武帝坐在床边和他说话。依古礼，天子见大臣"御坐为起，在舆为下"，²即天子在殿内要从座位上起来，在途中要从车上下来，表示对大臣的尊重。但坐在床边要伸直两腿还得侧靠着才行，天子这个姿势见人也太随意了，似乎对臣子也太不尊重。另一种解释则更让人瞠目，"厕"就是指厕所。³也就是说，天子一边

---

1 《汉书》卷五〇《汲黯传》注。
2 《资治通鉴》卷一九，元朔五年冬注。
3 《汉书》卷五〇《汲黯传》注引如淳曰："厕，溷也。"孟康曰："厕，床边侧也。"师古曰："如说是也。"

第五章　凋零与播种　081

上厕所一边和卫青说话。当然，天子的厕所可不是脏臭之所，而是如宫室一样富丽堂皇，有众多仕女提着香炉在旁伺候。有学者考察了汉代的画像砖、墓道壁画等资料，认为这一说法更可靠。汉代贵族如厕的装置确实是坐在上面，两腿伸直张开，符合"踞"的意思。[1]

无论如何，"踞厕而视之"，从交谈者的姿势到场所，既表示二者关系亲近，又表示武帝并没有很尊重卫青，待之以大臣之礼。

为做比较，司马光提到，对于丞相公孙弘，天子就不会如此对待，顶多不过是有时在非正式会见时不带"冠"而已。汉代的丞相还是很有体面的，不像随着皇权越来越大，到明清的时候，丞相在皇帝面前连个座位都没有，更不要提"御坐为起，在舆为下"了。见公孙弘偶尔不带冠也有特殊原因，一方面是和父祖文景二帝比起来，武帝越来越强势，一方面也是公孙弘这个丞相不硬气。在他之前，封侯者方能为相，丞相要么出自开国功臣世家，袭封了侯爵，要么是有军功封了侯，才有资格做丞相。公孙弘是第一个儒生出身的丞相，天子任命他为丞相后再补封了个侯爵，[2]算是对传统惯例的尊重。自己出身不硬气，行事就不硬气，他总是揣摩天子的喜好而献策，所以天子有时候对他也会随意一些。

但是对于汲黯，武帝若着装不严整，不戴好冠就不见他。一次汲黯上前奏事，天子没有戴冠，远远望见汲黯，便避入帐中，派人出来取他的奏章，传达批复。其尊重如此。他甚至称得上是天子的"揖客"，又何况大将军？汲黯这样的人格，这样的回答，是中国历

---

[1] 闫爱民、赵璐：《"踞厕"视卫青与汉代贵族的"登溷"习惯》，《南开学报（哲学社会科学版）》，2019年第6期。

[2] 《汉书》卷五八《公孙弘传》："先是，汉常以列侯为丞相，唯弘无爵……至丞相封，自弘始也。"

史的光芒所在。

不知是善意还是恶意，汲黯拒绝对大将军行礼的这番对答被劝谏者传到卫青耳中。卫青在此表现了他在军事天才之外杰出的政治智慧："愈贤黯，数请问国家朝廷所疑，遇黯加于平日。"[1]卫青看懂了汲黯之"贤"在何处，他看懂了汲黯对他的提醒：他已经贵不可言，除了汲黯，他面前已经没有"揖客"了，这是人臣所应有的现象吗？汲黯除了爱惜羽毛，看重自己"揖客"的独立人格外，也是在提醒卫青：你与我，与群臣一样，都是君王的臣子，你怎么就能受所有人的下拜呢？这可是君王才应有的尊荣。你有这样的地位，没感觉到危险吗？

对"权归主上"这个道理，卫青保持着高度警惕，特别是面对武帝这样的君王，卫青知道，他的功勋越大，危险越近。

第二年（元朔六年，前123年）再次出征的时候，右将军苏建与前将军赵信遭遇单于自领的匈奴主力，力战一日余，全军覆灭。赵信投降，苏建孤身亡归卫青营。

对于如何处置苏建，军营中起了争执。议郎周霸建议于军中斩苏建以立威，他说："自大将军出，未尝斩裨将。今建弃军，可斩，以明将军之威。"卫青出征以来，还从未因事杀过跟随他的裨将校尉，可见其驭下宽厚。议郎属于郎中令所辖郎官，秩六百石，[2]官不大，但是是天子身边近臣，这个周霸不知道是不是被临时派到军中办事，兼有监军之职，因而对这个长期一起征战的团队没有感情，所以如此提议。军正闳、长史安二人立刻表示反对。他俩的意见是：敌我兵力悬殊，苏建已经尽力了。依《孙子兵法》之言，小不敌大，

---

1 《史记》卷一二〇《汲郑列传》。
2 《汉书》卷一九上《百官公卿表》。

小虽坚持作战,终必为大所擒。苏建不投降而奔回,正说明其无二心,不当斩。如果斩苏建,以后再遇到类似情况,大家不如像赵信一样投降算了。[1] 军正是军法官,职责为监督军中一切违反军法之事;大将军长史是辅佐大将军处理日常行政、文书等事务的最高长官,略同于秘书长,秩千石,担任者必然是大将军亲近信任之人。二人这番话无疑反映出军队之团结与互相庇护。

双方都是就事论事,而要做出最终裁断的卫青却跳出了"苏建当斩不当斩"的技术性问题,站在更高的政治层面来思考。

> 大将军曰:"青幸得以肺腑待罪行间,不患无威,而霸说我以明威,甚失臣意。且使臣职虽当斩将,以臣之尊宠而不敢擅诛于境外,而具归天子,天子自裁之,于是以见为人臣不敢专权,不亦可乎?"军吏皆曰:"善!"遂囚建诣行在所。

卫青认为,自己为天子领兵,不担心没有威信。周霸建议杀苏建以树立自己的威信,这不是臣子应该做的事。臣子不可专权,裁断必须由天子来做。

卫青这段话的核心在于"见为人臣不敢专权"。这充分说明了他非常明白天子最忌讳的是什么,为人臣最危险的是什么。

从曾经的"放羊小儿"卫青、平阳侯府骑奴卫青、建章宫骑郎卫青,到如今的大将军卫青,一路走来,早年的底层经历刻在了他的心里,在命运的宠幸面前,卫青始终保持了谦逊、低调。司马迁

---

1 《史记》卷一一一《卫将军骠骑列传》:"不然。兵法:'小敌之坚,大敌之禽也。'今建以数千当单于数万,力战一日余,士尽,不敢有二心,自归。自归而斩之,是示后无反意也,不当斩。"

评价他说："大将军为人仁善退让，以和柔自媚于上，然天下未有称也。"[1]他的这些美德从不让天下人知道。纵观汉代历史，他是功勋最大的外戚，也是行事最谦恭的外戚。即便如此，他仍然逃不过天子的疑心。

霍氏有佳儿

元狩二年（前121年）汉匈河西之战，武帝弃大将军卫青不用。尤其值得注意的是，这一年有四位原本追随卫青出征立功得侯的功臣因犯罪而被剥夺爵位，除去封国：随成侯赵不虞坐法国除，从平侯公孙戎奴坐法国除，博望侯张骞因失期赎为庶人，众利侯郝贤坐法国除。[2]而当初同赵不虞、公孙戎奴一同封侯的涉轵侯李朔，在此前就因罪国除。[3]

元狩四年（前119年）之役后，武帝设最高军事长官大司马之位，同时授予大将军卫青、骠骑将军霍去病，并且特别规定，骠骑将军的秩禄与大将军相同。这是一个再明显不过的信号，虽然武帝未必对卫青有什么不信任，但是他的地位、威望都已经太高了，又掌有军权，必须要有所制衡，扶持新的力量来稍稍平衡一下卫青，这可能对天子、对卫青都是好事。

霍去病确实是最好的人选。

卫青毕竟是成年之后才接近武帝的，而霍去病是在武帝身边学

---

1 《史记》卷一一一《卫将军骠骑列传》。
2 《汉书》卷一七《景武昭宣元成功臣表》。《史记·建元以来侯者年表》载赵不虞于元狩三年国除。《史记志疑》认为应从《史》表。
3 李朔国除时间，《史》表载为元狩元年，《汉》表载为元朔六年，先于《史》表一年。

习、成长起来的年轻人,武帝对他有了解,有信任,甚至有感情。武帝要教他读孙吴兵法,他瞧不上死文字;武帝为他置办了华美大宅,让他去看看,他不屑一顾。如果把视角放到武帝身上,能看出他对霍去病的感情近乎父爱,操心他的教育,为他置产。霍去病出征时,武帝就像平常人家父母一样,给远行孩子的旅行袋中塞满食物。他派人送几十车的食物随军,专供霍去病个人食用。[1]

霍去病自己也争气,以他天才的军事智慧,绝佳的运气,过人的胆气,创造了不亚于舅舅卫青的战绩,战功与威望都当得起卫青接班人的资格。更何况,他也是卫氏家族的成员。武帝虽然已经又有了三个儿子,但是此时并无易储的打算,在卫氏内部找一个人分一下卫青的势力,不致引起动荡,或许是最佳的办法。

这些道理,大致应该就是武帝的想法。权力场中的人,天天研究的就是天子所向,趋奉逢迎,哪里有看不出来的?何况霍去病还这么年轻,必然是明日之星。于是朝局发生了一点儿不大的变化:"大将军青日退而骠骑日益贵。举大将军故人、门下士多去事骠骑,辄得官爵。"[2]无论是卫青还是霍去病,利益上与对方并无矛盾,他们都是卫氏外戚集团的成员、领袖,他们是一个集体,一荣俱荣,一损俱损。他们个人地位的升降沉浮不是利益的核心,核心在于皇后的地位,在于太子的地位。当下的一切变动都只是过程,太子即位的那一天才是目标。这时候他们的共识应该是:共同的敌人不是别人,乃是武帝的其他儿子及其母族。

---

[1] 《史记》卷一一一《卫将军骠骑列传》:"天子尝欲教之孙吴兵法,对曰:'顾方略何如耳,不至学古兵法。'天子为治第,令骠骑视之,对曰:'匈奴未灭,无以家为也。'由此上益重爱之。……其从军,天子为遣太官赍数十乘。"

[2] 《史记》卷一一一《卫将军骠骑列传》。

武帝在历代帝王中寿命长，执政时间久，雄才大略，精力无限，所宠幸的女子也多。当下最宠幸者为王夫人，王夫人已生有一子刘闳。另外一位李姬，虽未得宠爱，也育有两子刘旦、刘胥。他们留在京城一天天地长大，他们的母亲在天子耳边一天天地吹风。卫氏认为，虽然刘据在元狩元年（前122年）已被立为太子，但是这些兄弟名分不定地留在京城，对刘据的地位终是潜在的威胁，必须要消除这些定时炸弹。

元狩六年（前117年），四月二十九日（乙巳），皇帝制曰："立皇子闳为齐王，旦为燕王，胥为广陵王。"

司马迁在《史记·三王世家》中记录了此事，他没有运用史家的文字写明来龙去脉，只是拿出大内文件档案，照录了与此事有关的奏章，让后人自己去判断此事的内中种种。[1]从奏章中可以看出，首先提出此事的就是霍去病，第一份奏章的开头就是"大司马臣去病昧死再拜上疏皇帝陛下"，内容只是提出三位皇子的名分问题要考虑了，但没有给出解决方案，时间是在三月二十八日（乙亥）。天子的意见是"下御史"，让御史们去讨论如何答复这一提议。大臣们上奏附议："丞相臣青翟、御史大夫臣汤、太常臣充、大行令臣息、太子少傅臣安行宗正事昧死上言……请立皇子臣闳、臣旦、臣胥为诸侯王。"大臣们给出的建议是当立三位皇子为诸侯王。封为诸侯王的皇子长大后就可离开长安，各自就国，[2]这比留在京城对太子的威胁要小。

---

[1] 有关《三王世家》文本是否为司马迁原著问题，详参王允亮：《汉廷政事与经典书写——论〈史记·三王世家〉的撰写及影响》，《中山大学学报（社会科学版）》，2023年第1期。
[2] 关于就国问题，详参李晓蓓：《汉代诸侯王就国问题研究》，吉林大学硕士学位论文，2017年。

上奏的人中，丞相庄青翟原是太子少傅，大行李息随卫青出征得封侯，太子少傅任安曾是卫青门客。卫氏集团彼此配合的痕迹十分清晰，这恐怕正是司马迁照录原文想表达的。

王夫人可能对此极力反对，因为褚少孙为《史记》补记的文字提到，这时王夫人病了，是不是因此而病，不得而知。但是天子恐怕也清楚霍去病提出这一问题的意思，也看到了卫氏家族的协力。为了让卫氏安心，他拒绝了王夫人。作为补偿，天子亲自到王夫人病榻旁，说："子当为王，欲安所置之？"提出让她随意为自己的儿子选封地。面对强大的卫氏，王夫人虽然只能退步，但也提出了刁难性的要求：将儿子封于帝国在长安之外第二重要的地方洛阳。天子为难了，洛阳城中有武库，附近是战略储备粮仓敖仓，本朝从来没有封王子在洛阳的先例。他为难地说：除了洛阳，你随意挑。王夫人生气了，"不应"。于是天子只好把天下最富裕的齐地封给刘闳。从王夫人的失望和武帝超额的补偿来推断，似乎武帝在枕边许诺过王夫人，答应给儿子超过封王的利益。这侧面说明卫氏的危险其实早就潜伏在身边，只不过这时候他们的力量还很强大，王夫人的时机不对。

卫氏外戚在这件事上展示的力量不只司马迁当时看到的这些，还有他提到了但是应该没有意识到的未来的力量。

这一系列奏章批示的呈递传达是由"御史臣光守尚书令"来执行的。此人即霍光，时任御史并代理尚书令。武帝时的尚书令在内廷负责文件流转，官秩还不像东汉末年、魏晋时那样大，但是极为关键。他其实也算是卫氏在皇帝身边布的一颗棋子，而且是最重要的一颗，不过真正的作用要多年以后才会发挥出来，那时司马迁已然逝世，他在写作《三王世家》时并不能预料。

当初，霍去病之父霍仲孺结束吏事后归家，娶妇生子，取名霍光。霍去病长大之后，少儿告诉他生父姓甚名谁，何方人氏。一次他领军击匈奴，途经河东，派人迎请生父前来见面，给他买了许多田宅奴婢。战胜回军再过河东，就将同父异母的弟弟霍光带回长安，按照当时高官贵族培养子弟的方式，把他送到宫中为郎官。[1]可能霍去病自己都想不到，这个弟弟日后对汉代政治的影响会远远超过他，对卫氏未来的影响可说也超过了他，尽管霍光能不能算卫氏外戚成员是个问题，毕竟他的父母都非卫氏，他与卫氏的联结就只有同父异母的兄长霍去病。

策划册立三王事件数月后，元狩六年（前117年）九月，霍去病卒，年二十九。武帝大为悲痛，将他安葬在为自己准备的茂陵旁，起坟冢为祁连山之貌。出殡之日，匈奴及西域各国投诚过来的铁甲军列队于长安至茂陵的道旁，备极哀荣。[2]霍去病只有一个儿子，叫霍嬗，此时才四岁，武帝非常爱他，似乎把对霍去病的感情转移到他身上，常常带在身边，着力培养他，正如培养他父亲一样，希望他长大之后成为霍去病那样的名将。但是七年后，元封元年（前110年），他跟从天子登泰山封禅，在泰山脚下举行完祭地的"禅"礼后，武帝单独带着十一岁的霍嬗登上泰山，举行祭天的"封"礼，其仪式很秘密，具体内容不为任何人所知。下山不久，霍嬗暴卒，谥号为哀。霍氏无后，国除。[3]

---

1 《汉书》卷六八《霍光传》。
2 《资治通鉴》卷二〇，元狩六年九月；《史记》卷一一一《卫将军骠骑列传》。
3 《史记》卷二八《封禅书》："礼毕，天子独与侍中奉车子侯上泰山，亦有封。其事皆禁。"卷一一一《卫将军骠骑列传》："居六岁，元封元年，嬗卒，谥哀侯。无子，绝，国除。"

卫氏凋零

霍去病卒后，卫氏外戚便走上了衰落的长路。

元鼎元年（前116年），霍去病卒后第二年，卫青长子卫伉就因"矫制不害"而免侯。[1] "矫制"即是假传圣旨，诈称奉君命行事。根据造成后果的严重程度，将矫制分别定罪为"矫制大害""矫制害"和"矫制不害"。"矫制大害"判腰斩，"矫制害"判弃市。"矫制不害"意为虽诈称君命行事，但并未造成负面后果，其矫制有的是出于善意，有的甚至因此立功。如汲黯曾矫制持节开仓救灾，被武帝判定无罪；元帝时陈汤、甘延寿矫制发兵斩郅支单于，虽有功但不赏。[2] 卫伉"矫制"的具体事由已不可考，他因此失去了侯爵和封国。

次子阴安侯卫不疑，三子发干侯卫登，在元鼎五年（前112年）坐酎金案免侯。"酎"是一种每年正月酿造、八月制成的醇酒，天子以此祭祀宗庙，诸侯王、列侯必须献金助祭，故谓之酎金。[3] 酎金按照诸侯王、列侯封邑的人口数上缴，每千人缴黄金四两。根据《汉书·食货志》所载"黄金一斤值万钱"，清代以前一斤皆为十六两，四两黄金就是2500钱。王侯们每年收入的大头是户赋，每户一年收200钱。每户平均五人，二百户为千人，收上来的户赋为四万钱。可见光酎金一项就占到诸侯王户赋收入的十六分之一，是个不小的负担。所有王侯的酎金汇集起来是个不小的数目，更何况它还表示了诸侯对天子宗庙的共同尊奉，有强烈的政治意义。所以，汉法规

---

1 《史记》卷二〇《建元以来侯者年表》。
2 详参孙家洲：《再论"矫制"——读〈张家山汉墓竹简〉札记之一》，《张家山汉简〈二年律令〉研究文集》，广西师范大学出版社，2007年，第227页；孙家洲、李宜春：《西汉矫制考论》，《中国史研究》，1988年第1期。
3 《史记》卷一〇《孝文本纪》，《集解》引张晏曰："正月旦作酒，八月成，名曰酎。酎之言纯也。至武帝时，因八月尝酎会诸侯庙中，出金助祭，所谓'酎金'也。"

定:"金少不如斤两,色恶,王削县,侯免爵。"[1]缺斤少两,成色不足,王要削去封县,侯要免去爵位。元鼎五年,负责接受酎金的少府报告,今年有大量的酎金斤两不足,成色不好。武帝以此兴起大狱,106人失侯,丞相赵周坐知而不报,下狱死。[2]这就是酎金案,此案的背后有更复杂的背景,此不赘述。[3]如此大规模的夺爵,卫不疑与卫登的免侯不能说是针对卫氏的,但是他们未能从中脱身,至少能说明卫氏已不再受到天子的特殊眷顾。

此时,卫青还在世,他亲眼看着卫氏由一门五侯到只有自己一人为侯。卫子夫看着这些变化也不知道会想些什么,在她入宫后,史书对她再没有任何描写,她是否干预朝廷的人事,她对皇帝有什么请求,后世都一无所知。刘据这时已经十七岁了,立为太子已有十年,父亲在他这个年纪已经登基了,现在仍然极为健康,他还需要等待很久,不知道他是否嗅到了危险的临近。

霍去病卒后,出现了卫青以下卫氏一门无侯的情况,过去外戚一般都不会这样。《史记·外戚世家》中,司马迁记录了武帝之前外戚家族的封侯人数:薄氏1人为侯,窦氏3人为侯,王氏3人为侯,卫氏5人为侯。司马迁死后所未见的外戚封侯更是泛滥。薄氏、窦氏、王氏除了无子国除的情况,子嗣都正常袭侯。到当朝为国立下如此大功劳的外戚卫氏这里,卫青的三个儿子都在,却无一人为侯,这让皇后和太子怎么想?世人会不会认为天子刻薄寡恩?

当然,卫氏无人为侯有客观的原因。依汉律,父死应由长子继

---

[1] 《汉官旧仪》:"王子为侯,侯、王岁以户口酎黄金,献于汉庙,皇帝临受献金以助祭。大祠曰饮酎,饮酎受金,小不如斤两,色恶,王夺户,侯免国。"
[2] 《汉书》卷六《武帝纪》。
[3] 详参焦克华:《汉代的"酎金"与"酎金案"》,《平顶山师专学报》,2002年第S1期。

承侯爵，可是长子卫伉曾因矫诏之罪失侯，其余两子因酎金案得罪免侯，按律三人有罪皆不能袭爵。[1]霍去病的独子霍嬗暴卒时才十一岁，霍氏无后，国除。这都赖不得天子。

这时候，卫氏因着平阳公主的关系暂时摆脱了尴尬的局面。

她曾下嫁曹参的曾孙平阳侯曹时，曹时因"病疠"（疥疮）于元光四年（前131年）去世。此后，平阳公主又改嫁给汝阴侯夏侯颇。夏侯颇是刘邦的开国功臣夏侯婴的曾孙，后因和父亲的姬妾偷情被发现，元鼎二年（前115年）自杀。[2]但是这第二段婚姻是否真的存在也尚且存疑。[3]

之后，平阳公主寡居，要在长安的列侯中寻找新的夫君。她与左右商议，"皆言大将军可"，身边所有人都推荐卫青。平阳公主听说后哑然失笑："此出吾家，常使令骑从我出入耳，奈何用为夫乎？"左右说："今大将军姊为皇后，三子为侯，富贵振动天下，主何以易之乎！"[4]虽然卫青曾是公主的家奴，可是今日卫青的姐姐是皇后，外甥是太子，除了自己为侯，三个儿子皆封侯，尊贵无比。何必因以前的出身而轻看他，且看将来。平阳公主再婚也不是为了爱情，就同意了，她自己去找卫子夫"提亲"，由卫子夫告诉武帝，武帝下诏命卫青娶平阳公主。

这一件事司马迁没有记，是褚少孙补入《史记·外戚世家》的，且被《汉书》采用，应是可靠的。但他们都没有说明这是在哪一年。

从《汉书·外戚传》的记载可以推断卫青尚平阳公主的时间段：

---

1 《二年律令·爵律》："当拜爵及赐，未拜而有罪耐者，勿拜赐。"详见张寒：《汉代军功爵赏法律制度研究》,《前沿》，2011年第12期。
2 《史记》卷一八《高祖功臣侯者年表》。
3 详见潘铭基：《略论〈史记〉的长公主》,《渭南师范学院学报》，2019年第4期。
4 《史记》卷四九《外戚世家·卫皇后》。

先是，卫长君死，乃以青为将军，击匈奴有功，封长平侯。青三子在襁褓中，皆为列侯。及皇后姊子霍去病亦以军功为冠军侯，至大司马票骑将军。青为大司马、大将军。卫氏支属侯者五人。青还，尚平阳主。

根据"青还，尚平阳主"一句可见，卫青娶平阳公主最早的时间节点是在元狩四年（前119年）出征回来封大司马之后。卫伉是元鼎元年（前116年）失侯的，从卫青三个儿子皆封侯这句话看，平阳公主嫁给卫青最晚的时间节点当是在元鼎元年卫伉失侯之前。

这四年间，卫氏还没有显露出颓势。平阳公主选择下嫁卫青表明她所看到的形势一片光明：太子刘据地位稳固，卫氏一门多侯。平阳公主不相信爱情，她与卫青的婚姻只可能是政治联姻。不但她本人下嫁曾经的家奴卫青，她与曹时所生的儿子曹襄也娶了卫子夫与武帝所生的长女卫长公主，亲上加亲。[1]卫青在元狩四年还带着曹襄参与了漠北之战，以立军功。平阳公主把所有的筹码都投到了卫氏身上。

可惜此时她已看不透她的弟弟了。

卫氏无侯之后六年，元封五年（前106年），卫青病逝，武帝将他葬于茂陵东北，起坟冢为庐山（即阴山）之貌，以纪念其战功。卫青谥号为"烈"，据《逸周书·谥法解》："有功安民曰烈，秉德遵业曰烈。"

其实天子和卫青这些年的关系已经颇为微妙了。从元狩四年漠北之战后，到元封五年卫青去世，共十三年，不世出的军事奇才卫

---

[1] 《史记》卷五四《曹相国世家》。

青再未领兵打过仗,其间朝廷对东越、南越用兵,征西南夷,讨伐朝鲜,等等,都是他和霍去病所带出来的将领们去完成的。至于他在干什么,《史记》《汉书》皆无明确记录,他既不打仗,也不见参与朝政,卫青人生的最后十三年是一个谜。可无论如何,他们君臣之间的惺惺相惜却一直都在。葬于皇陵之旁,在天子死后继续侍奉,于臣子是莫大的荣宠,霍去病享受了这样的尊荣;现在武帝把这份荣耀同样赐予卫青。

而正是因为平阳公主的关系,卫青逝世两年后,太初元年(前104年),武帝特施恩典令卫伉袭长平侯。

但这已不能改变卫青家族光芒湮灭的大势。

也是在这一年,天子当下最宠爱的李夫人之兄李广利封贰师将军,征大宛,为天子求天马。卫伉在此后的历史记载中则只出现过三次。太初三年(前102年),卫伉奉命与游击将军韩说屯兵五原,这应该是防备匈奴新单于入侵的一个军事行动。[1]他再次出现在历史记载中是天汉元年(前100年),这一年卫伉"阑入宫"。[2]所谓"阑入",即没有入宫的符籍,却入了宫,这是有罪的。[3]至于是他自己擅入,还是有人把他违禁带入宫;是入皇后所居的未央宫,还是太子所居的长乐宫;是被侍卫当场发现,还是事后有人检举;此事是只关乎他一人,还是牵连他人:一切皆不得而知。不过,处罚是非常严厉的:免侯,完为城旦。"城旦"为强制劳役的刑罚,剃发带镣者

---

[1] 《史记》卷一一〇《匈奴列传》:"呴犁湖单于立,汉使光禄徐自为出五原塞数百里,远者千余里,筑城鄣列亭至庐朐,而使游击将军韩说、长平侯卫伉屯其旁,使强弩都尉路博德筑居延泽上。"

[2] 《汉书》卷一八《外戚恩泽侯表》。

[3] 《汉书》卷一〇《成帝纪》应劭注:"无符籍妄入宫曰阑。"

为期五年，保留头发者（即"完"）为期四年。[1]这一年，卫伉大约三十岁，不知道他是否服完了四年的刑罚，有没有因为继母平阳公主之故被提前释放。他最后一次出现在历史记载中，是九年之后的征和二年（前91年），坐太子巫蛊事，处死。[2]他的两个弟弟，卫不疑和卫登，在酎金案之后再也没有在史书中出现过。

卫青一族，过早地退出了政治舞台。太子的外家，再无法让他依靠。

---

[1] 《汉官旧仪》："男髡钳为城旦，城旦者，治城也；女为舂，舂者，治米也，皆作五岁。完四岁。"

[2] 《汉书》卷六三《武五子传》："是时，上春秋高，意多所恶，以为左右皆为蛊道祝诅，穷治其事。丞相公孙贺父子，阳石、诸邑公主，及皇后弟子长平侯卫伉皆坐诛。"

第六章

卫去李来

红颜多薄命

　　武帝的后宫中总是不缺新的面孔，你方唱罢我登场。《史记》对此的描摹比之前简略了很多，但是主要嫔妃受宠幸的时间线记得比《汉书》清楚。司马迁在《史记·外戚世家》中按顺序展开："及卫后色衰，赵之王夫人有幸。""王夫人蚤卒，而中山李夫人有宠。""及李夫人卒，则有尹婕妤之属，更有宠。""尹夫人与邢夫人同时并幸。"最后是"钩弋夫人，姓赵氏……得幸武帝……武帝年七十，乃生昭帝"。在这条"感情"主线之外当然还有许多只供满足天子色欲的姬妾或是转瞬即逝的恩宠，她们中唯一被记下来的是李姬，"无宠，以忧死"。她之所以能在司马迁的笔下留下一点印记，是因为育有两子，他们后被封为燕王和广陵王。

　　在武帝一朝的后宫记载中，夫人、姬、婕妤等名号并出，因此需要对汉初至武帝朝的后宫体制做一简介。从高祖到武帝初年，基本沿袭秦制，皇后之下的嫔妃有七个等级，分别是夫人、美人、良人、八子、七子、长使、少使。夫人是皇后之下最高等级的嫔妃，夫人再前进一步就可以封为皇后，所生皇子可为储君人选。如高祖的戚夫人、文帝的慎夫人、景帝的王夫人、武帝的王夫人和李夫人，都是极受皇帝宠爱的妃子，能对皇后之位形成直接威胁，子嗣有资格问鼎皇位。武帝多欲，后宫日多，于是制定了更细致的十三级嫔妃等级，去掉夫人品级，将之细分为婕妤（或作"倢伃"）、婬娥、傛华三个品级，三者均有对应的爵秩：婕妤位同上卿、爵比列侯，婬娥位同中二千石，傛华位同真二千石。[1] "夫人"一名此后逐渐泛化为对高等级妃嫔的普遍称谓。根据目前可见的汉代文献的记载，武帝的李夫人是最后一位拥有正式等级"夫人"名号的妃子。汉武帝正式废除夫人名号，应是在李夫人去世之后。李夫人之后受宠的尹夫人的等级是婕妤，邢夫人的等级是婬娥，可见夫人二字此时已是泛称，而非等级之号。[2]

关于"姬"，历来史家有多种意见。有人认为得宠的贵妾泛称为夫人，得宠的贱妾则泛称为姬；也有人认为姬是嫔妃的一个等级，位在婕妤之下，秩比二千石。[3] 得武帝宠的几位嫔妃都称为夫人，不得宠的李姬称为姬，以此来看，似乎前说为是。李姬应该是一度得宠，所以能为武帝生两子。但此后失宠，以至地位不能上升，只是低等级的嫔妃——"贱妾"，故而不得称夫人，只能称姬。

在卫子夫之后得宠的是王夫人。王夫人从何时起得宠，不得而知。元朔六年（前123年）卫青出征，其麾下的将军苏建全军覆没，

1　《汉书》卷九七上《外戚传》。
2　卫广来：《西汉出官人制度考实》，《文史哲》，2002年第2期。邱荻：《汉代后官礼制研究》，山东大学硕士学位论文，2021年。
3　学界历来对"姬"有四种看法。《汉书》的西晋注者"臣瓒"认为，姬位在婕妤之下，七子、八子之上，秩比二千石（见《汉书·文帝纪》）。《史记索隐》的作者司马贞认为，姬是女性的美称（详见《史记·吕太后本纪》）。钱大昕同意如淳的观点，认为姬是众妾的泛称（详见《廿二史考异》）。日本学者镰田重雄在其著作《汉代の后官》中认为，姬是除夫人以外其他得宠妃妾的称谓。详参白坤：《汉代后妃问题研究综述》，《中国史研究动态》，2016年第1期。

单身逃回，赵信则亡归匈奴，此役卫青军功不多，故不得益封，只是赏赐千金而已。而就在此时，"王夫人方幸于上，甯乘说大将军曰：'将军所以功未甚多，身食万户，三子皆为侯者，徒以皇后故也。今王夫人幸而宗族未富贵，愿将军奉所赐千金为王夫人亲寿。'大将军乃以五百金为寿"。可见在元朔六年时，后宫名义上最尊贵的是卫子夫，但最得天子宠爱的已是王夫人。从"今王夫人幸而宗族未富贵"来推断，王夫人得宠不过是这一两年的事，也就是元朔四年、五年（前125年、前124年）。此时距卫子夫被封为皇后及皇长子刘据出生已有三四年，卫青战功正盛，霍去病也在元朔六年封冠军侯，卫氏外戚集团的势力正在蒸蒸日上。但是即便如此，卫青也得向天子正宠幸的嫔妃示好。千里远行征战匈奴的大将军卫青只得赐金千斤，还得拿出一半为王夫人的双亲祝寿。"天子闻之，问大将军，大将军以实言，上乃拜甯乘为东海都尉。"[1]武帝拜甯乘为东海都尉这一举措，说明他是鼓励卫氏外戚向王氏示好的。

但是似乎王夫人家没有得力的兄弟，王氏外戚始终没有成长出可与卫青、霍去病相比肩的人物，而她得宠的这几年也正是卫青、霍去病对武帝不可或缺的时代。元狩六年（前117年），霍去病赶在自己去世之前，联合与太子有关联的大臣，上书请封太子以外的三位皇子为王，明确名分，降低威胁，武帝答应了，其中就有王夫人的儿子刘闳。这时太子刘据十二岁。

王夫人在天子对她宠爱未衰时就去世了，所以武帝极其哀痛，赐封号为齐王太后。[2]齐人方士少翁，有法术能在夜间招致鬼魂来与人相见，遂为武帝招王夫人之魂。少翁在夜晚布灯烛，立帷帐，陈

---

[1] 《史记》卷一一一《卫将军骠骑列传》。
[2] 《史记》卷六〇《三王世家》。

设酒肉，招致王夫人神魄。天子只能坐在别的帷帐中远远相望，所见确如王夫人之貌，感慨赋诗曰："是邪，非邪，立而望之，偏何姗姗其来迟！"[1]事后武帝拜少翁为文成将军，不将他视作臣下，而以客礼待之。[2]由此可见武帝对王夫人用情之深，思念之笃。

王夫人的短命，王氏外戚之无人，又正逢卫青、霍去病建功之时，这些因素集中在一起，或许使卫氏避开了一次潜在的危险。

王夫人之后，天子最爱李夫人。

李夫人"本以倡进"。[3]所谓"倡"，本意为"唱"，即指擅长歌舞、以此为生的艺人。自战国时期，随着民间文化的兴起，在殿堂雅乐之外，俗乐蓬勃发展，民间涌现出以歌舞表演为业、师徒相传、家族相承的歌舞艺人群体，至汉时形成所谓"倡家"。她们在天子、诸侯和权贵之家的宴会上表演歌舞技艺以助兴。

"倡家"在赵地尤多，"倡"以赵地为佳。古乐府诗《相逢行》中便载："堂上置樽酒，作使邯郸倡。"从战国至汉，赵地在艺术和时尚上一直引领风潮。《庄子·秋水》中的"邯郸学步"便反映了赵国首都邯郸引领列国时尚，连邯郸人走路的步态都有人模仿的景况。邯郸还被誉为"天下善为音"，是当时的音乐之都。

赵地的倡女在王侯之家献艺，便多有机会被选中为姬妾。先秦时已有此例，赵幽缪王迁的母亲便出生于倡家，为赵悼襄王所爱，悼襄王为她废嫡子而立她的儿子为储君。[4]武帝多欲，此风更胜。武帝时"多取好女至数千人，以填后宫"，[5]其中李夫人、尹婕妤都是

1　《汉书》卷九七上《外戚传·孝武李夫人》。班固将少翁之事归为李夫人，实误。
2　《史记》卷二八《封禅书》。
3　《汉书》卷九七上《外戚传·孝武李夫人》。
4　《史记》卷四三《赵世家》："赵王迁，其母倡也，嬖于悼襄王。悼襄王废嫡子嘉而立迁。"
5　《汉书》卷七二《贡禹传》。

倡人出身。[1]此风一直到东汉末年仍不减,曹操便是纳倡女卞氏为妾,生子曹丕,即后来的魏文帝。[2]

李夫人是中山国人,中山是赵地文化圈的一部分。她家以歌舞为业,便是所谓倡户。[3]《史记·货殖列传》记载,中山人多地少,人民便要在农业之外找寻生路。相传纣王在沙丘(中山国与赵国交界处)设置苑台行乐。受诸种因素的共同影响,中山国男子善感慨悲歌,女子善弹琴舞蹈,他们凭借自身的歌舞本领,混迹于富贵之家、王公诸侯之中。

李夫人得幸和他的兄长李延年有密切的关系。但是谁为因谁为果,《史记》与《汉书》所记似乎相反。据《汉书》的记述,李延年因事犯罪,受腐刑,在宫中的狗监服务,大概就是为宫廷养狗。当时天子正大事通天地、祭鬼神,需要大量颂神的辞赋,司马相如等文人正是因此而得用。这些新的辞赋还需要谱上新曲以颂唱,李延年出身中山倡户,从小受音乐训练,本人又是一个音乐天才,他谱写的曲子常能触动听者的心灵,"每为新声变曲,闻者莫不感动"。而且他似乎能准确地理解武帝的心思喜好,所作之曲常得上意,所以被武帝宠爱。除了谱曲,李延年似乎还歌舞俱佳。一次宴会上,李延年为武帝起舞歌唱,其歌曰:"北方有佳人,绝世而独立,一顾倾人城,再顾倾人国。宁不知倾城与倾国,佳人难再得!"此曲对北方佳人的摹画深深地吸引了武帝,他恨不能立刻得到这样的女子,感叹:"善!世岂有此人乎?"这时又是平阳公主在旁说,李

---

[1] 《史记》卷四九《外戚世家》:"及李夫人卒,则有尹婕妤之属,更有宠。然皆以倡见,非王侯有土之士女,不可以配人主也。"

[2] 《三国志》卷五《后妃传·武宣卞皇后》:"武宣卞皇后,琅邪开阳人,文帝母也。本倡家,年二十,太祖于谯纳后为妾。"

[3] 《史记》卷一二五《佞幸列传·李延年》:"父母及身兄弟及女,皆故倡也。"

延年有一妹妹，正是这样的佳人。武帝召她来见，其果然"妙丽善舞"，于是得武帝宠幸。[1]根据此说是李延年得宠在先，李夫人通过他而得幸。

而《史记》的记载则是：先是平阳公主向武帝举荐了李夫人，得幸之后召入宫中，然后才"召贵延年"。[2]这是标准的女子得宠，恩泽延及外家的套路，和卫子夫当年一模一样。

不过不管孰先孰后，其中都有一个熟悉的身影——平阳公主。从卫子夫到李夫人，区别不过一为歌者一为舞者。其间应当还有若干不知名的女子，可以看出平阳公主扮演了为弟弟寻女色的捐客角色。再联系栗姬因为景帝身边宠爱的姬妾多是窦长公主引介而对她心有怨恨之事，可见捐客正是汉代的长公主为固宠而常扮的角色。

李夫人不但有宠，而且为武帝生下了一子，取名刘髆，这是武帝的第五个儿子，出生时间不见记载。到此为止，李夫人的轨迹与卫子夫一模一样，可是红颜薄命，"李夫人少而蚤卒"。[3]她的具体卒年不详，可能是在产下刘髆后不久即死去。但是，除了美貌和擅长歌舞技艺，她还是一个极聪明、极了解武帝的女子。她在死后仍为李氏兄弟留下了巨大的遗产。

《汉书·外戚传》详细记载了这件事：

> 初，李夫人病笃，上自临候之，夫人蒙被谢曰："妾久寝病，形貌毁坏，不可以见帝。愿以王及兄弟为托。"
>
> 上曰："夫人病甚，殆将不起，一见我属托王及兄弟，岂

---

[1] 《汉书》卷九三《佞幸传·李延年》；卷九七上《外戚传·孝武李夫人》。
[2] 《史记》卷一二五《佞幸列传·李延年》。
[3] 《汉书》卷九七上《外戚传·孝武李夫人》。

不快哉？"

夫人曰："妇人貌不修饰，不见君父。妾不敢以燕惰见帝。"

上曰："夫人弟一见我，将加赐千金，而予兄弟尊官。"

夫人曰："尊官在帝，不在一见。"

上复言欲必见之，夫人遂转乡歔欷而不复言。于是上不说而起。夫人姊妹让之曰："贵人独不可一见上属托兄弟邪？何为恨上如此？"

李夫人病重，武帝亲自去探望，她用被子蒙着头不让武帝见到她的容颜。武帝感到即将要失去这位爱妃，让她当面向自己托付儿子以及兄弟们，天子主动提出此事，就暗含了许诺的意思。李夫人却回答，没有修饰妆容，不能面圣。越不让见，武帝越心痒，甚至不顾体面，开出价码：只要你让我见一面，我就赐你千金，给你兄弟富贵。常人到此也就可以了，李夫人则非常人。她仍然拒绝，说："是否加封我的兄弟是皇帝的事，与见不见无关。"世间最可欲的乃是不可得之物，武帝已经有点不顾体面了，啰啰唆唆地反复说一定要见一面，李夫人在被子里把脸转向里面，只是叹气，不再说话。身为天子，武帝也不好一把把被子扯开，就不高兴地走了。武帝走后，李夫人的姊妹们指责她："你怎么就不能见天子一面，托付一下你的兄弟们哩，为什么这么恨天子啊？"

李夫人的回答充满了对男性的洞察、对武帝的了解：

所以不欲见帝者，乃欲以深托兄弟也。我以容貌之好，得从微贱爱幸于上。夫以色事人者，色衰而爱弛，爱弛则恩绝。上所以挛挛顾念我者，乃以平生容貌也。今见我毁坏，颜色非故，必畏恶吐弃我，意尚肯复追思闵录其兄弟哉！

这段记述充满了细节，从对话，到人物举止，即便班固当时在现场也未必能再现得这么细致生动，不知这是他从何处得到的内宫秘闻。李夫人太了解武帝了："夫以色事人者，色衰而爱弛，爱弛则恩绝。"她自知不起，便要在武帝的回忆中只留下她最好的、最美的颜色，而不是病殃殃、不事梳妆的样子。而且武帝见不到她最后的容颜，虽有一时的愠怒，长久只会因为遗憾而有更深的思念，这样才能在自己死后恩泽儿子兄弟。

武帝天纵英明，似乎也跳不出李夫人的算计。

李夫人卒后，武帝以皇后的规格安葬她，此时的皇后仍是卫子夫。天子总是怀念她，可怜她年纪轻轻，刚给皇家生完子嗣就亡去，便让画师摹画她的形象，悬挂在自己晚年长居的甘泉宫。陈皇后、卫皇后被废之后，武帝再未立后，导致他驾崩后没有合法的皇后，大将军霍光"缘上雅意，以李夫人配食，追上尊号曰孝武皇后"。[1]霍光随侍武帝数十年，他应该是非常了解武帝的人，他亲眼见过这几十年天子身边的过往，知道武帝晚年最爱的是李夫人。李夫人的墓今已探明，位于今陕西省兴平市的张里村，在茂陵西北约五百米处，是武帝茂陵的陪葬墓之一。

亦是万里觅封侯

元封五年（前106年）卫青病逝后，朝廷一时也无人可用。《汉

---

[1] 《汉书》卷九七上《外戚传·孝武李夫人》。

书·武帝纪》在这一年的条目下说："名臣文武欲尽。"在这种情况下，武帝只得下诏命州郡向中央举荐人才，诏曰："盖有非常之功，必待非常之人。故马或奔踶而致千里，士或有负俗之累而立功名。夫泛驾之马，跅弛之士，亦在御之而已。其令州郡察吏民有茂才异等可为将相及使绝国者。"只要真有才能，即便品行、出身有瑕疵，朝廷也可不论，按才拔擢。

因此受益的却首先是李夫人的兄弟。在此诏颁布后，"上以夫人兄李广利为贰师将军，封海西侯，延年为协律都尉"。[1]协律都尉，佩二千石印绶，负责执掌新成立的音乐机构"乐府"。武帝朝"定官名，协音律"一事发生于太初元年（前104年）五月；李广利率军征伐大宛，则是在太初元年八月。李氏兄弟同在这一年得大用，据此推断，李夫人病逝当在元封六年（前105年）至太初元年年初这一段时间。

太初元年，刘据二十五岁，为太子已十八年。霍去病逝世已十三年，卫青逝世已两年，卫、霍已成茂陵一抔土。

李夫人虽然早死，但仔细思量，对于李氏外戚，这未必是劣势。她有子，天子对她有爱，李氏外戚文有李延年，武有李广利，足以协助新君在未来执掌内朝。李夫人已死，若以其子为帝，则以后不会再现吕太后、窦太后那样的母后干政之事，这是武帝心中非常在意的一点。李夫人死后，这样的艰难抉择在李氏这里已不存在。所以，考察武帝晚年在立储上的权衡，如果说在这一段时间内，他已有易储之意，那么亡母的刘髆可能是最佳人选。以此而论，武帝在李夫人死后重用李延年、李广利兄弟，固然有对李夫人之感情的因

---

[1] 《汉书》卷九七上《外戚传·孝武李夫人》。

素，但不是全部。李夫人自以为算计了武帝，可或许武帝有更深的算计。政治与情感，清清楚楚却又彼此纠缠。卫氏真正的威胁，这才算开始形成。

卫青拜车骑将军首次出征匈奴以前的军事经历毫无记录，类似地，李广利被拜为贰师将军之前的所有经历也没有任何记载，我们只能靠推测获得一点信息。他是李夫人之兄，那么李夫人得幸时他已成年，就没有机会如霍去病一样，少年时便在武帝身边得到培养。卫青为将前做过平阳公主的骑奴，在建章宫做过骑郎，由此能推断他具有骑射的军事技能，其他记载也说他能纵马从陡峭的山坡上驰下。而从李家是倡户，李夫人和李延年接受的都是歌舞训练来看，很难想象其家中会有先见之明，挑出李广利一人去接受军事训练，这种训练在当时想必也很昂贵。但是，武帝就是敢拜他为将，把几万人交给他带着出征大宛。司马迁在《史记·大宛列传》中把原因说得很直接："而欲侯宠姬李氏。"想要让李夫人的兄弟有封侯的机会，平民得封侯，最名正言顺的途径便是军功。

元封五年（前106年）卫青薨后，大司马、大将军之职悬置，武帝需要新的外戚来填补这个空缺，统领内朝，有卫青、霍去病的先例在，新的外戚要坐这个位置，最好也有点儿军功。由此可推知，这就是武帝征西域要以李广利为将的原因。

司马光对此有严厉的批评，他说："武帝欲侯宠姬李氏，而使广利将兵伐宛，其意以为非有功不侯，不欲负高帝之约也。夫军旅大事，国之安危、民之死生系焉。苟为不择贤愚而授之，欲徼幸咫尺之功，藉以为名而私其所爱，不若无功而侯之为愈也。"[1] 武帝派李广

---

[1] 《资治通鉴》卷二一，太初元年八月。

利为将征大宛是为了遵守高祖与开国功臣所做的"非军功不侯"的约定。但是，为了让所幸之人立功封侯而把关系国家安危、士卒生死的军国大事委托给他，还不如直接封给他爵位算了。武帝严守了"封国"的汉家规矩，而忽视了"置将"的利害，高祖刘邦曾说过："置将不善，一败涂地。"[1]因此不能称赞武帝在这件事上是"能守先帝之约"。

太初元年（前104年），一个机会出现了，并且是一个看似轻轻松松的机会。

经过卫青、霍去病的多次打击之后，匈奴势力整体向西迁移，要继续打击匈奴，首先就要与匈奴争夺对西域诸国的控制。此前张骞出使西域，就是要寻求与远方的大月氏和乌孙联合，东西夹击匈奴。张骞虽然失败，但是他带回了遥远而广阔的西域之地理、政治、物产等方面的大致情报，开拓了武帝的视野，激起了天子的欲望。此后武帝陆续派出多队使者西行，有使者从西域返回后告诉武帝，大宛盛产善马，其中最佳的是汗血宝马，产自贰师城，是天马与凡马所生，日行千里，其汗如血。武帝大为心动，此时正是他热心求仙而屡被方士诓骗之时，[2]西域有天马之说又给他带来了新的希望。方士骗他说天马或许可以代替龙驮他升天成仙，他便对天马念念不忘。元鼎二年（前115年）张骞第二次出使西域回国，带回乌孙

---

[1] 《史记》卷八《高祖本纪》。
[2] 《资治通鉴》中此类事情随处可见。元封二年春正月，"公孙卿言：'见神人东莱山，若云欲见天子。'天子于是幸缑氏城，拜卿为中大夫，遂至东莱，宿留之，数日，无所见，见大人迹云"，"公孙卿言仙人好楼居，于是上令长安作飞廉、桂观，甘泉作益寿、延寿观，使卿持节设具而候神人。又作通天茎台，置祠其下。更置甘泉前殿，益广诸宫室"。太初元年冬十月，"上行幸泰山。十一月甲子朔旦，冬至，祠上帝于明堂。东至海上，考入海及方士求神者，莫验。然益遣，冀遇之"。太初元年十二月，"甲午朔，上亲禅高里，祠后土。临勃海，将以望祀蓬莱之属，冀至殊廷焉"。太初三年春正月，"上东巡海上，考神仙之属，皆无验"。

好马，有人告诉天子这就是天马，武帝为此作了一首《太一之歌》，其中有云："今安匹兮龙为友"；元鼎五年（前112年），天子亲自驾驭了生于月氏渥洼水的神马，兴致勃勃地作了首《天马》诗；现在又有人说大宛汗血马才是真正的天马，于是乌孙马就被改名为西极马，天马之名留给大宛汗血马。[1]

武帝派出一位名叫车令的壮士率领使团，带着千斤黄金以及一匹用黄金铸造的马，出使大宛换取汗血宝马。

车令使团抵达大宛，经过交涉，大宛"遂不肯予汉使"。至于大宛为什么不肯，双方的交涉是如何进行的，不得而知。历史记载中原文明与周边民族、国家交往时，大多处于一种历史书写权的不平等状态，早期历史尤为如此。因为只有中原文明有文字，有记载历史的传统；而交往对象，无论是匈奴还是西域诸国，要么无文字，要么无历史书写。双方往来的经过，只能通过中原一方的记载为后世所了解。这正如二人争执，对簿公堂时只有一人能说话，其中自然多有偏颇。大宛不肯给马，"汉使怒，妄言，椎金马而去"。这是汉使团逃生人员回国后的陈述，他们在大宛王面前当场发怒，并口出"妄言"，即口出狂妄之语，辱骂大宛，甚至还做出过激的举动："且椎破金马而去也。"大宛没有自己的史书，无力对这一争端留下自己一方的辩解，但即便从汉方单方面的陈述，都能看出他们在外交上有严重的失礼行为，也能看到他们内心对大宛的不尊重。大宛的贵人当然感受到了汉使粗鲁行为背后的轻蔑心态，怒曰："汉使至轻我！"遂做出了出格的报复行为："令其东边郁成王遮攻，杀汉使，取其财物。"

---

[1] 石云涛：《汉代良马的输入及其影响》，《社会科学战线》，2014年第7期。

大宛杀汉使，夺取使团财物，反应如此激烈，一方面是受到了车令等人的羞辱蔑视，一方面也是断定汉朝没有军事报复的能力。大宛贵人的想法是："汉去我远，而盐水中数败，出其北有胡寇，出其南乏水草。又且往往而绝邑，乏食者多。汉使数百人为辈来，而常乏食，死者过半，是安能致大军乎？"[1]

在当时的交通条件下，大宛确实是西汉兵锋所不及之处。大宛在今天中亚的费尔干那盆地一带，本地土著为伊朗语支的塞人。公元前329年，亚历山大大帝征服此地，殖民者是随他到此的古希腊人后裔，"宛"音为"渊"，很可能是从古印度巴利语的耶婆那（Yavana）转译而来，耶婆那则是从爱奥尼亚人（Ionian）一词转译而来，爱奥尼亚人在当时泛称在中亚的希腊人。因此"大宛"在字义上很可能即"大爱奥尼亚"，城中有不少希腊殖民者的后裔。大宛与长安之间隔着帕米尔高原和西域的沙漠戈壁，交通线的北侧时不时还会面临匈奴的侵扰。正是因为这样的地理阻隔，张骞百余人的使团出长安，最终只有两人再入阳关。数万人的征伐大军所需要的后勤保障则更难以想象。所以，从理性的角度考虑，大宛贵人的看法不错，两国最差的结果就是断交而已。

但是，他们低估了武帝的决心，虽然这是被误导的决心。武帝早就有意于西域，筹划继续向西域开疆拓土。卫青死后下诏命州郡举荐人才，其中特意提到需要能"使绝国者"，所谓"绝国"，即"绝远之国，谓声教之外"。[2] 在当时，"声教之外"的绝远之国，主要就是指西域的大宛等国。[3]

---

[1] 《资治通鉴》卷二一，太初元年八月。
[2] 《汉书》卷六《武帝纪》颜师古注。
[3] 田余庆：《论轮台诏》，载《秦汉魏晋史探微（重订本）》，中华书局，2004年，第30—62页。

如果说在几十年的战争中汉朝已经很了解匈奴的话，相比之下汉朝对大宛则只有一些参差错乱的印象。曾出使过大宛的宦者姚定汉向武帝进言道，装备有强弩的三千汉兵即可破大宛。[1] 姚定汉的来历和结局皆不清，在历史记载中只出现过两次，一次是此次就攻打大宛一事给武帝献策，另一次是日后与另一位宦者苏文一起为卫子夫收尸。而这仅有的两次出场都是历史的重要时刻，他既能就国家大事向天子进言，也能参与隐秘的皇室私事，可见是一个职位很高、很得武帝信任的宦者。不过，考诸此后攻大宛实际发生的情况，姚定汉的这番言论是赤裸裸的欺君。当时的社会风气追求万里觅封侯，迷恋战争，以在战争中立军功。军功是贵戚以外的阶层拜将封侯、获得功名利禄与万世声名的捷径。姚定汉是一名宦者，未必有封侯的追求，他或许是在迎合时代的风气与武帝的喜好，"逢君之恶"者历来不缺。

武帝亲身经历了大汉从畏匈奴如虎到万里绝漠无烽烟的转折，将军赵破奴此前不久又仅凭七百骑就俘虏了楼兰王，楼兰和大宛又有多大不同呢？所以他相信了姚定汉的判断——平大宛，获汗血马不难，便将这番"轻松"的封侯之旅交给了李广利。

从出征的兵力配备也能看得出武帝相信这是一次轻松的征程：这一支万里远征的队伍，竟然没有大汉的正规军，只有属国六千骑以及"郡国恶少年数万人"。属国是臣服于汉的西域诸国，而这数万"郡国恶少年"实质上是被以各种方式强制从军的社会闲杂人员。很难说他们有多大的战斗力，并且当行军作战遇到挫折时，他们会迅速转变为军中的危险因素，还每一天都要实实在在地消耗补给。

---

[1] 《史记》卷一二三《大宛列传》。

这可以与卫青参与的第一次对匈奴作战比较：元光六年（前129年）与卫青同时出征，配合作战的还有公孙贺、公孙敖、李广，四人各领万骑，总共四万骑正规骑兵。而且此役"击胡关市下"，[1]作战区域是互市的市场附近，离汉边塞很近，后勤补给方便。对于古今中外的任何战争，起决定性作用的都是通畅充足的后勤保障。

太初元年（前104年），贰师将军李广利就带着这数万恶少年出发了，各属国的六千骑在半路上陆续就近加入。贰师将军之号，蕴含武帝"期至贰师城取善马"之意。赵始成为军正，负责军法；曾经出使过西域的王恢（与前文元光二年出击匈奴的将屯将军王恢不是一人）为向导；李哆为校尉。

在错误信息和大意轻敌主导下的第一次大宛之征演变成了一场天子的闹剧，士卒的悲剧。

大军西进，在行军道路上的西域小国不敢得罪匈奴、公开帮助汉军，便各自闭城自守，不肯向数万汉军提供食物、补给。汉军只得一路花费大量的精力和资源攻城，攻下即得食。若几日之内攻不下，自身粮草即将告罄，只能解围转向下一国。这一路绝大部分战斗力和资源不是用于征伐，而是讨食。等到了大宛东境的属国郁成，也即车令被截杀之处，属国六千骑以及"郡国恶少年数万人"只剩下数千人，而且全是又累又饿的疲惫之师。李广利以为郁成乃小国，想以残破之师做最后一搏，"攻郁成，郁成大破之，所杀伤甚众"，竟然被大宛的属国所败。汉军就此陷入了绝境，去国万里，也来不及向长安请示，李广利与李哆、赵始成商议："至郁成尚不能举，况至其王都乎？"以现在这个样子，首都更不可能攻下，于是便引兵

---

1 《史记》卷一一〇《匈奴列传》。

而还。残余的汉军向东万里行军，一路必再受沿途各国的骚扰，再受饥渴之累。待退至敦煌，已是太初二年（前103年），"士不过什一二"。李广利不敢再向东，在敦煌遣使上书天子，解释说："道远多乏食，且士卒不患战，患饥。人少，不足以拔宛，愿且罢兵，益发而复往。"

从发动对外战争以来，无论对匈奴，还是对两越，抑或对朝鲜，武帝或偶尝小败，多是大胜，从未遭遇如此彻底的挫折。而且卫青、霍去病虽逝，赵破奴、路博德等卫、霍带出来的久经沙场的老将仍在，以毫无军事经验的李广利领军，想必天子也承受了一定的压力，很多人等着看笑话。他正等着李广利如卫青、霍去病当年一般，首次出征即带回捷报，以再次证明他的知人善任。可是，一年后他等来的却是本朝迄今最大的失败，不免恼羞成怒。"天子闻之，大怒，而使使遮玉门，曰：军有敢入者辄斩之！"不许李广利军入玉门关一步，"贰师恐，因留敦煌"。[1] 李广利待罪敦煌。

李广利大败的消息传回长安时，群臣或许认为天子会因此放弃扶植李氏外戚的想法，卫氏或许轻轻舒了口气，一个证据是，这一年的三月十二日（丁卯），卫君孺的丈夫，太仆公孙贺被任命为丞相，封葛绎侯。[2] 虽然他本人百般不愿，[3] 但这似乎也是天子传递的某种信号。

可另一个其意不明的信号是，一年多的时间里，待罪敦煌的李

---

[1] 《史记》卷一二三《大宛列传》。
[2] 《史记》卷二二《汉兴以来将相名臣年表》。《汉书·百官公卿表》载公孙贺拜相为该年的闰月丁丑日，误，当从《史》表。详参《西汉年纪》卷一六《考异》。
[3] 《汉书》卷六六《公孙贺传》："初贺引拜为丞相，不受印绶，顿首涕泣，曰：'臣本边鄙，以鞍马骑射为官，材诚不任宰相。'上与左右见贺悲哀，感动下泣，曰：'扶起丞相。'贺不肯起，上乃起去，贺不得已拜。出，左右问其故，贺曰：'主上贤明，臣不足以称，恐负重责，从是殆矣。'"

广利竟然没有受到任何处罚。第二年，长安传来旨意，要他率军再征大宛。所谓上意莫测，武帝尤其如此。

和上次儿戏般的出征不同，这一次称得上是举国动员，"天下骚动"。"赦囚徒，发恶少年及边骑，岁余而出敦煌者六万人"，这六万人只是战斗部队，不算后勤保障人员。惩于之前大军一路乏食的教训，此次做好了充足的后勤补给："而发天下吏有罪者、亡命者及赘婿、贾人、故有市籍、父母大父母有市籍者凡七科，適〔谪〕为兵；及载糒给贰师，转车人徒相连属。""牛十万，马三万匹，驴、橐驼以万数，赍粮，兵弩甚设。"大军兴发部署，花了一年多才准备充分，从敦煌出发。这还只是主攻部队，武帝还在酒泉、张掖方向部署了大军，防止匈奴攻击李广利军侧面："益发戍甲卒十八万酒泉、张掖北，置居延、休屠以卫酒泉。"

这一次，武帝志在必得，他甚至选了两个熟悉马性的人随军出征，一人拜为执马校尉，一人拜为驱马校尉。[1] 他们的任务就是破宛之后择取其善马。

这一次，天子得到了他想要的东西，李广利军攻破贰师城，大宛献上善马——或许就是汗血宝马数十匹，中马以下三千余匹。大宛贵族中的亲汉派昧蔡被立为大宛王，汉朝与其立下盟约而罢兵。

可胜利的代价是如此巨大。汉军出玉门关时，作战部队与后勤部队十余万人，[2] 马三万匹。重入玉门关时，士卒"万余人，军马千余匹"。

第二次征大宛，物资供应充足，也没有发生多少伤亡惨重的决战，士卒马匹损失仍然如此巨大，其原因史料直言不讳："军非乏

---

[1] 《资治通鉴》卷二一，太初三年。
[2] 《汉书》卷九六上《西域传》："天子遣贰师将军李广利将兵前后十余万人伐宛，连四年。"

食，战死不能多，而将吏贪，多不爱士卒，侵牟之，以此物故众。"将领贪污财物，不爱惜士卒，滥用人力，因此死者众多。天子何其英明，他对一切都极为明了，但是再处罚李广利，他没有面子。太初四年（前101年）春天，贰师将军李广利回到京师向天子奏捷。"天子为万里而伐宛，不录过，封广利为海西侯。"[1]没有功劳也有苦劳，就不计较追究他的过错了，将军李广利终于封侯，作为外戚，具备了给外甥刘髆撑腰的资格。

不过这时候李氏外戚可能只有李广利一人了。

李广利在外征伐的时候，李氏被族诛。事情要从李延年说起，《汉书》把他列入《佞幸传》中，说他"贵为协律都尉，佩二千石印绶，而与上卧起，其爱幸埒韩嫣"。他与武帝的关系已经不是单纯的君臣关系、郎舅关系。班固对李延年得宠的细节也不屑于多说，只说和韩嫣相等，那我们看看韩嫣之事，以得一印象。

韩嫣是本朝开国功臣韩王信的曾孙，韩王信名韩信，是韩国王族之后，追随高祖打天下有大功，汉二年（前205年）封为韩王，为与淮阴侯韩信相别，称为"韩王信"。韩王信后来因为恐惧高祖对异姓王的剪除而叛入匈奴。文帝时，他的儿子韩颓当带着家人返回汉朝，被封为弓高侯；吴楚之乱时，韩颓当跟随周亚夫平叛，功冠诸将。韩颓当的孙子韩嫣被送入宫中，与皇子一起读书，[2]由此有机会与当时的胶东王刘彻交好。"及上为太子，愈益亲嫣。""始时，嫣常与上共卧起。"无论是李延年还是韩嫣，两人与武帝的关系都发展到了"共卧起"的程度，这似乎是成为佞臣的一个标准。

非同寻常的友谊，自然有非同寻常的尊宠。武帝即位之初就有

1　《史记》卷一二三《大宛列传》。
2　《史记》卷九三《韩信卢绾列传》。

意对匈奴用兵，而韩嫣"善骑射"，武帝便有意重用他，使之"官至上大夫，赏赐拟于邓通"。武帝曾入上林苑打猎，先使韩嫣乘他的副车，率数十百骑为前驱。武帝之兄江都王刘非从封国来入朝，道遇韩嫣一行，可能副车的样子与皇帝的车接近，阵势又如此煊赫，刘非误以为是武帝出行，就跪伏于道旁相迎，韩嫣不下车说明误会，任由刘非跪在道旁，自己长驱而去。刘非知道后感到非常羞辱，向王太后哭诉。太后也多少听说了刘彻与韩嫣的事，对韩嫣早有恶感。韩嫣既然"常与上共卧起"，自然能够自由出入后宫，不久就传出他与后宫女子私通的奸闻。这些事传到了王太后耳中，太后便遣使赐死韩嫣。武帝为韩嫣求情，但此时他刚刚登上皇位，还是太后称制时期，这又是淫乱宫闱之事，太后自然有绝对的权力，于是"终不能得，嫣遂死"。[1]年轻的天子想必极为伤心，韩嫣有个弟弟叫韩说，《汉书》说他"亦佞幸"。天子把对韩嫣的一部分感情投射到韩说身上，有意栽培他，让他随卫青出征，后得军功封为按道侯，本书开篇作为武帝使者调查太子巫蛊一事的韩说即是他。

李延年如韩嫣一般得如此之宠幸，本应该与李广利一起作为保障刘髆取代刘据的双保险，然而，佞幸者多难得善终，李延年的人生轨迹与韩嫣如此相近，竟连结局都大致一样。

《史记·佞幸列传》记载，李延年长期出入宫中，"久之，浸与中人乱，出入骄恣。及其女弟李夫人卒后，爱弛，则禽诛延年昆弟也"。"中人"即是"宫人"，泛指宫中一般的妃嫔与宫女。此事太史公糊涂了——李延年曾受腐刑，已不可能淫乱宫闱。《汉书·佞幸传》于此记载得更准确："久之，延年弟季与中人乱。"这事是他

---

[1] 《汉书》卷九三《佞幸传·韩嫣》。

的弟弟李季干的。成年的武帝已不是当年的纯情少年，受不了这等"绿帽子"，于是李季伏法，李氏被族诛，自然牵连到李延年。史书只说李广利因为在外出征，逃过一劫，没说这件事发生的具体时间。[1]按常理推测，它可能发生在第二次出征期间。如果是发生在第一次出征期间，则战败的李广利不可能不受处罚且获得第二次出征的机会。第二次出征得到汗血宝马，武帝既想起了李夫人的好，又对因李季一人而族诛其家颇为后悔，也就不再提前事了，并且痛快地给他封了侯。[2]所谓雷霆雨露，俱是天恩。

随同李广利出征的赵弟被封为新畤侯，上官桀官至少府，其他从军官吏为九卿者有三人，为诸侯相、郡守、二千石者达百余人，千石以下官员达千余人。[3]所以，虽然李氏只剩李广利一人，但亦无大碍，以李氏为中心的新的军功集团正在露出雏形。

---

1 《史记》卷四九《外戚世家》："兄弟皆坐奸，族。是时其长兄广利为贰师将军，伐大宛，不及诛。"
2 《史记》卷四九《外戚世家》："还，而上既夷李氏，后怜其家，乃封为海西侯。"
3 《史记》卷一二三《大宛列传》。

第七章
外戚不可去

权力的先天缺陷

卫氏尚未尽去，李氏已然登台。卫氏之所以能有如此煊赫的地位，天子的提拔占三成，卫、霍自身的努力与天分要占到七成。相比起来，李氏若替代卫氏，很明显地，天子提拔的成分至少占到八成。而天子先是提拔卫氏，后又硬挺李氏，共同的原因是他们的外戚身份。

外戚是两汉政治的先天缺陷，伴随其始终。清代史家赵翼在《廿二史劄记》里说："两汉以外戚辅政，国家……受其祸。"开国之君高祖刘邦死后就面临吕氏几乎倾覆汉室的危险，西汉最终还是因外戚王莽而覆灭。光武帝刘秀再建汉室后，并未能拨乱反正，东汉终亡于外戚与宦官的争斗。

为什么有汉一朝始终避不开外戚问题？此中有多重复杂因素，历代史家已有诸多讨论，在此仅举其大端。

首先是汉朝开国的结构性问题。汉之开国，不同以往，此前国家权力都只在王族世家之间转移。高祖起于布衣，仅是沛县小小一个亭长,负责大约方圆十里内的捕盗与驿传。[1]因此,要得天下,靠一己之力是不够的,须得广结同盟。他与汉的开国功臣们早期的关系可以说是"合伙创业",大家是"推举"他为皇帝的,在劝进书中把推举他的原因说得很实在,他是因为"功最高"又能公平地与大家分利,从而被"推"为皇帝,并没有什么所谓"天命"。登上皇位之后,刘邦尝到了权力的滋味,一面制约功臣集团,一面抬高皇权;一面杀戮功臣,一面广建宗室以树援。立国以后,他几乎没有高枕安卧的时候,总是在马不停蹄地讨伐异姓诸侯。韩信、彭越、英布等七位功劳最大,又是半路入伙的异姓诸侯王,除了南方偏远之地、力弱柔顺的长沙王吴芮和早逝的赵王张耳外,全部被他诛灭。但是最早追随他的那些丰沛老家的兄弟发小们,也都封了列侯,当了高官,不能立刻将他们剪除干净,毕竟刘邦总需要有帮手与他共治天下,这些人及其后裔被称为开国功臣集团。

可是,毕竟是异姓,刘邦在时镇得住他们,以后呢?为了处理这一结构性问题,防范异姓诸侯及功臣集团,刘邦便大封同姓宗室。

他家兄弟共有四人,他早年的名字叫刘季,按伯仲叔季的排行,季是老四,其实他早年没有正式的名字,就叫刘老四,刘邦是他得国之后才取的名字,邦者,国也。当刘邦还是刘季的时候,平日游手好闲,不事生产。尚未和吕雉结婚时,常带一帮江湖朋友到大哥刘伯家混饭吃,刘伯家是小户人家,哪有那么多余粮开流水席,大嫂不堪其扰。一次刘季和朋友们又来时,大嫂用炊具大声敲击锅底,表示锅底已空,没有吃的招待大家了,宾客们只好讪讪离去。

---

[1] 《汉官旧仪》:"设十里一亭,亭长、亭候;五里一邮,邮间相去二里半,司奸盗。"

刘季由此对大嫂心有怨恨。等到分封昆弟时，刘伯已死，他的儿子迟迟不得封爵。父亲刘太公过问，刘邦回答："某非忘封之也，为其母不长者耳。"此后才封大哥的儿子刘信为"羹颉侯"[1]。"羹颉"二字其义不明，史家多推论与"敲锅底"有关。羹颉侯刘信于高祖七年（前200年）受封，吕太后元年（前187年）得罪，削爵一级，降为关内侯。[2]

除此之外，其他的都能封尽封。二哥刘仲，居家生产是一把好手，打天下没有才能，在伐秦之役和楚汉之争中不见记载有何作为。即便如此，在高祖七年也被封为代王。后遇上匈奴攻代，刘仲无法抵抗，弃国逃归洛阳。诸侯守土有责，弃国本是死罪，刘邦不忍心法办亲兄弟，便废其封王，降爵为郃阳侯。刘仲自己虽碌碌无为，生了个儿子刘濞却有本事、有野心。高祖十一年（前196年）秋，刘邦亲自领兵讨平淮南王英布。刘仲之子沛侯刘濞作战有功，而刘邦堂弟荆王刘贾此役为英布所杀，"上患吴、会稽轻悍，无壮王以填〔镇〕之，诸子少，乃立濞于沛为吴王"。让刘濞代替刘贾镇抚吴楚，吴国"王三郡五十三城"，是东南大国。按排行刘仲与刘季之间应有个老三刘叔，可能早夭了。刘邦的弟弟名刘交，刘交有些本事，跟随刘邦打天下，于是高祖六年（前201年）在云梦泽诱捕楚王韩信后，就封刘交为楚王。刘交做了23年的楚王，文帝前元元年（前179年）才薨，次子刘郢客继立。刘郢客推崇儒术，执政平和，死后得到的谥号为"夷王"，据《逸周书·谥法解》："克杀秉政曰夷，安心好静曰夷。"从刘邦对刘濞说的话，能看到他的期望——"天下同姓为一家"，多封刘氏宗室，让他们成为拱卫汉室的藩

---

1 《史记》卷五〇《楚元王世家》。
2 《史记》卷一八《高祖功臣侯者年表》。

篱。以刘交取代韩信为楚王，显示了刘邦开国初年征伐异姓诸侯王的用心乃是以同姓宗室王取而代之。在这个过程中，刘氏宗室成长为汉初一个有力的集团。它也确实在吕氏篡权、汉室危亡的关键时刻，与开国功臣集团合作，剪除了外戚吕氏。可是它的副作用也不小，封拜刘濞为吴王的仪式后，刘邦仔细观察刘濞的面相，这才看出他有反相，但天子一言至重，不能出尔反尔，马上收回成命，便以手拊其背，叮嘱他："汉后五十年东南有乱者，岂若邪？然天下同姓为一家也，慎无反！"[1] 刘濞此后果然成为吴楚七国之乱的叛首。楚王刘郢客的儿子刘戊继立，成为吴楚之乱的第二位叛首。[2]

高祖杀戮功臣的过程，除了带来宗室的膨胀，也伴生了外戚吕氏集团的壮大。《史记·吕太后本纪》说："吕后为人刚毅，佐高祖定天下，所诛大臣多吕后力。"吕后在协助高祖诛杀大臣的过程中立威，也建立了自己的势力。刘邦晚年已经意识到这个问题，他要以赵王如意代替刘盈为太子，并不只是因为他多爱如意的母亲戚夫人，刘邦并非多情种子，他更多地是要解决自己死后吕氏外戚干政的威胁。[3] 但是为时已晚，换不动太子其实已经表明他无力撼动吕氏集团了。他此后与开国功臣集团立下所谓白马之盟："非刘氏而王者，天下共击之；若无功上所不置而侯者，天下共诛之。"[4] 其中"非刘氏而王者，天下共击之"一句，摆明了是要制约吕氏——异姓诸

---

1 《史记》卷一〇六《吴王濞列传》。
2 《史记》卷五〇《楚元王世家》。
3 孙家洲：《西汉前期三大政治集团的"平衡"及其破局》，《理论学刊》，2019年第6期。
4 "白马之盟"一事在《史记》《汉书》等历史文献中多次被提及，长期以来史家都将它作为汉立国初期重要的政治架构设计看待，几乎没有质疑过其真实性。但也有学者对其有质疑，如张森年：《"白马之盟"盟词辨说》，《广西大学学报（哲学社会科学版）》，1988年第2期。他首先论证了"白马之盟"是真实的，但是对其盟词的内容进行了辨说。刘鸣《"白马之盟"真伪辨》（《秦汉研究》第六辑）则认为，"白马之盟"这一事件在历史上并未发生过。

侯王诛戮殆尽之后，功臣们谁还会觊觎封王？

高祖身后留下的就是这么一个权力结构，吕后、文帝、景帝、武帝，都要面对这三大政治集团——开国功臣集团、刘氏宗室集团、外戚集团，并需协调处理好三者之间的关系。

当吕氏外戚集团太过膨胀之时，开国功臣集团与刘氏宗室集团联手，发动宫廷军事政变，尽诛诸吕，废黜幼帝，扶植代王刘恒入继大统，是为文帝。虽然文帝以藩王入继大统是景帝、武帝皇位的来源，但是从坐稳了太子之位的刘启、刘据的角度来看，这开启了恶劣的先例：权力集团之间可以私下勾搭，依靠军事政变和政治交易拥立新君，不是天子指定的合法储君也可以堂而皇之地登基，在位的皇帝也可以以种种借口被废黜和杀害。"天子"一旦成为实力的产物，而非天命所在与血统传承的结果，神圣性便大为褪色。因此天子必须限制与提防这些权力集团。但是天子也不能事事亲力亲为，必须要与一些权力集团合作，共治天下，关键只不过是如何平衡掌控而已。

钱穆先生洞悉了汉初政治在三大权力集团间平衡的这一关键，他评价汉文帝时说："文帝以代王入主中朝，诸王在外者，非其长兄，则其伯叔父。廷臣皆高祖时功臣，封侯为相，世袭相承。文帝即由廷臣所立，强弱之势，难于骤变。……然文帝以慈祥恺悌默运于上，二十三年之间，而中央政府之基础日益稳固，外有以制诸侯，内有以制功臣，则文帝之贤，又岂仅于慈祥恭俭而已哉。"[1]文帝以藩王身份被功臣与宗室强者迎立入继大统，要在二者之间周旋，极为不易，但是他表现出色，为景、武二帝打下了良好的基础，二人

---

[1] 钱穆：《秦汉史》，生活·读书·新知三联书店，2004年，第71页。

在同样的限制条件下继续舞蹈：景帝杀周亚夫，是为打击功臣集团；废栗姬，是为防范外戚集团；[1]销平吴楚之乱，是为削弱同姓宗室。武帝要削弱丞相之权，便要倚重内朝；要让宗室无力，便行推恩令；要借助外戚掌军，制衡前两者，又须防范外戚坐大，自己身后不可制。这样精妙的平衡可说皆是缘于汉开国的政治结构和历史局限。

为什么是外戚

外戚何以能在汉朝的政治结构中与功臣、宗室鼎足而三？其实汉朝的太后，除吕太后、窦太后个人能力和手段确有不凡之处外，其余并无可称道者。汉以后，虽也有太后垂帘数十年，甚至武则天代唐之事，但是外戚始终形不成理所应当、合理合法掌控朝政的政治集团，这是因为什么？

这与汉代社会的母系遗风当有一定关系。

汉代极为重视母权与妻权，这是春秋以来的遗风所影响。东汉以降，随着儒家思想逐渐得势，不断渗透进社会生活的方方面面，以母系为纽带的亲族观念逐渐退出历史的舞台，淡出人们的观念，所以后世对汉代与此相关的种种现象困惑不已。

《史记·高祖本纪》记载，刘邦之母刘媪在野外小憩时遇蛟龙俯其上，人神野合而孕，这才有日后的汉高祖。刘太公当时出来寻妻，亲眼看见了这一幕。除了传统的编造神话以神化皇权的解释外，从人类学的视角观察，这还暗示了对于高祖的孕育之事，其父亲刘太公只是个旁观者。汉皇室的祖先神系统是神-人与女-男两个系统并

---

[1] 秦进才：《周亚夫与栗太子之废新探》，《石家庄学院学报》，2011年第5期。

行的，其世系合于上古"无夫的先妣始祖'神母'系统"，母亲角色的重要性远非后世父系社会所能想象。

这一点也表现于汉代的"同产"概念。在西汉时，同产主要指同母的兄弟姊妹，以与同父不同母的子女亲属区分。到东汉时，"同产"演变为同母、同父杂用，最后逐渐转指同父的兄弟姊妹。

司马迁按照"同母者为宗亲"的原则，把景帝除刘彻外的十三个儿子按照不同的生母分为"五宗"，写下《史记·五宗世家》记录他们的事迹，明显与后世宗法制下以父系为宗亲的原则不合，班固时已不再接受这一原则，所以同样的人群，在《汉书》中写作《景十三子传》，其实司马迁是依从了西汉子从母族的旧俗。

母亲的角色如此重要，也使舅舅在亲属关系中获得很大的权威与权力。西汉时，社会上视舅如父、称甥为儿，将舅、父连称为"舅父"。《史记》中有八处称"舅"为"舅父"，指代三人（淮南王刘长舅父赵兼、齐王刘襄舅父驷钧、宣帝舅父王长君），《史记·游侠列传》中，大侠郭解称姊之子为"吾儿"，此"吾儿"实际是其外甥。"舅""父"连称正是母系亲属制度之遗风。[1]

女性的崇高地位也解释了西汉的长公主们——窦长公主、平阳长公主——为何掌有莫大的特权，能干预朝政，参与废立；[2]女性宗室亦可封侯，吕后之妹吕嬃封临光侯，刘邦的大嫂封阴安侯。甚至汉初好黄老，也与女性阴柔安静的特质有关。如此等等，都是因为汉代社会保有先秦母系遗风，汉皇室亦深受此时代风气的影响。[3]

---

1 参见刘厚琴：《汉代母系意识研究》，《咸阳师范学院学报》，2014年第3期。
2 汉代长公主的权势，可参见潘铭基：《略论〈史记〉的长公主》，《渭南师范学院学报》，2019年第4期。
3 牟润孙：《汉初公主及外戚在帝室中之地位试释》，载氏著：《注史斋丛稿》，中华书局，1987年，第50—79页。

西汉早期的外戚还有一个特点,就是多来自民间,皇室选妃立后并不注重出身。所以与世族不同,外戚获得的一切尊荣都是皇帝给的,对皇权的依附性较强,这也是外戚受到重视的原因。

战国以前,周天子和大诸侯国也有外家外戚,但当时的执政者都是世代传承的贵族,他们不与平民通婚,所以这些外亲们也都是世系绵长、有政治实力的诸侯和世家世臣。他们在政治上具有独立地位和权力来源,并不单单依赖君王。战国以来,灭国无数,至秦始皇统一天下,传统的贵族体系已然摧枯拉朽,荡然无存。韩信这样的"王孙"流落市井,赖漂母以食,此类的事在那时所在多有。刘季更是出自底层,吕雉得自己带两个孩子在田间劳作,所以汉家天子便不介意从平民中挑选外亲。特别是高祖至武帝之时,选妃以色艺和生子为重,不论贞操家世。景帝之母窦太后出身宫女,弟弟幼时被卖,可见其并非贵族世家。武帝之母王太后嫁人有子后离婚再嫁,竟能成皇后。卫子夫出身家伎,以歌舞技艺入宫为后。《汉书·外戚传》所载外戚22家,出身微贱者11家:高祖妻族吕氏,文帝母族薄氏、妻族窦氏,景帝妻族王氏,武帝妻族卫氏、李氏、赵氏,宣帝母族王氏、妻族许氏,元帝外家傅氏,成帝外家赵氏。其中有汉立国之际从龙的布衣,也有奴仆、倡优,乃至战俘、刑徒,"其始皆由贱妇而起","由至微而体至尊"。[1]所以当时人家,有美貌的女儿,便延请教师教习歌舞色艺。也有专门的商人,在各地收买贫寒人家的美貌女儿,教以歌舞、说话技巧,养成后卖给贵族、官府,献给朝廷。赵地此风尤甚,邯郸有一人名叫贾长儿,便专营此事。宣帝刘询的生母王翁须,便是由贾长儿收买,转卖入太子府为歌伎。宣

---

1 [清]赵翼:《廿二史劄记》卷二;《汉书》卷九七下《外戚传》。

帝即位后，接二连三地派出使者寻找外家，七年以后才找到外祖母，名叫王妄人，从这个名字也可想见其出身。王妄人有两个儿子王无故、王武，都以务农为生。王妄人随宣帝的使者乘黄牛车到长安，被长安市人称为"黄牛妪"。宣帝封王妄人为博平君，两位舅父为关内侯，赏赐财物"以巨万计"，后晋封为列侯。元帝、成帝时，王无故之子王接为大司马、车骑将军，王武之子王商为丞相。[1]一代人的时间，就从农人变成了三公。

当然，这也非皇家特立独行，而是整个社会的风气使然。战国时开始松动的世卿世禄贵族政治体系，到秦始皇时被彻底推翻，建立了官吏行政体系。"尊贤尚功""食有劳而禄有功""见功而予赏，因能而授官"，才能取代了出身成为官吏的选拔标准。汉帝国的平民基因以及初创期对人才的渴求，使得身怀长技之人不再受出身、门第的束缚，可以充分施展其才能抱负。刘敬是个戍卒，因向高祖建议立都关中而立时得以侧身朝堂；叔孙通因应时势，不拘俗礼为百废待兴、一张白纸的汉朝立下朝仪。汉武帝又对汉初的政治改弦更张，大事开疆拓土。国家有为之日自然是人才涌现之时，卜式以养羊之人而为御史大夫，桑弘羊本是商贾而执掌国家转输，卫青出身骑奴建不世之功，金日䃅为匈奴降人之后得托孤之任，这些人都出身寒微而得高位。班固对这个时代现象的总结甚为精辟："刘敬脱挽辂而建金城之安，叔孙通舍枹鼓而立一王之仪。""卜式拔于刍牧，弘羊擢于贾竖，卫青奋于奴仆，日䃅出于降虏，斯亦曩时版筑饭牛之朋已。汉之得人，于兹为盛。"[2]

崇尚母家的遗风与布衣王朝的基因二者相结合，才给了卫青、

---

[1] 《汉书》卷九七上《外戚传·史皇孙王夫人》。
[2] 《汉书》卷四三赞语；卷五八赞语。

霍去病、李广利以机会。[1]

这种现象在后世不可想象。清人赵翼就很不理解，他在《廿二史劄记》中说："汉武帝三大将［卫青、霍去病、李广利］……皆出自淫贱苟合，或为奴仆，或为倡优，徒以嬖宠进，后皆成大功为名将，此理之不可解者也。且卫媪一失节仆妇，生男为大将军。生女：长君孺，嫁公孙贺，官至丞相；次少儿，生去病，又嫁陈掌，亦为詹事；小女子夫，且为皇后。而去病异母弟光，又因去病入侍中，后受遗辅政，封博陆侯，为一代名臣。"

因为上面所说的原因，在汉代，皇帝与外戚、天子与舅舅实际上是比同姓宗室更亲近的亲属关系。而早期外家出身寒微，既无祖先遗泽庇护，根基极浅，权力的唯一来源便是天子，因此就成为天子最放心、最容易操控的势力。所以外戚才能在权力集团中占有一席之地，且天子更青睐外戚。

舅父的反噬

可是，易于为天子控制的外戚为何又成了汉朝的一大祸害呢？当代史家何兹全洞察到，转折的关键即发生在武帝一朝："唐和明清都有宦官专权，但没有外戚擅政，只有西汉后期和东汉，外戚才成为政治上的大势力。"[2]外戚成为政治上的大势力，成为制度化的存在，是在西汉后期及东汉，而转折点及其缘由，其实得到武帝朝去找。

---

[1] 详参秦学颀：《西汉外戚何以出身微贱》，《西南师范大学学报（哲学社会科学版）》，1993年第1期。

[2] 何兹全：《东汉宦官与外戚的斗争》，《文史知识》，1983年第4期。

按汉在武帝朝以前的惯例，将军一职专为征伐平叛而设，遇有战事则临时置将军，战事结束则罢废将军，其人回归本职，因此大将军不常置。平时由太尉管理军事行政事务，窦太后废田蚡太尉一职后，太尉不再设。大司马本是周代的古制，是周代的最高军事行政官员，与汉太尉的职掌有相通之处。但是武帝所设的大司马并非如太尉那样是外朝实职，而是和侍中一样属于加官。加官制度涉及武帝朝政治的一个重大变动，即内朝的壮大。

以丞相为领袖的百官体系称为外朝，相对独立于皇帝行使职权。汉立国之初，君臣都是从小吏、亭长起家，不知道中央如何行政，君王和丞相之间的界限无定制可依，所以一方面相权强大，一方面皇权与相权之间冲突颇多。首位丞相萧何辅佐高祖得天下，立首功，威望高，虽与高祖亲密无间，但是后期仍无法避免受到刘邦的猜忌。萧何只好采纳下属"多买田地，贱贳贷以自污"的建议，大买良田，放高利贷，自损声名以避祸，让刘邦放心。[1] 继之为相的曹参、陈平均韬光养晦，循萧何之规，行无为之治。但是丞相后面是整个官员集团，是整个外朝制度，丞相再谦退，仍有强大的力量以制衡君权。官吏在法定职权之内行政，皇帝不能随意干涉。文帝曾经出行过长安中渭桥，有一人从桥下走出，惊了乘舆的马，被交给廷尉惩治。廷尉张释之奏说："一人犯跸，当罚金。"冲撞了皇帝车驾出行的警备，应当罚款。文帝觉得太轻，张释之回答说，事发之时，皇上使人当场将此人诛杀，那也就算了。"廷尉，天下之平也"，既然交给廷尉审理，按汉律，犯跸只当罚金。如果根据皇上的要求，法律可轻可重，"民安所措其手足？"文帝也只能说："廷尉当是也。"[2] 他只

---

1 《史记》卷五三《萧相国世家》。
2 《史记》卷一〇二《张释之冯唐列传》。

能承认处罚合乎法律。武帝前期，政在田蚡，"荐人或起家至二千石，权移主上"。武帝不高兴了，对他说：你要安排的官职都安排完了吗？我也想任命几个。[1] 由此能看出，大部分的日常人事任命都是丞相做主，天子只在有特别中意的人时才干预人事任命。

可能是即位早期权力被窦太后压抑而形成的反弹，也可能是刘彻天生就是有雄才大略的人君，他亲政后不能接受任何的分权与制约。田蚡死后，王太后失去了干预政治的工具，也就安心休养，不再过问朝政。武帝开始着手把权力集中到自己手上，其办法大致有两个，一个是弱化外朝首领丞相。以外戚兼丞相的田蚡死后，武帝所选的丞相大都无所作为，"备位"而已，甚至多不得善终。另一个措施就是加强天子身边的小圈子，武帝中意的官员获得了侍中、常侍、散骑、诸吏、给事中等加官职衔，有资格出入宫禁，在皇帝身边办事，这就是加官制度。根据《史记》《汉书》记载，武帝朝担任过侍中的有卫长君、卫青、霍去病、霍光、金日磾、荀彘、赵充国、朱买臣、李陵、苏武、严助、吾丘寿王、公孙敬声、韩增、霍嬗。侍中除了严助、吾丘寿王、朱买臣这些被武帝拔于民间的辞赋之臣外，大多是年纪较小的外戚与功臣子弟，以便于皇帝培养使用。[2] 这些人围绕天子形成了所谓内朝，或称中朝，许多重要的事由天子直接发令，由内朝官员执行，虽丞相不得与闻，内朝便由此逐渐分了外朝的权。大司马也是加官，可以说是最高头衔的加官，被汉朝人视为三公之一，因此成为内朝领袖。它本身虽无军政实权，但当大将军、骠骑、车骑、卫将军有了大司马这一加官，就能够跻身军事决策的小圈子。并且，由内朝领袖大司马来统领军队，也表明军队

---

1 《史记》卷一〇七《魏其武安侯列传》。
2 详见温巧珍：《两汉侍中研究》，湖南师范大学硕士学位论文，2014年。

归属于皇室，由天子掌握，外朝不得插手。

设立大司马一职，武帝强化内外朝分野的格局基本形成，自此以后，外朝官统于丞相，内朝官统于大司马成为汉代政治的惯例。西汉从卫青、霍去病开始共22位大司马，除6人是皇帝的近臣外，其余全是外戚集团的领袖，除卫青、霍去病、窦宪外，其余19人全无军功。这即是说，外戚可以单凭身份而非军功或政绩而天然成为内朝集团领袖，代表天子掌握军队，行使权力。[1]随着时间的推移，这成为当时社会普遍认可的观念。

如武帝这般英明神武之君，绕开制度，绕开外朝，通过内朝行政，自然如臂使指，得心应手。可是，外朝既被架空，宗室又经推恩令而削弱，当主少主弱之时，外戚僭越皇权，控制天子就极为便利了。天子与外戚的关系就从"使用"变为"依赖"。王莽便是因为主少主弱，以外戚而久掌大司马之位，终于篡汉。不知武帝做这般设计时预料到这点没有。

除了个人能力差异外，武帝死后，外戚也出现了一些新的变化，更方便他们垄断权力，控制天子。

一方面，随着离开国之时日远，社会阶层日益固化，出身世家大族的嫔妃逐渐增多。另一方面，再没有如武帝这样长寿的天子，短命帝王频出，少年天子日多。

武帝打击完卫氏，打击李氏，最后留下才八岁的小儿子刘弗陵（即昭帝）继位，以为杀了他的母亲便无外戚之祸。可他没算到昭帝才二十一岁即驾崩，继位的刘贺（海昏侯）、宣帝刘询都根基极浅，这使得朝政长时间掌控于霍光之手。昭帝的皇后上官氏，是顾命大

---

[1] 田旭东：《西汉时期的大司马与外戚专权——读〈汉书〉札记》，《西北大学学报（哲学社会科学版）》，2001年2月。

臣上官桀的孙女，霍光的外孙女。那么霍光算不算外戚？霍光总揽朝政几近二十年，算不算专政？这是"主少主弱"。

王莽之所以能够篡汉，是因为成帝沉迷酒色，不理朝政，给王氏外戚长期掌握朝政以可乘之机，并在此过程中势力逐渐根深蒂固，养成世家。成帝之后的哀帝是以藩王身份入继大统，本想扫清王氏，可是短命，在位七年即崩。西汉最后一个皇帝平帝九岁被王莽迎立为帝，十五岁病逝。这也是"主少主弱"。

天子短命加上外戚有足够的时间培养势力，终于颠覆了汉室。

到了东汉，这样的情况更严重。

光武帝本就是依靠地方豪强拥戴而得以恢复汉室。开国功臣集团"云台二十八将"大都出身于大豪强，刘秀需要和他们联姻结亲以巩固政权，所以东汉的皇后几乎无一不来自大豪强或功臣门第。光武帝阴皇后家是西汉宣帝以来的巨富，明帝马皇后为功臣马援之女，章帝窦皇后为功臣窦融的曾孙女，和帝邓皇后为功臣邓禹的孙女，顺帝梁皇后则为大豪强梁统的玄孙女。外戚们除了嫁女于皇室，还多尚公主。这使得外戚与皇权的关系更加紧密不可分。

相比西汉，东汉诸帝更大都是短命之君，自和帝始，在位的全是小皇帝，大的十几岁，小的方满百日。在位时间多只有几年，少的甚至才几月。这种情况有的是嫡长子原则导致的自然结果，有的是外戚为固权而有意为之，这逐渐就成了一个自我加强的循环。[1] 清人赵翼评价："东汉诸帝多不永年……人主既不永年，则继体者必幼主，幼主无子，而母后临朝，自必援立孩稚，以久其权。"[2]

以上种种，是解释武帝重用卫氏外戚，卫氏灭后又扶植李氏外

---

1 朱子彦：《汉代外戚集团的形成与擅权》，《历史教学问题》，1996 年第 4 期。
2 ［清］赵翼：《廿二史劄记》卷四《东汉诸帝多不永年》。

戚的缘由。可是其后所发生的这些变化应当是他所未曾预料的,而西汉的政局转变又与武帝诛杀太子刘据、最后留下八岁小儿刘弗陵继位难脱干系。

历史的主角总是这样,造因而不自知。

第八章

杀太子的刀

唯江君宽之

武帝初即位时，遵从父祖的规矩，在未央宫居住理政。中晚年时则常在长安以北三百多里外的甘泉宫。于是长安与甘泉宫之间的驰道上，臣子们络绎不绝地往来。驰道是秦统一天下的第二年，公元前220年开始修建的，[1]以咸阳为中心辐射出去，始皇帝沿着它巡游帝国新的疆土。差不多在同一时期，罗马帝国也修建了从罗马城辐射出去的大量高质量道路，所以有"条条大路通罗马"之谚，发达的路网是大帝国的标准配备。

据《汉书·贾邹枚路传》记载："[秦]为驰道于天下，东穷燕齐，南极吴楚，江湖之上，濒海之观毕至。道广五十步，三丈而树，厚筑其外，隐以金椎，树以青松。"驰道宽五十步，约合69米。[2]今天双向六车道的高速公路，整个路基宽度也就在30米左右。如果这处记载不夸大，两千年前驰道的宽度实在是令人瞠目结舌。驰道之

---

1 《史记》卷六《秦始皇本纪》："二十七年，始皇巡陇西、北地，……是岁，赐爵一级。治驰道。"
2 秦代1步合6尺，1尺约等于今23.1厘米。

所以要修这么宽，可能是中央要单独修一条禁道，禁道只允许天子使用，臣民只能在禁道两侧行走。但是万里驰道，天子一年能用几次？于是，最有势力的权贵在使用驰道的时候便也会走中间这条禁道，因为比起两边使用频率高的路面，使用者更少、维护更精心的禁道走起来更加平坦舒适。但这毕竟不合法制，因此权贵因私用禁道而被惩处之事，屡有发生。

太子的家使这一段时间也需频繁出使甘泉宫，或是代表太子向天子问安，或是公干。车马行驶在驰道上，他们想必常常借用中间的禁道。倚仗太子的身份，属下对这样的僭越举止应该是习以为常的，虽然未必为太子本人所知。可是这一次，路上竟然有一个叫江充的人把他们扣下来了。江充是直指绣衣使者，这个职位的职责是"督察贵戚、近臣逾侈者"，[1]纠正举劾擅用禁道的行为正是江充的职权所在。而根据汉律，"骑乘车马行驰道中，已论者没入车马被具"，所以江充依法罚没了车马以及随车物件。太子听闻此事，派使者到江充处道歉，说："非爱车马，诚不欲令上闻之，以教敕亡素者；唯江君宽之！"[2]太子客气地称江充为"江君"，承认发生这样的逾制行为的根本原因是自己平素对左右督责不严，恳请"江君"宽大处理此事，不要禀告天子。一国储君，身段放得如此低，很给江充面子了。

江充会在乎太子的这个面子吗？

江充是被武帝亲自拜为直指绣衣使者的，这个官职也是武帝的发明。"直指"意为"处事无所阿私"，绣衣表明他们穿着御赐的绣衣，到各地为天子秉公办事，即是"钦差"。[3]江充获任后，充分落

---

1 《资治通鉴》卷二二，太始三年。
2 《汉书》卷四五《江充传》。
3 《汉书》卷一九上《百官公卿表》服虔注："指事而行，无阿私也。"颜师古注："衣以绣者，尊宠之也。"

实了"直指"二字的精神，大力举劾贵戚近臣的奢侈僭越行为，他向天子奏请，将被他抓住犯法的贵戚近臣"没入车马，令身待北军击匈奴"。除了罚没车马，还要强制违法者到北军报道，从军出征匈奴。对于长安的贵戚来说，罚钱算不了什么，要命就很严重了。但对于这个建议，天子"奏可"。所谓贵戚近臣，都是活动在皇室身边的人，出入禁宫，疏通关系，寻求庇护向来得心应手，这也是他们难治的原因。江充深明这个诀窍，不给他们反应的时间，天子"奏可"后立刻向光禄勋和中黄门发文，要求他们按名单把这些人"扭送"北军看管，同时移文宫门守卫，禁止这些人出入宫殿，断绝他们到宫内向太后、皇后、妃子、内监等处活动、告状的路径。这些贵戚子弟平日耍狠，遇事只会告状，江充这几手，抓住了他们的软肋，他们非常惶恐，"皆见上叩头求哀，愿得入钱赎罪"。武帝让他们各自按照自己的品级向北军交钱，以免除征匈奴的处罚。从以前各走各的门路，让国家利益吃亏，到现在只能找天子本人求饶，而天子就是国家，这个转变让国家获益不少，这笔钱的收入有数千万。这一次君臣配合甚佳，"上以充忠直，奉法不阿，所言中意"。[1] 江充以其只认天子、不阿贵戚得到天子的信任，所言皆符合天子心意。

《汉书》记载，在太子事件之前，江充就处理过武帝的姑母兼岳母馆陶长公主车马擅入驰道的事。江充曾遇上长公主的车马行驶在禁道中，"呵问之"。这次拦下的不是家奴门客，而是长公主本人。长公主回答："有太后诏。"长公主声称窦太后特许宠爱的女儿使用驰道，但江充竟然驳回："独公主得行，车骑皆不得。"太后的诏书只能优待长公主一个人的车马行禁道中，现在整个车队都进入禁道，

---

[1] 《汉书》卷四五《江充传》。

就是犯法。于是将长公主车马"尽劾没入官"。

《汉书》所载的这段故事应当不实。根据《汉书·高惠高后文功臣表》，元鼎元年（前116年），长公主之子堂邑侯陈须因在公主丧未除服期间通奸、兄弟争财而获罪自杀，那么馆陶长公主当卒于元狩末年。在此之后十余年江充才得用，他没有机会面阻长公主车马。但是班固必不能无中生有、虚构此事，故史家怀疑应当是"馆陶"二字有误，此人或许是平阳公主、隆虑公主这些武帝的姐妹，那么此处的太后就当是王太后。[1]

从贵戚近臣到公主，一步步升级，现在牵涉到了太子，江充会给未来的天子一个面子，搁置此事吗？没有，江充仍然无所屈从，"不听，遂白奏"。天子的批复是："人臣当如是矣！"做臣子的就得这样，只能忠于天子一人，丝毫不能顾及什么太子、公主、诸侯、丞相等等。

江充由此更被武帝信用，威震京师。但是，江充得罪了太子，太子是储君，是武帝之后的天子，得罪储君，就是断了未来。江充何许人，敢自断未来？他只是忠直还是在赌什么？

疑云重重的复仇

江充本是个不幸的人，他本名江齐，字次倩，是赵国邯郸人。他有一个妹妹"善鼓琴歌舞"，看来也是倡女，"命好"嫁给了赵国太子刘丹。此时的赵王名叫刘彭祖，江充和刘彭祖处得也很好，故而"得幸，为上客"。

---

[1] 施丁主编：《汉书新注》，三秦出版社，1994年，第1553页。

刘彭祖并不是个好相处的人。他是景帝的第七子，为贾夫人所生，是武帝的异母兄。刘彭祖在孝景前元二年（前155年）被立为广川王。赵王刘遂参与吴楚之乱兵败自杀，刘彭祖便徙为赵王。

《汉书》对刘彭祖的评价是："为人巧佞，卑谄恭心，而心刻深，好法律，持诡辩以中人。"简而言之，刘彭祖是个虚伪奸诈、用心险恶的小人。吴楚之乱后，中央加强了对诸侯国的管制，真正执掌治权的都是中央派去的相国等二千石官员，王侯基本就是享受赋税而已。但是刘彭祖认为，如果他们严格依据汉法治理赵国，则与自己的利益不合。于是他想各种办法掌握了这些官员的阴私，以此相胁迫。每次中央派到赵国的高级官员到任时，他穿上最简朴的衣服亲自去迎接，亲自为他们安排馆舍。这就是"卑谄恭心"。然后他找各种机会和对方套近乎，对方放松警惕之后，就可能会有失言之处，说些犯忌讳的话，刘彭祖回家就掏出小竹简将这些话记上。等到他们在治理赵国触犯了自己的利益时，刘彭祖就掏出小竹简来威胁此人，如果不听，他就上书告发此人的失言之处，并且顺带诬告此人在赵国做过一些作奸犯科谋利之事。这就是"心刻深，好法律，持诡辩以中人"。

就这样，他做了六十多年的赵王，中央派到赵国执法理政的二千石官员，没有一个能干满两年。这些官员大都被他告发某种罪状，严重的被处死，轻的也获刑。"以故二千石莫敢治，而赵王擅权。"[1]这个记载其实颇有可疑之处，从景帝到武帝，大的趋势是对诸侯王的限制越来越严，诸侯王因小事而得罪免爵的事不少见。若没有一个国相能干满两年，那六十余年间，刘彭祖至少换了三十个国相，

1　《汉书》卷五三《景十三王传·赵敬肃王彭祖》。

每次总是他有理。如果说景帝因为刘彭祖是自己亲生儿子，睁一眼闭一眼也就罢了，那武帝这么精明的天子，为何从来不起疑心？

刘彭祖还好色，"多内宠姬及子孙"，[1]他的儿子在史书中被记载下姓名的，就多达27个。他的太子刘丹继承了父亲的这一秉性，"与同产姊及王后宫奸乱"。[2]所谓"同产姊"即是同母的姐妹，"王后宫"词义上是赵王的后宫，包括刘彭祖的姬妾和普通的宫人，但不清楚与刘丹奸乱者都有什么人，如果包括刘彭祖的姬妾，那么这与通奸"同产姊"一样，都是乱伦行为，属于"禽兽行"。

父亲如此"刻深"，自己又有这些"禽兽行"，刘丹难免心虚。江齐的妹妹所受的宠爱想必会因为刘丹的这些淫行而受影响，她的地位或许受到了威胁，而江齐和刘彭祖又走得很近，当某个时候刘彭祖表现出对刘丹的不满时，刘丹就难免怀疑江齐已经把他的这些阴私向父王告发了。

刘丹的"刻深"不如其父，他用最简单粗暴的办法来报复——派人抓捕江齐。刘丹的人没能抓到江齐，就把江齐的父兄抓起来，拷问一番后"弃市"，"弃市"意为"刑人于市，与众弃之"[3]，就是公开处死并将尸首抛弃在街市。所以刘丹对江家的杀戮并非秘密进行的，但从现有的记载看不出刘彭祖是否知道此事，是否过问了此事，并由此了解到太子丹的阴私；也不知道江齐的妹妹结局如何。

江齐为了逃脱追捕，改名江充，西入长安。他认为从刘彭祖处不可能得到公平，只能到京城告御状。这或许透露出刘彭祖其实是知道这件事的，但采用了牺牲公平正义、牺牲江家的办法，来保存王室的体面和维系父子关系。

1　《汉书》卷五三《景十三王传·赵敬肃王彭祖》。
2　《汉书》卷四五《江充传》。
3　《礼记·王制》。

在邯郸得不到的公平，在长安如何才能得到呢？

江充到了长安后，"诣阙告太子丹与同产姊及王后宫奸乱，交通郡国豪猾，攻剽为奸，吏不能禁"。[1]江充所告，除了赵太子的男女之事，还增加了"交通郡国豪猾，攻剽为奸"，即与地方豪强往来勾结，攻击往来商旅，抢劫财物。这一事未必单单牵涉刘丹，江充可能是想把刘彭祖牵连进来。刘彭祖曾派人到赵国各县，在商人之间的交易中提供买卖估价等居间服务，从中获取巨额利润。看起来刘彭祖是为市场交易提供中间服务，无可厚非，可是以他的地位和性格，这样的服务一定是倚仗特权、具有排他性的。刘彭祖还经常亲自带人夜晚在邯郸城中"巡逻"，但"巡逻"的结果，不是让人感觉更安全了，而是让路过邯郸的各种使节、商人都不敢在邯郸停留。由此更证明了他所谓的"巡逻"都干了些什么，证实了他确实在居间服务中使用暴力。[2]这样严重违反汉律、扰乱社会秩序的行为明显是在与景、武朝以来持续削弱和防范诸侯王的大原则、大方针相对抗。

最能引起朝廷警惕的是江充口中的"吏不能禁"，中央派到地方的制约力量失效了，毫无疑问，这是一个非常危险的信号。这份御状送到了天子案前，天子果然大怒，"遣使者诏郡发吏卒围赵王宫，收捕太子丹，移系魏郡诏狱，与廷尉杂治"。[3]因为赵王的所为已经"吏不能禁"，所以武帝不相信派驻赵国的官员能够办理此案，便从中央派使者到邯郸，督率当地吏卒包围王宫抓捕刘丹，将其异地关押在魏郡，并派廷尉到魏郡审理。廷尉是中央最高司法官，这

---

[1] 《汉书》卷四五《江充传》。
[2] 《史记》卷五九《五宗世家》："赵王擅权，使使即县为贾人榷会，入多于国经租税。……常夜从走卒行徼邯郸中。诸使过客以彭祖险陂，莫敢留邯郸。"
[3] 《汉书》卷四五《江充传》。

表明武帝也不单用魏郡的官吏，而是由中央司法部门直接介入。

廷尉审理后出具的意见是："法至死。"这个案件从告发到宣判看起来理所应当，正义伸张，可是其中疑点颇多。

在秦汉社会，静止是常态，流动是特例。官府对民间人口流动有严格的管理机制，百姓若想离开所在的县，需要申请"传"，即通行证，上面记载了持有人的体貌特征、携带的行李物件，沿路关卡和住宿之所都会严格查验。长安地区的人民申请"传"还要由地方"父老"担保。所以可以进入长安的"传"一定有更严格的审核条件，江充一介草民，仓促逃命，如何能得到从邯郸进入长安的传，这是一个疑点。[1]

江充是"诣阙"状告太子丹的，"阙"大致的意思即是宫门。汉代臣民对天子有所奏议，须至守卫宫门的公车司马处上呈，再由公车司马令丞向宫内呈递，此即"公车上奏"。《汉官仪》说："公车司马令，周官也。秩六百石，冠一梁，掌殿司马门，夜徼宫中，天下上事及阙下，凡所征召，皆总领之。"根据《三辅黄图》记载，未央、长乐、建章、甘泉四宫，四面皆有公车。西汉臣民"诣阙"上书是在未央宫北阙。[2]

公车司马令不负责审查上书内容，只负责将臣民奏议向宫内传递，一般的奏议交给殿中的尚书令，涉及弹劾和司法的奏议则交给殿中的侍御史。尚书令和侍御史会对奏议做出审查，决定是否提交天子，如果认为可以提交，天子身处省外殿内时，则由谒者仆射呈送；天子身处省内（后宫）时，或由中书谒者令呈递。[3]

---

[1] 张英梅：《试探肩水金关汉简中"传"的制度》，《敦煌研究》，2014年第2期。
[2] 《汉书》卷一下《高帝纪》颜师古注："未央殿虽南向，而上书奏事谒见之徒皆诣北阙，公车司马亦在北焉。"
[3] 参见韩团结：《汉代奏议研究》，陕西师范大学博士学位论文，2020年。

想靠献奇策为天子赏识而一步登天者常会选择诣阙上书，被地方司法不公迫害者也寄希望于诣阙上书。这样算来，每日的奏议必然为数不在少，能被天子看到的百不得一。如朱买臣"诣阙上书，书久不报。待诏公车，粮用乏……会邑子严助贵幸，荐买臣，召见，说《春秋》，言《楚词》，帝甚说之，拜买臣为中大夫，与严助俱侍中"。[1] 朱买臣诣阙上书长时间没有回音，他的奏议可能在尚书令那里就筛掉了，根本就没有呈递到天子面前，靠同乡严助的帮助，他才得以在武帝面前展现才华。严助是中大夫，天子身边的近臣，而且正被武帝"贵幸"，所以才能推动尚书令呈递朱买臣的上书。

那么江充这个逃亡者，要告天子兄长的家族，诉状能抵达天子的案前，靠的是他运气极佳，由侍御史正常呈递，还是有严助这样的同乡贵人相助？这是第二个疑点。

第三个疑点则在江充上书的内容中。他并没有申诉自己受到的不公，个人命运的悲苦在国家机器面前毫无价值，只有个人遭遇与天子关心的问题产生关联，它才有可能顺便得到解决。江充诉状的核心问题是宗室的荒淫与不法，这在当时是一个很严重的问题，让天子很是头疼，也让皇室蒙羞。

燕王刘定国与其父的姬妾通奸，并强夺自己弟弟的妻子为姬妾。刘定国曾经非法杀害肥如县令郢人，元朔二年（前127年），郢人的兄弟赴京上书告发，牵出以上这些奸乱之事。公卿奏议，请诛刘定国。刘定国自杀，国除，燕地入汉为郡。此事明确记载，"主父偃从中发其事"。因为主父偃在其中推动，郢人兄弟的告发才得以进入天子眼中。

---

[1] 《汉书》卷六四上《朱买臣传》。

齐厉王刘次昌与其姊纪翁主通奸。此事也是主父偃向武帝告发的，于是天子拜主父偃为齐相，去查办此事。主父偃到齐后，"急治王后宫宦者，辞及王；王惧，饮药自杀"。也正因此，齐王的位置才能空出来，之后封给王夫人的儿子。武帝事后杀了主父偃，原因之一或许就是想借此表明查办中逼死刘次昌并不是要为自己的儿子"腾地儿"。

江都王刘建与其父爱幸的淖姬等多名姬妾及他的妹妹徵臣通奸，其父即是曾误认韩嫣为天子而跪伏道旁的江都易王刘非。刘建"凡杀不辜三十五人，专为淫虐"。他自知罪多，恐惧事发被诛，与其王后成光一起指使越地来的婢女以越地的巫术下神，祝诅天子。元狩二年（前121年），其事被发觉，有司请捕诛。刘建自杀，王后成光等皆弃市，国除，地没入汉为郡。[1]

济东王彭离，梁孝王之子，"骄悍"。他有奇特而残忍的嗜好：每至黄昏日暮之时，刘彭离便率领王府奴仆、亡命少年数十人拦路杀人，劫取财物，他并非图财，而是单纯以此为乐趣。元鼎元年（前116年），此事败露，能查清楚的被杀者就有百余人，刘彭离坐废，徙上庸，国除，地没入汉为郡。[2]

这样的事还有很多。

每一次整饬宗室的骄横不法，除了严肃风纪之外，诸侯国的结局往往都是"国除，地没入汉为郡"，中央的直属领土因此扩大。江充的诉状要把自己所受的不公与中央的利益关联起来，因此他不但指控太子丹的罪行，还隐隐约约地指涉到赵王刘彭祖，毕竟光是太子丹犯罪不足以让赵国"国除"。而他曾得刘彭祖"幸，为上

---

[1] 《资治通鉴》卷一九，元狩二年。
[2] 《资治通鉴》卷二〇，元鼎元年。

客",应当掌握了不少实据。而最后那一句"吏不能禁"则是画龙点睛之笔,朝廷派到赵国的行政机制、监督机制在赵王身上完全失效,这对武帝来说是最可怕的一点。

那么,从赵地初到长安的江充,能把握这些关键之处,写出触动武帝心结的上书,其中有没有熟知长安政情的高人指点?

除了上书顺利抵达天子案头,江充本人也被武帝亲自接见,而且是以一种非同寻常的方式。

武帝在上林苑的犬台宫召见江充,江充申请穿着自己日常的衣冠面圣,"上许之"。

江充"日常"穿的是什么呢?

> 衣纱縠襌衣,曲裾后垂交输,冠襌纚步摇冠,飞翮之缨。

所谓"纱縠",即"纺丝而织之也。轻者为纱,绉者为縠",[1]似乎是今日的"泡泡纱"之类。襌衣指单层的衣服。这件"纱縠襌衣"的上衣和下裳是连在一起的,称为深衣。深衣大致分为直裾和曲裾:直裾深衣是指衣料单绕身体一圈,多为男子穿着;而多绕几圈的是曲裾深衣,能显出穿着者的形态婀娜之妙,多为女子所穿。江充"日常所穿"的竟是曲裾深衣。这件深衣的后衣襟交错裁成,分别垂挂在衣后两侧,如燕尾状,此为"交输"。[2]江充行走之时,"交输"在身后翩然飘动,雅致风流。他头上戴的冠也很独特,其上饰有飞鸟的长羽,羽毛走起来一步一摇,故名步摇冠,这是燕赵之地所流

---

1 《汉书》卷四五《江充传》。
2 《汉书》卷四五《江充传》张晏注:"曲裾者,如妇人衣也。"如淳注:"交输,割正幅,使一头狭若燕尾,垂之两旁,见于后,是礼深衣'续[续]衽钩边'。贾逵谓之'衣圭'。"苏林注:"交输,如今新妇袍上挂全幅缯角割,名曰交输裁也。"

行的一种冠。[1]《晋书·慕容廆载记》说："时燕代多冠步摇冠。莫护跋见而好之，乃敛发袭冠，诸部因呼之为步摇。其后音讹，遂为慕容焉。"东晋十六国时期，鲜卑慕容氏的祖先莫护跋特别喜爱步摇冠，大家都叫他步摇，时间长了以讹传讹，与步摇音近的慕容竟成了他的姓氏。[2]

从以上描述来看，江充面圣所穿的这一身衣服，绝不可能是他的"日常"穿着，他是要向武帝展示汉朝"时尚之都"邯郸的"时装"。而且他是个非常好的"衣服架子"——"为人魁岸，容貌甚壮"。这身装扮果然打动了天子，"帝望见而异之，谓左右曰：'燕赵固多奇士。'"。给武帝留下上佳第一印象的江充，内里也有才学，"既至前，问以当世政事，上说之"。[3]有才有貌，正如韩嫣、李延年辈，当然能得天子欢心。

从江充见武帝一事，更能明显看出他的整个行动是有人在指点的。不是所有上书成功的人天子都会接见，江充如此幸运地被接见，竟然还敢穿着如此个性，似乎他笃定武帝会爱这样的装扮。把这一切都解释为江充个人的运气、判断与决策，似难让人信服。种种迹象显示一定有很能拿捏武帝的人在帮助他、指导他。

这个人是谁？

从受迫害者到酷吏

前文已述，从战国时期开始，赵地女子善歌舞，常嫁入王侯之

1　孙机：《步摇、步摇冠与摇叶饰片》，《文物》，1991年第11期。
2　田立坤：《步摇冠源流考察》，《北方文物》，2021年第6期。
3　《汉书》卷四五《江充传》。

家，男子亦尚美姿容。到了西汉时，赵地擅长歌舞的女子，多为皇室所爱幸。在《汉书·外戚传》的记载中，西汉后宫受宠幸的女子来自赵地的有16人，多达半数以上，而其中出自倡户、以歌舞见长的，不在少数。[1] 皇家如此，诸侯之家此风更盛。这种现象，在赵地造就了一个"产业链"，无数的赵地女子们，盼望着进入王侯之家甚至是长安的后宫，一旦获得宠幸，家族鸡犬升天、飞黄腾达。最典型的例子就是李夫人。李夫人善歌舞，美姿色，嫁入帝王之家；李延年被归入《佞幸传》，除了音乐造诣高，想必也是美姿容。

"赵女""邯郸倡"的身影北至长安，南至南越，成为一个独特的群体。[2] 而这一群体背后的关系想必是错综复杂。

江家也是赵地人。

江充家的籍贯、家庭结构和李夫人家高度相似，极有可能也是倡户，江家活脱脱就是"低配版"的李家。或许他们早年就有交集，又或许江充到长安之后，通过联系在京的赵人团体、倡户团体攀附上了李氏，江充告御状的成功极有可能是得到了李家的帮助。这样的猜测虽然没有史料可以直接证明，但是它提供了一条思路，使得江充格外顺遂的复仇之路能得到解释，也使江充日后与太子的冲突得到解释。它不是唯一合理的思路，历史未必是照这个剧本上演的，但是它是可能的思路，目前没有任何史料可以否定它。史料的空白处，意味着历史的多种可能。[3]

借助李氏的力量，江充的复仇也只是取得了部分成功。

1　白兆晖：《论西汉后宫宠幸暨赵女现象的成因》，《邯郸学院学报》，2007年第1期。
2　方诗铭：《战国秦汉的"赵女"与"邯郸倡"及其在政治上的表现》，《史林》，1995年第1期。方诗铭特别提及，"邯郸倡"不仅指出身邯郸的倡女，还包括赵地其他地方的倡女。
3　如方诗铭先生便认为，江充是李氏集团的重要人物之一。见其论文：《西汉武帝晚期的"巫蛊之祸"及其前后——兼论玉门汉简〈汉武帝遗诏〉》，《上海博物馆集刊》第4期。

第八章　杀太子的刀　143

他并没有扳倒刘彭祖，刘彭祖在此案中置身事外，他上书愿为国家征匈奴的事业出力，以此为刘丹赎罪："臣愿选从赵国勇敢士，从军击匈奴，极尽死力，以赎丹罪。""上不许，竟败赵太子。"但是刘丹也没有被处死，而是羁押狱中，过了很久，太子丹遇赦得出。再以后，刘彭祖入朝，"因帝姊平阳、隆虑公主，求复立丹为太子，上不许"。刘丹身受一段牢狱之苦，并终不能恢复太子之位，这是江充复仇的成功之处。但是太子丹也并未被处死，刘彭祖没有被牵连入此案，赵国没有如其他诸侯国一样国除，地入汉为郡，这是成功不彻底之处。其中当有多重原因共同起作用，包括刘彭祖是武帝的同父兄弟，关系太近，且景帝诸子在武帝朝都没有因罪国除的例子。而从刘彭祖通过平阳公主和隆虑公主为其太子求情的细节来看，近支宗室互相庇护，也非江充以及他可能的后台李氏外戚所能轻易彻底撼动的，何况平阳公主的出现，背后似隐隐有卫氏的身影。

李氏帮助江充的目的，并非全为他个人的复仇，此事能办到多少是多少，重要的是得到他这个狠角色的同乡入伙。而江充也不负他们的期望。

江充在政坛初次亮相是自告奋勇出使匈奴。他身为赵人，身处匈奴与汉地冲突往来的前线，可能对匈奴有所了解。天子问他有什么特别的计策，他说："因变制宜，以敌为师，事不可豫［预］图。"[1]这是活脱脱的冒险家、赌徒的姿态，也正是在武帝的时代，才盛产这样的人物。天子当然很欣赏，任命他为谒者出使匈奴。谒者本是"掌宾赞受事"之人，为天子引导进见者，传达信息，[2]在这里意同使者。我们不知道他去匈奴执行什么使命，也不知道他此行如

---

1 《汉书》卷四五《江充传》。
2 《汉书》卷一九上《百官公卿表》。

何"因变制宜",任务完成得如何。回长安之后,他就被拜为直指绣衣使者,职责为"督三辅盗贼,禁查逾侈"。[1]能"逾侈"者,必然是贵戚宗室,江充得任此职,必然与天子看到了他苦斗赵王父子所展现的勇气、决心、谋略有关。

如前所述,江充不负天子期望,不避权贵,有勇有谋,成为武帝朝茁壮成长的酷吏群体中的佼佼者。

酷吏起于景帝朝,大盛于武帝朝,是西汉中期政治的特有现象。酷吏群体的兴起,主要是针对天下承平日久后,贵戚骄奢犯法屡禁不止的现象。

顾名思义,酷吏之所以能得此名,是因为他们的手段甚为残酷。这并非后人的评价,在当时人们就是这样认为的。司马迁在《史记》中,专门立《酷吏列传》这一篇目,对这类人进行记述。这些酷吏执法严苛,若为一地太守,可兴株连数万人、连坐上千家的大狱,处罚也很残酷,罪重者常遭灭族之灾。

酷吏们如此行事,是因为他们这样的行动,大多都会获得皇帝的支持和嘉奖。他们用残酷的手段向皇帝展示忠诚,在皇帝的认可下"直法行治,不避贵戚",最终达成皇帝的目的:打压贵戚、豪强,让他们人人惴恐。

行事残酷,只忠于皇帝,打击权贵豪强——这就是酷吏最大的特点。在江充之前,已有不少酷吏,不过江充的表现丝毫不逊于他的"前辈"。敢于惩治公主和太子的车驾,逼迫众多贵戚、近臣纳钱赎罪,皆是江充酷吏作风的例子,而他也因此受到武帝的赞许。江充处置太子家使,太子对他的请托肯定被他第一时间禀告了武

---

[1] 《汉书》卷四五《江充传》。

帝，所以武帝才会说："人臣当如是矣！"从此更被武帝信用，"威震京师"。

江充的官职"直指绣衣使者"，则是在武帝使用酷吏的背景下出现的。"上以法制御下，好尊用酷吏，而郡、国二千石为治者大抵多酷暴。"[1]以不节制的暴力作为统治的基础，只能收得民众一时的恐惧，时间略长后，百姓避无可避，便轻于犯法。天汉二年（前99年），"吏民益轻犯法，东方盗贼滋起"：大的规模至数千人，攻陷城邑，擅取仓库兵器，释放牢狱罪犯，囚禁郡太守、都尉，杀二千石官员；小的以百数为一伙，在乡里劫掠，阻塞道路。武帝刚开始使用常规途径，派御史中丞、丞相长史督促各地处理，但是已经不可禁止了。于是武帝派光禄大夫范昆及原九卿张德等人穿着御赐的绣衣，持节和虎符，发兵镇压，大肆杀戮。大的郡斩首有至万余级的，此外因为与造反者同行、同饮食而连坐者，各郡多的也有数千人。镇压耗时数年，为首者大多或捕或诛，剩下的散卒往往聚党依山川险阻为寇，官吏也无可奈何。[2]

其中也有异类。济南人王贺亦为绣衣御史，负责在魏郡捕盗，但是"多所纵舍"。这样就无法完成捕盗任务，后以奉使不称职被免，他感叹："吾闻活千人，子孙有封，吾所活者万余人，后世其兴乎！"王贺认为他帮助活下来的多达万人，自己的子孙后代应因此而得到福报。他有个孙女叫王政君，有个曾孙子叫王莽，王氏满门封侯者无数，直至夺了武帝子孙的天下，建立新朝，但最后也被灭族。不知这算不算"兴"。

江充肯定算是努力、积极的直指绣衣使者。所以在太始三年

1　《资治通鉴》卷二一，天汉二年。
2　《资治通鉴》卷二一，天汉二年。

（前94年），他升任水衡都尉。[1]水衡都尉掌管皇家禁苑上林苑，并管皇室财政、铸钱等事，非天子至为信任者不能得任，并且地位崇高，秩比二千石。[2]

被迫害者江充，转变为有合法迫害权的酷吏，其间有他个人的努力和际遇的因素，也应当有他归属其中的团体的提携，这个团体，只有可能是李氏。李氏对他的提携不是不计回报的，在关键的时候，会用得上他。

1　《资治通鉴》卷二二，太始三年。
2　《后汉书·百官志三》："孝武帝初置水衡都尉，秩比二千石。"关于水衡都尉的职责和地位，详参杜汉超：《汉代水衡都尉初探》，《赤峰学院学报（汉文哲学社会科学版）》，2014年第9期。

第九章
巫蛊再起公孙丞相

从是殆矣

李广利出征大宛的第二年，太初二年（前103年）三月，武帝以太仆公孙贺为丞相，封葛绎侯。[1]

公孙贺，字子叔，他出身显赫，少年从龙，青年附凤，中年位极人臣。而且他还有一个独特的身份：他应该是卫青逝后卫氏外戚集团的领袖。

公孙贺不是汉人，是义渠人。义渠是西北游牧部族的一支，活动范围大致在今甘肃庆阳、宁夏固原一带，于汉属北地郡。他们曾建立义渠戎国，与春秋战国相始终。秦昭王三十五年（前272年），秦伐灭义渠戎国，其众一部北遁，逐渐融入匈奴，一部留在原地，归化为秦民。义渠长于骑射，自古号为强种，入汉之后，成为汉军骑兵的重要来源。[2]

公孙一姓应是义渠贵种，世代为将。公孙贺之父公孙浑邪曾从

---

1 《史记》卷二二《汉兴以来将相名臣年表》。
2 如《汉书》卷四九《晁错传》言："今降胡义渠蛮夷之属来归谊者，其众数千，饮食长技与匈奴同，可赐之坚甲絮衣，劲弓利矢，益以边郡之良骑。"

周亚夫平吴楚七国之乱，有功封平曲侯；[1]后任典属国一职，负责处理与周边各族的往来事务，秩中二千石。[2]

公孙贺少年时以骑士从军，数有功。依照汉朝笼络异族高门的政策，武帝为太子时，公孙贺入太子宫为太子舍人。公孙贺应深得刘彻的信任赏识，所以刘彻甫即位，便立刻任命他为太仆，太仆地位崇高，为九卿之一。更重要的是，太仆的职责是为天子掌舆马，天子以"大驾"的仪仗出行时，太仆要亲自为天子驾车。当年高祖刘邦的太仆夏侯婴，就是和高祖在沛县一起长大的密友，高祖赴项王的鸿门宴，仓促离开时只带了四个护卫，其中有樊哙，还有夏侯婴。[3]所以太仆之位，既贵且幸，非极其亲近信任之臣不能得任。公孙贺在武帝即位之初即得太仆之位，前途不可限量，此为少年从龙。

公孙贺从元光二年至元鼎六年（前133—前111年），二十余年间，六次从军击匈奴。但是，公孙贺的军事指挥才能似乎并不杰出。元光二年，他为轻车将军参与马邑之战，无功；元光六年（前129年），再封轻车将军，出云中，再无功。汉家成法，"非军功不侯"，天子再爱他，也不能轻易为他破例。直到元朔五年（前124年），他以骑将军从车骑将军卫青出击，俘获匈奴王，终于有功，立刻得封南窌侯。可这只是昙花一现，元朔六年（前123年）、元狩四年（前119年），他两次以左将军随大将军卫青出定襄，皆无功。元鼎五年（前112年）的酎金案，公孙贺也牵涉其中，此案夺爵一百余人，武

---

1 《史记》卷一一一《卫将军骠骑列传》。《汉书》卷六六《公孙贺传》作"公孙昆邪"，且称二人为祖孙关系。
2 《汉书》卷一九上《百官公卿表》："典属国，秦官，掌蛮夷降者。"
3 《史记》卷七《项羽本纪》："当是时，项王军在鸿门下，沛公军在霸上，相去四十里。沛公则置车骑，脱身独骑，与樊哙、夏侯婴、靳强、纪信等四人持剑盾步走，从郦山下，道芷阳间行。"

帝不可能为他一人网开一面，公孙贺因此失侯。不过之后不久，武帝安排他以浮沮将军出五原击匈奴，此时匈奴已经元气大伤，看来武帝就是要为他安排封侯的机会，可是他出塞二千余里，未遇匈奴，仍无功，不得封侯。

卫子夫得幸时，公孙贺娶其姐卫君孺，这一定是武帝的安排。之后数次出征他都是在卫青麾下，武帝的意思非常清楚，公孙贺既是天子的亲信，又是卫氏外戚的成员，未来要成为辅佐太子刘据的核心力量。这是中年附凤。

所以太初二年（前103年）丞相石庆病死后，武帝就任命公孙贺继相，并援引公孙弘的先例，让公孙贺因拜相而封侯，终于解决了他的爵位问题，这再次展现了天子对公孙贺的信任与关爱。

可是，公孙贺接到诏命时竟然"不受印绶"，不接受丞相之职。他推辞的理由是："臣本边鄙，以鞍马骑射为官，材诚不任宰相。"公孙贺说自己是出身边塞的骑射之士，冲锋陷阵万死不辞，但是没有做丞相的才能。这个理由在唐以后文武分途的环境下还说得通，可是在汉时就不充分了。高祖为政以及吕后称制时的丞相中，曹参、王陵都是鞍马定天下的良将；文景二朝的丞相中，周勃、灌婴、申屠嘉、周亚夫都亲自带兵作战；本朝在公孙贺之前也有领过兵的窦婴、李蔡为相：出将入相本是寻常事。

那么公孙贺是在礼节性地推辞吗？似乎并非如此，他"顿首涕泣"，表现出浓烈真诚的悲哀，把天子与左右随侍之臣都感动了，甚至流下眼泪，天子让左右"扶起丞相"，他仍称公孙贺为丞相，就已经表示了拒绝辞让的意思。按常理，此时公孙贺就必须接受了，可是他竟然还是坚不受命，跪伏在地不肯起来。武帝这才明白公孙贺不是说客气话，是真心不想干，大怒，起身拂袖而去。事情到了这般地步，公孙贺再推辞就是犯上了，于是"贺不得已拜"。

丞相是外朝最高领袖，地位崇高，一人之下，万人之上。公孙贺何以畏之如虎？出来之后，其他人问他原因，公孙贺说："主上贤明，臣不足以称，恐负重责，从是殆矣。"[1]

汉初丞相萧何、曹参、王陵、陈平等人，与高祖的关系其表为君臣，其里是合作，所以丞相地位尊崇，萧何甚至能"剑履上殿，入朝不趋"。[2]丞相有罪，依"将相不辱"和"将相不对理陈冤"的传统，不与廷尉对簿辩解，由天子示意自裁，[3]这也算是对丞相的一种"优待"。

与其崇高地位相匹配的，是丞相极大的权力。陈平说："宰相者，上佐天子理阴阳，顺四时；下育万物之宜，外镇抚四夷诸侯，内亲附百姓，使卿大夫各得任其职焉。"[4]丞相最重要的职责有五项，一为为国选官。萧何推荐韩信为大将军，晚年又推荐曹参接替自己为相。二为弹劾百官与诛罚有罪。文帝宠臣邓通对丞相申屠嘉怠慢无礼，申屠嘉以不敬丞相之罪，行文召邓通至丞相府欲杀之，邓通不能不去，文帝得知后派使者向申屠嘉赔罪，邓通才得放还。三为主管郡国上计考课，即主管全国财政赋税。四为总领百官朝议与奏事。灭诸吕后，大臣共谋召立代王，便是由丞相陈平领衔上奏。即便是在武帝朝之后，昭帝时政出霍光之门，但是群臣集体上奏时领衔的还得是丞相杨敞，霍光只能列名三公之后。五为对皇帝诏令的封驳与谏诤。吕后欲封诸吕为王，右丞相王陵就以白马之盟"非刘

---

1 《汉书》卷六六《公孙贺传》。
2 《史记》卷五三《萧相国世家》。
3 如武帝时的三公，赵绾、王臧、李蔡、赵周、庄青翟，有罪下狱皆自杀，不对狱吏。
4 《史记》卷五六《陈丞相世家》。

姓不王"为由，不予附议，真要等到王陵罢相后，吕氏方得封王。[1]

但是到武帝亲政之后，君权日张，相权日削。一方面是与高祖一起打天下的功臣集团凋零殆尽，尽管朝廷还尽量延续以功臣后代为相的传统，但是毕竟他们只是继承祖辈余荫，没有底气与天子抗衡。另一方面，功臣后代们的能力也普遍不如父祖，"及今上时，柏至侯许昌、平棘侯薛泽、武强侯庄青翟、高陵侯赵周等为丞相，皆以列侯继嗣，娖娖廉谨，为丞相备员而已，无所能发明功名有著于当世者"。[2]这是他们的同代人司马迁的评价，应该代表了时人的共识。庸庸碌碌的丞相遇上雄才大略的武帝，自然更为气短。

武帝朝最后一位出身功臣后裔的丞相是薛泽，他当了七年丞相，可能是武帝对功臣后裔群体不再有耐心，在薛泽之后提拔了毫无根基的民间儒者公孙弘为相，为了不破坏惯例，拜相之后特意封侯。公孙弘为相时已年近八旬，他"外宽内深"[3]，行事谨慎小心，察言观色，时时窥测上意，他自己虽在相位上得以善终，丞相却自此由具有一定独立地位的社稷之臣，向以天子之意为意的重臣进一步嬗变，可说为武帝后来可以轻易杀丞相埋下了祸根。

公孙弘之后，相位始危。李蔡是李广的堂弟，元朔五年（前124年）为轻车将军，从大将军卫青出朔方击匈奴右贤王，有功，封为乐安侯。元狩二年（前121年）中，代公孙弘为丞相，元狩五年（前118年）坐"侵卖园陵道壖地，自杀"[4]。庄青翟，以太子少傅为相，坐与御史大夫张汤相争，自杀；赵周，以太子太傅为相，在酎

---

[1] 参见王连旗：《试论西汉丞相制度的演变》，《开封大学学报》，2010年第4期。
[2] 《史记》卷九六《张丞相列传》。
[3] 《史记》卷一一二《平津侯主父列传》。
[4] 《史记》卷一〇九《李将军列传》；《汉书》卷一七《景武昭宣元成功臣表》。

金夺爵案中因知情不报下狱，自杀；[1] 石庆，刘据为太子后的第一任太子太傅，以御史大夫为相，虽终于相位，但其间数有罪被谴。[2]

这四人是公孙贺之前的四任丞相，三人不得善终，剩下一人虽百般小心，仍然得罪被谴。这么一番梳理，方可理解公孙贺为何要"顿首涕泣"、为何要说自己"从是殆矣"。

但这些只是结果，李蔡、庄青翟、赵周身死，都有种种事先预想不到的原因，武帝任命公孙贺为丞相之初，也并非要害他，陷他于必死之地。

从元狩二年（前121年）李蔡为相到太初二年（前103年）公孙贺拜相，近二十年间四位丞相，都与太子刘据有关。他们或为卫青部将，或为太子师傅。虽然随着卫霍去世，李氏外戚有崛起之势，但太初二年正是李广利征大宛失利，待罪敦煌之时；李延年、李季又在此前后得罪宫廷被处死。李氏外戚此时看起来似已不堪再用。此时武帝选择公孙贺为相就很微妙：看来武帝暂时搁置了易储的心思，继续使用与太子有关联的人为外朝领袖，以保证未来政权的连续性。事实也是如此，一年年过去，内外朝政虽暗流涌动，李广利虽然后来成为本朝军事征伐的主将，但公孙贺的相位也很稳固，到征和二年（前91年），他已经做了十二年的丞相，这在本朝是没有先例的。或许在相位上的后来几年，他有时还会笑话自己当初"顿首涕泣"的失态。

不当哭的时候哭，不当笑的时候笑的人，不只公孙贺，这是世人的常有之态。

---

1 《史记》卷二二《汉兴以来将相名臣年表》。
2 《汉书》卷六六《公孙贺传》："石庆虽以谨得终，然数被谴。"

巫蛊预演

征和二年发生的事，其实是有种种预兆的。

公孙敖，北地义渠人，少年入建章宫为骑郎。以此来看，他和公孙贺一样，都出自义渠高门，极可能是非常接近的家族。不同的是，公孙贺做了太子舍人，攀上天子这条线，而公孙敖则与卫青结下过命的交情，拼死从窦长公主手里救出卫青。殊途同归，二人最后都与卫氏外戚产生关联，都可算是卫氏外戚集团的一员。公孙敖的军事素质也一般，他随卫青、霍去病多次出征匈奴，除了元朔五年有功封合骑侯外，其他几次不是兵败就是失期，有两次按律当斩，都赎为庶人。天汉四年（前97年），李广利为主帅出征匈奴，公孙敖以因杅将军自领一路，又无功，"至余吾，亡士卒多，下吏，当斩"。不知为何，这一次他没有再花钱赎罪，竟然诈死逃亡，隐匿于民间五六年，后被发觉，再次系捕于狱。就在这时，他的妻子被告发行巫蛊事，公孙敖被处腰斩，其家被族诛。《资治通鉴》将此事记在太始元年（前96年）正月，但与《史记》《汉书》"诈死，亡居民间五六岁"的记载不合。[1] 天汉四年之后的五六年，应是征和元年（前92年）或者二年（前91年）。

"征和"意为"征伐四夷而天下和平"。[2] 然而征和元年，天下却并不和平，长安城血雨腥风。

公孙敖坐其妻巫蛊而腰斩族灭，可能就发生在这一年的春天。但这只是前奏，或者说是预演。

这一年的夏天，大旱，又是一场预兆不祥的灾异。

---

1 《史记》卷一一一《卫将军骠骑列传》；《汉书》卷五五《卫青霍去病传》。
2 《汉书》卷六《武帝纪》应劭注。

这一年的冬天，武帝居于建章宫，竟然撞见一男子带剑走入中龙华门，天子"疑其异人"，是"异人"而不是"歹人"，说明武帝并没有将此人看作一般的刺客，而是背后有妖法在驱使，下令抓捕。男子扔下剑就跑，侍卫们竟然没抓到人，这可能更让武帝坚信此人是"异人"。他大怒，斩杀中龙华门的门候。建章宫位于上林苑中，上林苑方圆数百里，遍布山川沼泽，他命令发动三辅骑士大搜上林苑，并紧闭长安城门大索。持续十一日方才解除搜索，但是仍然没有抓到此人。这一不同寻常的事件让武帝感到不安。[1]

武帝最近几年病痛日多，这和他的年纪有关，征和元年他已经六十五岁了，这在当时已是高龄。景帝崩时年四十八岁，文帝崩时年四十七岁，高祖出生之年不详，驾崩之时或年六十二岁，或年五十三岁。[2] 武帝和父祖比，已算高寿。而且他向来"多欲"，这对他的健康未必没有影响。可是他自己把病痛归咎于有人用巫蛊诅咒他，"异人"的突然出现和莫名消失可能更让他坚信其事，他甚至开始怀疑身边所有的人都在行巫蛊之事迫害他，都在用各种神神怪怪的方法诅咒他。《汉书·武五子传·戾太子据》说："是时，上春秋高，意多所恶，以为左右皆为蛊道祝诅，穷治其事。"

所以，"异人"事件后，"巫蛊始起"。真正的第一个巫蛊大案就是丞相公孙贺灭门之案。

这个案子是由一个贪污案引起的。公孙贺与卫君孺育有一子，取名公孙敬声。从卫子夫元光三年（前132年）得幸推算，他此时应在四十岁以内，子承父位，早早地当上了太仆。以他的出生背景，

---

1 《资治通鉴》卷二二，征和元年。此事原载于《汉武故事》，为司马光所引。
2 关于刘邦的生年，参见曾维华：《汉高祖刘邦生年考》，《上海师范大学学报》，1993年第4期。

自然容易有宗室权贵惯有的毛病——"骄奢不奉法"，可是他做得太过，竟然"擅用北军钱千九百万"。[1] 武帝此时正在绞尽脑汁地从全国搜刮财物，以支持李广利征大宛、伐匈奴，甚至为此引得天下民变四起。作为皇亲国戚、天子近臣的太仆不但不为天子分忧出力，还在天子眼皮下挪用军费。案发后公孙敬声下狱，武帝应该极为愤怒，因为这一次一切人情关系都没能救出公孙敬声，皇后卫子夫的外甥，太子的表兄弟，天子发小的儿子，给皇帝驾车的太仆，这些平日尊贵无比的身份此时统统失去效力。汉朝本有以钱赎罪的办法，但是这次似乎也不起作用了。

公孙贺为了救子，情急之下想到了立功赎罪一途。"是时，诏捕阳陵大侠朱安世甚急，贺自请逐捕安世以赎敬声罪，上许之。"[2] 天子下诏捕拿一个叫朱安世的游侠，此人是阳陵人。史料就留了这么一点儿有限的信息，至于朱安世有何事迹、惹了什么麻烦，竟然要惊动天子"诏捕"，统统没有交代。

侠是困扰长安治安的大问题。侠可能是从春秋战国时期的"士"分化出来的一个群体，所谓士之武者为侠。[3] 春秋以来固化的社会阶层在群雄逐鹿、以力争胜的战国时代瓦解冰消，侠以武力才能依附于贵族，搏身前之富贵，身后之声名，如曹沫、专诸、豫让、聂政、荆轲之辈。等而下之者则为"布衣之侠""匹夫之侠""乡曲之侠""闾里之侠"，待时而动。韩非说"侠以武乱禁"，而暴力只能为政权所垄断，一切大一统的政权都不能容忍侠的存在。秦朝颁布了《游士律》，大力打击游侠，但秦的统治为时短暂，陈胜起于大

---

1 《汉书》卷六六《公孙贺传》。
2 《资治通鉴》卷二二，征和元年。
3 顾颉刚：《武士与文士之蜕化》，载《史林杂识初编》，中华书局，2005年。

泽，天下响应，参与其中的很大一部分人都是因受《游士律》打击而蛰伏的游侠辈。观《史记》中的《项羽本纪》《高祖本纪》等篇，各地参与起事的一个主要群体是邑中"少年"，这些"少年"就是"乡曲之侠""闾里之侠"。[1]刘邦的开国功臣群体中许多人和游侠关系密切，或者本身就是游侠。项羽麾下大将季布在战场上数次使刘邦陷入困厄，刘邦恨之入骨，汉立国后以千金悬赏缉捕季布，窝藏季布者灭三族。大侠朱家乘马车至洛阳去见刘邦的发小汝阴侯夏侯婴，为季布开脱。夏侯婴"留朱家饮数日"，并找机会在刘邦前为季布开脱，完成朱家之托，季布得任为郎中。[2]由此可见，高祖时侠的影响力很大，朝廷对游侠也比较宽松。

但是随着国家政局的日渐稳定，尚武任气的侠越来越不能为政权所容忍，特别是，侠的问题在本该防范最森严的长安最为突出，对首都的治安带来了严重的威胁。之所以如此，还和高祖以来持续施行的"迁豪"政策有关。立国之初，为削弱关东旧贵族豪强的势力，把他们强制迁移到长安，在高祖的长陵设邑安置。此后，出于"强干弱支"的目的，这一政策持续施行，每一座皇陵所在之地都设邑，并迁关东豪强于此。[3]武帝时，主父偃就上书言："茂陵初立，天下豪杰并兼之家、乱众之民，皆可徙茂陵，内实京师，外销奸猾，此所谓不诛而害除。"[4]武帝从其言。建元三年（前138年），"赐徙茂陵者户钱二十万，田二顷"。元朔二年（前127年），"又徙郡国豪杰

---

[1] 王羽：《论战国秦汉游侠阶层对社会秩序的建构》，《今古文创》，2022年第25期。江淳：《西汉游侠与京师治安》，《社会科学家》，1987年第5期。
[2] 《史记》卷一〇〇《季布栾布列传》。
[3] 《汉书》卷二八下《地理志》："汉兴，立都长安，徙齐诸田，楚昭、屈、景及诸功臣家于长陵。后世世徙吏二千石、高訾富人及豪桀并兼之家于诸陵。盖亦以强干弱支，非独为奉山园也。"
[4] 《史记》卷一一二《平津侯主父列传》。

及赀三百万以上于茂陵"，"赀三百万"是指资产三百万钱的家庭，这是一个门槛，超过这个数的家庭才有资格，也必须迁入茂陵。太始元年（前96年），"徙郡国吏民豪杰于茂陵、云陵［阳］"。[1]这个政策长期施行的结果是，长安附近充斥着全国的富豪雄杰，"是故五方杂厝，风俗不纯。其世家则好礼文，富人则商贾为利，豪杰则游侠通奸"。[2]他们给长安带来空前繁华的同时，也使首都充斥着各种不安定因素。

所以武帝任用酷吏严厉打击游侠，甚至以侠治侠。王温舒"少时椎埋为奸"，即做盗墓的勾当，对地方的游侠豪猾十分了解，成为酷吏后，对地方豪强的打击又准又狠，"捕郡中豪猾，郡中豪猾相连坐千余家"。[3]

就是在这样的背景下，天子诏捕大侠朱安世。天子抓不到的人，丞相公孙贺却抓到了。

可是他低估了朱安世。朱安世知道丞相要抓捕他时笑着说：

丞相祸及宗矣！南山之竹不足受我辞，斜谷之木不足为我械。[4]

意思是说，丞相想用我的命来换他儿子的命，现在怕是他整个宗族都要罹祸了。南山的竹子全做成简都不足以写下他们的罪状，斜谷的木材做成桎梏都不够受此案牵连的人用。

朱安世何以如此嚣张？

1　《汉书》卷六《武帝纪》。
2　《汉书》卷二八下《地理志》。
3　《史记》卷一二二《酷吏列传》。
4　《汉书》卷六六《公孙贺传》。

最有名的侠一定是和上层权贵有利益交往的，权贵要借助游侠获巨利，游侠须交通权贵逞其强。长安有全国最多、最大的权贵，又在短期内迁入全国的游侠豪强，其间的勾兑发酵可想而知。元朔二年那次的豪强迁茂陵中，河内郡大侠郭解就在名单上，他不愿意去，便托卫青向武帝开脱。卫青对天子说："郭解家贫，财实不满三百万，不应在被迁的名单中。"天子看了卫青一眼："郭解一介布衣，权能使大将军为他开脱，此可证其家不贫。"[1]这番话极透彻，说得卫青无可辩驳，此刻的卫青一定汗透重衫。郭解一介布衣，能使大将军卫青为他开脱，除了可见他家不贫外，更可见他的势力，可见侠与权贵来往的密切。朱安世作为天子亲自诏捕的大侠，与京中的权贵必然有密切的往来交通，甚至不乏利益纠缠，他必定掌握许多长安权力场最核心的秘密，必要时用来自保。

即便朱安世没有掌握公孙贺一家的秘密，光是公孙贺能抓住朱安世一事即可在武帝那里引起怀疑：没有为公孙敬声赎罪之事，即便是朕下诏，整个行政体系都抓不到他，现在你有需要，人立刻就能抓得到。你过去是不是消极对待朕的诏令，甚至你是不是和朱安世有关联，原来在保护他，现在才把他抛出来？从戳破卫青为郭解开脱一事来看，武帝对臣子的疑心远超常人，后人站在他的角度能想到的疑点，他想得必定更多更细。所以公孙贺在情急之下出手，便失策了。

朱安世果然从狱中上书告发公孙贺，罪状有两条。一是公孙敬声与阳石公主私通。《史记》《汉书》都没说阳石公主的生母是谁，唐初颜师古为《汉书》做注，称诸邑和阳石公主都是卫子夫的女

---

1 《史记》卷一二四《游侠列传》。

儿，唐玄宗时的司马贞在《史记索隐》中称卫子夫的三个女儿为诸邑、石邑及卫长公主，[1]但不知二人依据为何，因为《史记》和《汉书》只载卫子夫生三女一子，并未写明三个女儿的封号。无论如何，当时宗室私通之事世人见怪不怪，这也算不得什么。阳石公主如果是卫子夫的女儿，此时应该四十多岁，或许寡居，她的姑姑平阳公主在她这个年纪的时候何等风流。而且此事也只是罪及于公孙敬声，不至祸及他人。

致命的是第二条："使人巫祭祠诅上，且上甘泉当驰道埋偶人，祝诅有恶言。"[2]借助太仆掌握天子去甘泉宫行踪的便利，让巫者在驰道上埋下人偶，行巫蛊诅咒天子，其中有恶毒的言辞，可能就是诅咒天子速死之类。

巫蛊是武帝最见不得的东西，当年因为巫蛊废了陈皇后，刚刚又因此族诛公孙敖一家，现在丞相家竟然也行巫蛊诅咒他。

征和二年（前91年）春，正月，公孙贺因此下狱。武帝时酷吏当道，除非天子格外关照，大臣下狱很少有能证得清白的。果然，"案验"，"巫蛊诅咒上"查证属实。公孙贺父子死于狱中，其家被族诛。"异人"案发生在征和元年的冬天，从史书记载的顺序来看，公孙敬声案发在其后，再此后是朱安世被捕及告发公孙贺，这许多关节竟然快刀斩乱麻一般在两到四个月间快速推进，第二年正月公孙贺就身死族诛。丞相是国之重臣，百僚之首；公孙贺是陪伴天子长大的发小，是他妻族的核心。天子对于他的处罚何其之速，竟让

---

[1] 《汉书》卷六《武帝纪》颜师古注："诸邑，琅邪县也，以封公主故谓之邑。阳石，北海县也。主[二]公主皆卫皇后之女也。"《史记》卷四九《外戚世家》："而子夫后大幸，有宠，凡生三女一男。"《索隐》："谓诸邑、石邑及卫长公主后封当利公主是。"
[2] 《汉书》卷六六《公孙贺传》。

人有必使其死之而后快之感。

此案待解的疑惑甚多。其一，公孙贺为何要行巫蛊诅咒天子？他已经稳坐了十二年相位，武帝朝从未有任职如此长的丞相，他是感受到什么危险了吗？这危险是针对他自己还是针对他背后的卫氏外戚？

其二，公孙贺与朱安世到底有无关系？朱安世知道公孙贺要捕他为公孙敬声赎罪后，"笑曰：'丞相祸及宗矣！南山之竹不足受我辞，斜谷之木不足为我械。'"。从这一描写来看，朱安世不是惊惶，不是想着如何逃脱，也没有临时紧急筹划反制方案。他的反应更像是早就料到有这一天，早就准备好了应对之策，极其从容。

其三，公孙敬声与阳石公主私通之事可能早在上层权贵中流传，朱安世得知不足为奇。但是于驰道埋人偶诅咒之事上，如果真有其事，一定是极为隐秘的，朱安世如何得知？而且他如何知道诅咒之辞中的恶言是什么？

其四，此案似乎就以公孙贺家破结束了，朱安世的下落史书一笔未提。

要解释以上疑点，只有两个可能答案：一个是朱安世与公孙贺极其亲密，参与了巫蛊诅咒之事；另一个是有人告诉他。若是后者，那么这个人是谁？他与公孙贺是何关系，能得知此种秘事？知道此事，又为何要告诉朱安世？又或许，人偶就是这个人埋下去的，诅咒之事是他编造的，目的是借朱安世之口掀起大案。

公孙贺之案应当轰动了长安，可是当时没有人想得到，这不过只是一场预演。在征和二年，巫蛊将如瘟疫一般，越查越多，不可收拾。整个征和二年，帝国将笼罩在血雨腥风之中，直至天子之家父子反目，夫赐妻死，万人授命，血浸长安，方得暂歇。

从此以后，卫氏的噩梦开始了。而与此形成鲜明对比的，是李氏集团的蒸蒸日上，除了内朝的江充，李氏在外朝也占据了巨大的政治资源。公孙贺死后，武帝以涿郡太守刘屈氂为左丞相，刘屈氂是李广利的儿女亲家。

第十章
不安的太子

《公羊》与《穀梁》

公孙贺一家被族诛后，虽然诏书说"狱已正于理"，表示已经结案，但朝中人人都明白，此案仍未了。因为诏书公布的罪状与朱安世举报的两条内容并无关联，诏书说：

> 故丞相贺倚旧故乘高势而为邪，兴美田以利子弟宾客，不顾元元，无益边谷，货赂上流，朕忍之久矣。终不自革，乃以边为援，使内郡自省作车，又令耕者自转，以困农烦扰畜者，重马伤秏，武备衰减；下吏妄赋，百姓流亡；又诈为诏书，以奸传朱安世。[1]

三条罪状：一是说公孙贺倚仗与天子的故旧关系登上高位，却不思为苍生谋福祉，而是一心钻营私利，贪污腐化；二是说他的边疆后勤转输政策有重大弊病，劳民伤财；三是说他用伪造诏书的方

---
[1] 《汉书》卷六六《公孙贺传》。

式诱捕朱安世。而作为此案起因的朱安世告发的两条罪状，即公孙敬声与阳石公主私通和公孙贺巫蛊诅咒天子，在诏书中并未提及。公孙贺一家被族诛后，对相关人等的追查仍在继续，阳石公主仍系狱不得出。满朝噤声蹑足，等待最终的结局。

三个月后，"夏四月，大风发屋折木"。[1] 刮起了能摧毁房屋、断折树木的大风，至于刮大风的地点在哪里，与之前的种种灾异一样，史书并未说明，如此地含糊其词只是想用儒家的天人感应来预示接下来的大风暴。

闰五月，此案衍生出了新的结果。阳石公主的罪名终于确定了，可是谁都想不到，和私通公孙敬声一事无关，她被指控犯下巫蛊之罪，甚至还牵出了两个重要人物：诸邑公主与长平侯卫伉，"诸邑公主、阳石公主及皇后弟子长平侯卫伉皆坐巫蛊诛"。天子和卫皇后的两个亲生女儿与已故大将军卫青的长子长平侯卫伉竟然合谋行巫蛊诅咒天子，如此重大而离奇的事件，其细节毫无记载，整个史籍中就是这寥寥几句。对于天潢贵胄、天子骨肉，武帝也毫不留情，一并处死。

这是本朝继陈皇后巫蛊案之后，第二起因后宫行巫蛊而兴的大案。

先是卫皇后的姐姐与姐夫、外甥，再是她的女儿、侄子，瞎子都看得出来，这是针对谁。庸人也都能猜到，事情既到了这一步，当下就远不是结局。

这些年来，太子刘据越来越感到不安。事情到这一步，他应该已对顺利继位绝望了吧，如果他头脑还清醒的话。

天子对太子的信任与感情是怎么发展到今天这样的呢？

---

1 《汉书》卷六《武帝纪》。

三十一年前，元狩元年（前122年），皇长子据被立为太子，时年七岁。武帝二十九岁才得皇子，大喜过望，为之立高禖之祭祀，并命文学侍臣东方朔、枚皋作祝辞。[1]高禖之祭是古人求子的祭祀，在《礼记》中便有记载，[2]在武帝之前，并未见有其进入秦汉皇家祭祀的记载。《续汉书·礼仪志》说："仲春之月，立高禖祠于城南，祀以特牲。"晋时的学者束皙解释说："汉武帝晚得太子，始为立高禖之祠。"看来是刘据的出生让武帝将生育之神列入了皇家祭祀。

太子成年之初，武帝对他很信任，有意识地培养他学习治国理政，每次离开长安，都将朝中之事交付给他，将宫内之事托付给卫皇后。太子遇事自主处分，待天子还朝，拣选大事禀报，天子每无异议，有时甚至不问。[3]

刘据为太子的第二年，元狩二年（前121年），丞相公孙弘薨于位，之后的历任丞相，直至公孙贺止，都是与太子有关联的人。李蔡虽是在卫青领军之前就已为将，但他是因为随卫青征匈奴而得封侯的。庄青翟、赵周、石庆为相前皆做过太子师傅，公孙贺是太子的姨父。从这些人事安排中可以看出，武帝在这个时期对刘据的储君之位是不做他想的。

可是，渐渐发生了一些不和谐的事情。父子之间的心结，原因总是错综复杂的，甚至其间许多曲折当事人都不能说清理明。梳理能见到的传世史料，其大端似乎有二：一是为政理念的分歧；二是储君之位潜在竞争对手的挑拨。

---

1 《汉书》卷六三《武五子传·戾太子据》。
2 《礼记·月令》："是月也，玄鸟至。至之日，以太牢祠于高禖。天子亲往，后妃帅九嫔御，乃礼天子所御。带以弓韣，授以弓矢，于高禖之前。"
3 《资治通鉴》卷二二，征和二年："上每行幸，常以后事付太子，宫内付皇后；有所平决，还，白其最，上亦无异，有时不省也。"

第十章 不安的太子

汉朝对太子的教育很重视，有逐步完善的东宫制度和教育体系。太子师傅的选择、教育内容的选取，常常由天子亲自决定。[1] 刘据成长到应接受经典教育的时候，武帝专门下诏指定要给他讲授《春秋公羊传》，可是太子既通《公羊传》之后，又私下问《春秋穀梁传》所说的是何意，两相比较，他竟更倾向穀梁之学。班固特意强调这一点，认为太子和其父为政理念的分歧与这一思想的分野有关系。

《公羊传》《穀梁传》与《左传》合称"《春秋》三传"，它们都是后人对《春秋》晦暗不明、语焉不详的文句所做的解释。《左传》更偏向解释《春秋》所涉及的历史事实，是一部史书。《公羊传》《穀梁传》则着重于阐发《春秋》的义理，可以看作政治理论著作。《公羊传》旧题为战国时齐人公羊高所撰，《穀梁传》旧题为鲁人穀梁赤所撰，二书因此而得名。《公羊传》原书失传，长期以来依靠口耳相传，至景帝时，才由齐人公羊寿和胡毋生分别写在竹帛上，其文字才固定下来。《穀梁传》的流传亦同，至西汉初期被人用隶书记录下来，方才定型。因为两书的作者、传播者和注录者分别是齐人和鲁人，所以《公羊传》在汉时被称为齐学，《穀梁传》被称为鲁学。二者的差异背后是齐文化和鲁文化的分野。[2]

简而言之，齐文化求变进取，鲁文化因袭守成。《公羊》《穀梁》二传也分别继承了两种文化的精神内核，因此二者对于春秋时期的政治思想，有着诸多不同的观点、角度解读。

《公羊传》《穀梁传》对孔子是不是一个改革者，认识完全不同，所以对于革新创制的主张也不同。《公羊传》大力阐发孔子改制

---

[1] 参见苏鑫：《汉代储君制度研究》，吉林大学博士学位论文，2016年；亢灵芝：《汉代太子教育初探》，陕西师范大学硕士学位论文，2013年。

[2] 宋艳萍：《从〈公羊传〉〈谷梁传〉的主要区别浅探齐鲁文化的差异》，《管子学刊》，1998年第4期。

的一面，认为孔子受天命为素王，他不泥古，夏时制、嫡子继承制、亲迎制、三田制、选举制、郊制这六项重要的制度都是经他亲手而订，改周之旧制，立《春秋》新制，行为万世法。《公羊传》阐释中的孔子，活脱脱的是一个改革者、创造者。而在《穀梁传》阐释中的孔子则一生痛心于礼崩乐坏，是周代宗法制度的坚定维护者，正统平和。

与对革新的态度相应，《公羊传》《穀梁传》对于周代的各种制度评价不一。世卿世禄制是西周固有的制度，《公羊传》讥世卿，尚贤能，其中自然蕴含"兴选举"的思想，为后世公羊家所发挥，开创了汉代的选士制度。《穀梁传》则维护周的既有制度，在《穀梁传》学说盛行的鲁国，政权世代由世家大族把持，甚至出现大夫专政、君权旁落的现象。

齐文化崇拜神仙灵魂，两汉时流行的谶纬之学，来源之一就是齐国稷下学宫学者邹衍的学说。他的阴阳五行、相生相胜之说可能是《公羊传》中"天人感应"思想的来源之一，"天人感应"再经董仲舒发挥，就成为一种灾异谴告论。鲁文化中则几乎没有谶纬的色彩，"子不语怪力乱神"，《穀梁传》也不言"非常异义可怪之论"，只是围绕周礼解经，从天子以至庶民，一切举止动静皆在周礼的规制之中，不需借助天命。

二者的差异并不只是高悬在学理辩论之中，而是落实到为现实政治做指引与辩护上。《公羊传》宣扬大一统，鼓吹大义灭亲，强调复国仇；而《穀梁传》讲亲亲尊尊，重视礼教，主张以民为本。[1]

---

[1] 参见吴涛：《论西汉的〈穀梁〉学——兼论〈穀梁〉与〈公羊〉之间的升降关系》，复旦大学博士学位论文，2007年；王刚：《学与政——汉代知识与政治互动关系之考察》，华东师范大学博士学位论文，2004年。

武帝时，《穀梁传》学派的代表人物是瑕丘江公，他跟随鲁地的申公学习《穀梁传》及《诗经》。武帝执政之初重用的御史大夫赵绾是申公的学生，在赵绾的推荐下，武帝以"安车蒲轮"从鲁地接申公到长安，要大兴儒学。[1]

　　董仲舒则是《公羊传》学派的代表者，他与写定《公羊传》的胡毋生都是景帝时的博士，据说他是从胡毋生处得受公羊学。

　　瑕丘江公与董仲舒大致是同时代的人，《穀梁春秋》与《公羊春秋》也正是在此时有了被选择成为国家意识形态的竞争机会。武帝让丞相公孙弘主持两人辩论二传孰优，史言，董仲舒"通《五经》，能持论，善属文"，是能言善辩、旁征博引的人。而江公"呐〔讷〕于口"，即口才不好，不擅与人争长短。这样，辩论的结果自然是江公"不如仲舒"。辩论的主持者公孙弘与董仲舒同属公羊学派，思想上本就倾向董仲舒，而辩论中董仲舒也确实占了上风，于是公孙弘就堂而皇之地判定董仲舒获胜，这也就意味着《公羊传》优于《穀梁传》。[2]于是武帝定《公羊传》为《春秋》的官方阐释版本，因而也就是汉朝的官方意识形态。

　　江公与董仲舒的这场辩论发生在元朔六年（前123年），[3]刘据生于元朔元年（前128年）春，辩论发生时他最大不过六岁，对这一辩论不可能有什么自己的看法。不过依制，再过两年太子就到该读书学习的年纪了。[4]既然《公羊春秋》已被钦定为本朝的官方意识形态文本，到了太子该读书的年纪时，武帝就指定太子学习

1　《汉书》卷六《武帝纪》。
2　《汉书》卷八八《儒林传·瑕丘江公》。
3　刘汝霖：《汉晋学术编年》卷上，华东师范大学出版社，2009年，第91页。
4　《后汉书》卷四八《杨终传》："礼制，人君之子年八岁，为置少傅，教之书计，以开其明；十五置太傅，教之经典，以道其志。"

《公羊春秋》。[1]

在《汉书·武五子传·戾太子据》中，对太子学习经历是这样记载的：

> 少壮，诏受《公羊春秋》，又从瑕丘江公受《穀梁》。及冠就宫，上为立博望苑……

太子在"少壮"之年开始学习《公羊传》。最初学习经典时，他对于《穀梁传》应该没有什么了解，可能是对父亲所安排的《公羊传》不喜欢，后来才私下去了解《穀梁传》。在接触到《穀梁传》的学说后，太子"善之"，更喜欢《穀梁传》所阐释的义理世界和所构建的理想社会。[2]

《穀梁传》对太子影响很大，不只是停留在思想上，已经表现在行事中。他常常劝谏天子，征伐四夷劳民过甚，武帝笑着对他说：朕给你扫平天下，留给你一个清静国土，不好吗？当这种治国思想的分歧日见明显，为朝臣所周知，有心之人未必不趁机在其中挑拨，看法的不同似乎就要演变成人事的变动。太子及卫氏逐渐有了不安之感，武帝也意识到了这点，于是他主动挑明此事，对卫青推心置腹地讲了一番话：

> 汉家庶事草创，加四夷侵陵中国，朕不变更制度，后世无法；不出师征伐，天下不安；为此者不得不劳民。若后世又如

---

1 《汉书》卷八八《儒林传·瑕丘江公》："而丞相公孙弘本为《公羊》学，比辑其议，卒用董生。于是上因尊《公羊》家，诏太子受《公羊春秋》。"
2 《汉书》卷八八《儒林传·瑕丘江公》。

朕所为，是袭亡秦之迹也。太子敦重好静，必能安天下，不使朕忧。欲求守文之主，安有贤于太子者乎！闻皇后与太子有不安意，岂有之邪？可以意晓之。[1]

这段话表明，武帝知道自己大事征伐、扰动天下已经引起了从朝臣到民间一定的不满，他也有意借这个机会为自己做一公开的辩护。他告诉卫青，也是要通过卫青昭告天下，他之所以一改开国以来安静少动、与民休息的政策，是为了处理当前国家社会面临的危机，造成这个危机的根源是原有的国家制度、法律的粗疏与外敌的侵扰，他的一切兴作是要为帝国打下长治久安的基础。百姓当下一时之劳，是为了此后的百世安宁。当稳固的统治基础在自己手里造就之后，现行的政策便不能再延续，而是需要一位与自己不同的君主来"安"天下，否则汉家会如暴秦一般灭亡。自己的进取是为了后世能"守文"。观太子所为，他是合乎自己期望的守文之君，是能推动当下政策在未来转型的理想继承者。所以太子与自己的治术相左不是坏事，而是汉家未来政治变轨的必需。

听完这番话，卫青"顿首谢"，即伏地磕头向皇帝道歉。皇后卫子夫"脱簪请罪"，脱簪是去掉头上的装饰，大致同于男子的肉袒请罪。两人的表现说明他们都看到了太子与天子存在执政理念的分歧，而且他们已经在担忧天子会因为这种分歧而考虑易储了，所以天子说完这番话后他们如释重负。

卫青卒于元封五年（前106年），此时太子也就二十三岁。这说明太子与父亲产生分歧并逐步公开化也就发生在太子成年后的数年之间。

---

[1]《资治通鉴》卷二二，征和二年。

儒术与儒学

如此看来，竟然是批判的武器导致了日后武器的批判？武帝与太子在执政路线上的分歧真的仅仅是来源于信奉《公羊》还是《穀梁》吗？

后人普遍认为武帝"罢黜百家，独尊儒术"，尊董仲舒为"国师"，以公羊学为国家意识形态，儒学从武帝时就成为两千年以来的官方正统学说。但是细查武帝时的用人，儒者并没有在官僚体系中占有显著优势[1]。班固盛赞武帝时人才辈出，评价道：

> 汉之得人，于兹为盛，儒雅则公孙弘、董仲舒、儿宽，笃行则石建、石庆，质直则汲黯、卜式，推贤则韩安国、郑当时，定令则赵禹、张汤，文章则司马迁、相如，滑稽则东方朔、枚皋，应对则严助、朱买臣，历数则唐都、洛下闳，协律则李延年，运筹则桑弘羊，奉使则张骞、苏武，将率则卫青、霍去病，受遗则霍光、金日磾，其余不可胜纪。是以兴造功业，制度遗文，后世莫及。[2]

以上诸贤，石建素来"醇谨"，施政有黄老之风，[3]根据《史记》的描述，他家的家教甚严，其子石庆应受其父影响甚深，也是"醇

---

1 相关观点及数据统计可参见蔡亮：《重塑统治集团：西汉巫蛊案的再解读》，《湖南省博物馆馆刊》第 7 辑。武帝之前的官僚阶层构成可见李开元：《汉帝国的建立与刘邦集团——军功受益阶层研究》。
2 《汉书》卷五八《公孙弘卜式儿宽传》赞语。
3 《史记》卷一〇三《万石张叔列传》，石庆的施政风格，见阎步克：《汉武帝时"宽厚长者皆附太子"考》，《北京大学学报（哲学社会科学版）》，1993 年第 3 期。

第十章　不安的太子

谨"一类；汲黯"学黄老言"；[1]郑当时好"任侠"及"黄老言"。[2]这四人都更近于黄老一派。韩安国"尝受《韩子》、杂说"，[3]张汤之父为吏，他从小断狱如老狱吏，庄助（严助）曾研习苏秦纵横之术，卜式出身牧人，桑弘羊是商贾之子，霍光被称为"不学亡术"。[4]其中真正的儒生仅有公孙弘、董仲舒、兒宽三人。公孙弘被时人公认为"为人意忌，外宽内深"，[5]曲学阿世。兒宽精研《尚书》，除参与制订《太初历》外，他的主要工作是为天子自己编制的封禅礼仪做理论背书。近代史家钱穆总结说："盖汉武一朝，其先多用文学浮夸士，其后则言财利、峻刑酷法者当事。儒生惟公孙弘、兒宽，俯仰取容而已。"[6]

这样的误解是如何产生的？当代学者朱维铮提出一种解释框架，似乎颇能用在此处。他指出，"学""术"应看作两个不同的概念，"术重实用，学贵探索"。[7]以这个视角观察武帝，他所需要的是"儒术"，而非"儒学"，用武帝封禅一事最能说明此间的玄妙。

封禅是上古祭天的仪式，须在高山之上筑台，认为这样离天最近。考古学家根据出土的西周初期青铜器"天亡簋"上的铭文"王祀于天室"，推断周武王克商后，曾到嵩山行祭天祀典，因为商周的政治中心在河洛地区，所以祭天地点在嵩山，此为目前所知有证据的最早的封禅。[8]但是它并没有被纳入早期儒家的政治理论之中，

1　《汉书》卷五〇《汲黯传》。
2　《汉书》卷五〇《郑当时传》。
3　《汉书》卷五二《韩安国传》。
4　《汉书》卷六八《霍光金日磾传》赞语。
5　《史记》卷一一二《平津侯主父列传》。
6　钱穆：《秦汉史》，生活·读书·新知三联书店，2004年，第210页。
7　朱维铮：《中国经学史十讲》，复旦大学出版社，2002年，第10页。
8　林沄：《天亡簋"王祀于天室"新解》，《史学集刊》，1993年第3期。

影响秦汉君王的是战国时期齐鲁的方士和儒生共同构建的封禅说，所以封禅的地点也相应地转移到了泰山。成书于战国时代的《管子》一书将封禅塑造成具有深厚历史渊源的古代祀典，称曾有七十二圣王封禅。

《公羊传》有三世说，根据治乱将时代分为据乱世、升平世、太平世。武帝心中有一个自我期许，以三十年之期建成太平世。元封元年（前110年）正是他即位改元三十年之时，他希望登泰山行封禅，向上天禀告他治下国家的成功，彰显汉家太平盛世，同时，将自己的名字接续在七十二圣王的名字之后，确立自己崇高的历史地位。另一方面，他三十年的帝王生涯中，大量的齐地方士进入宫廷，不断地向他灌输长生成仙之说，泰山被描绘成成仙飞升之所，武帝对封禅泰山更是心向往之，期望封禅之际，上天能以让他如黄帝般飞升成仙的方式回报他，这样庶几"公私"两便。[1]

但是当时人所了解的封禅只是来自上古社会的礼仪遗存与后世儒生方士们的阐释，几百年未曾再实行过，到秦始皇时，封禅的具体礼仪已经没人了解了，所以始皇帝只能以秦国的祭祀仪式将就着举办。当武帝向儒生征询封禅礼仪时，"诸儒对者五十余人，未能有所定"。[2] "封禅用希旷绝，莫知其礼仪，而群儒采封禅《尚书》《周官》《王制》之望祀射牛事。"[3] 因为这根本不是儒家的传统，所以群儒在儒家经典中找不出来依据。武帝索性按照方士的办法来操办，"以方士言作封禅器，以示群儒"。儒生们回答，这套做法"不合

---

[1] 薛小林：《在国家祀典与个人仙路之间：秦皇汉武封禅考论》，《世界宗教文化》，2017年第4期。
[2] 《汉书》卷五八《兒宽传》。
[3] 《史记》卷二八《封禅书》。

古"。天子不耐烦了，"尽罢诸儒不用"。[1]这清楚地表明，儒学只是天子的道具，它必须要转变为儒术，要为天子的愿望服务，而非让天子去实现它的理想。

当儒的精神理念与天子的欲望发生分歧，如何解决？儒生要依附国家权力，那就只有一条路：学随术变。学只能为术做论证，做缘饰。天子"尽罢诸儒不用"后就封禅事征询儿宽的意见，儿宽与他的同行们不同，坚决拥护天子的办法，他所言大要有二：一，当下"天地并应，符瑞昭明"，天子已完全具备封禅资格，理应顺天地之意，封禅泰山；二，封禅这样的大事，天子完全可以自己定夺礼仪制度，要等诸儒意见一致，再有几年也不能成事。儿宽的建议不仅解决了武帝封禅的强烈愿望和以儒学为装饰之间的矛盾，也调和了儒家与武帝潜在的冲突。[2]如果儒者坚持认为天子所作封禅器具不符合古礼，进而宣称封禅无效，那武帝就真可能"坑儒"了。武帝听了儿宽的话，"然之，乃自制仪，采儒术以文焉"。[3]最后，泰山的封禅，到底是儒家的旷世盛典再现人间，还是天子本人成仙飞升的一次新实验，已经很难分清了。

除了封禅，明堂也是一个极好的说明。封禅未见于儒家原典，而明堂则是有明确记载的制度，儒生们设想上古天子在此举行重大仪式，处理重要政务。武帝即位之初欲兴儒学，赵绾、王臧提出的首要措施就是兴明堂，可后来明堂也根据武帝的需要被方士们改造成了祭神的所在。[4]除此以外，《公羊传》中的"内诸夏外夷狄"和

---

[1] 《后汉书·祭祀志上》。
[2] 贾贵荣：《儒家文化与秦汉封禅》，《齐鲁学刊》，2000年第4期。
[3] 《汉书》卷五八《儿宽传》。
[4] 张一兵：《明堂制度研究——明堂制度的源流》，吉林大学博士学位论文，2004年。

"大复仇"的理论成了支持经年累月出兵匈奴的依据，酷吏则把《公羊传》直接变成了刑律的一部分，以《春秋》决狱。

同时，《春秋》应该只是太子所受教育的内容之一，并非全部。看他师傅们的背景，便可得知。石庆倾向黄老，石德是石庆爱子，自然也不会是儒生。赵周是楚王太傅赵夷吾之后，周建德是绛侯周勃之后，庄青翟是武强侯庄不识之后，他们都是功臣后裔，皆非儒家。卜式牧人出身，"不习文章"，[1]任安出身小吏，他们也与儒学无关。从他们的学识背景可见太子刘据所受的并非单一的儒家教育。太子"守文"的一面恐怕更多是对汉家开国以来黄老政治传统的继承。

太子行冠礼后独自居于东宫时，除了所受教育比较自由，能私学《穀梁传》外，武帝还为他设立了博望苑，让他广招各方宾客，博学多识。他失败以后，史家以批判的态度看待这一点，班固就称这些人为"异端"，其中自然包括无且、如侯这样的人。司马光更是指责就是这些"异端"把太子带坏了，如果只和谦谦儒者往来，就不会出现这样的人伦惨剧。但是，如果不囿于后世的评判，回到武帝之时，可以看出这样丰富开放的太子教育折射的是当时的社会思想状况，儒学在当时并没有立刻获得思想统治地位。武帝尊儒，只是以其为缘饰，变化是在此后发生的。

所以太子与天子的政治理念有分歧，但是这一分歧并不完全是他们遵奉了《春秋》不同派别的关系。不是武帝依循《公羊传》的精神内核执政，而是《公羊传》为他的雄心提供了理论外衣。太子或许是因为不认同其父的政策，由此对其理论外衣产生了反感，于

---

[1] 《汉书》卷五八《卜式传》。

是与董仲舒辩论失利的江公就成了太子的座上宾,《穀梁传》就成了反对武帝政策的理论武器。

风雨飘摇

无论起因为何,这一分歧并没有只停留在思想上,而是进一步带来了人事路线的分化,在朝廷隐隐形成了太子一党:

> 上用法严,多任深刻吏;太子宽厚,多所平反,虽得百姓心,而用法大臣皆不悦。皇后恐久获罪,每戒太子,宜留取上意,不应擅有所纵舍。上闻之,是太子而非皇后。**群臣宽厚长者皆附太子**,而深酷用法者皆毁之;邪臣多党与,故太子誉少而毁多。[1]

《资治通鉴》在此提示了一条线索,依附于太子的是"宽厚长者"们,与之对立的是"深酷用法者"。"宽厚长者"是什么人?有学者考察过这个群体,认为其中有儒者,亦有如石庆那样崇尚黄老之人。他们的共同特点都是受汉初以来"守文"政治传统的影响。[2] 但如果从太子的师傅们来看,从日后太子起兵失败后受牵连被诛杀的名单来看,除了这两类人,还有一个群体,那就是功臣集团后裔。他们为什么倾向"守文",原因很简单,他们已经是现实政治的既得利益者了,因此希望现有的政治架构稳定不变。任何大的政治变

---

[1] 《资治通鉴》卷二二,征和二年。
[2] 阎步克:《汉武帝时"宽厚长者皆附太子"考》,《北京大学学报(哲学社会科学版)》,1993年第3期。

动其实质都是利益的重新划分，对既得利益群体来说，总体利益一定是受损的。

那么，他们的对手是什么样的人呢？《资治通鉴》中的这段总结，在提供一定历史真相的同时，也扭曲了一些关节。"深刻吏""深酷用法者"即是酷吏，他们大多出身微末，天子拔起其于民间，这符合《公羊传》"进贤"的思想。但是天子提拔他们并非单单因为遵循"进贤"，而更是要用他们打击惩治宗室豪强犯法僭越。他们的对立面并非司马光所说的"百姓"，而是《穀梁传》所保护的"世家世族"，在武帝朝的政治中，他们就是刘氏宗室的诸王、外戚、开国功臣集团的后裔，他们就是既得利益团体。"深刻吏"们只有奋不顾身地打击"世家世族"才能改变微末的出身，才能从已经固化的权力格局中分到一杯羹，才有机会成为新的"世家世族"，酷吏张汤一家的故事就是最好的注脚。而只有在这样的动态中，皇帝的权威才能不被侵蚀。

这个分化在长安之变后的毁灭中，在武帝朝与其后几朝大臣的构成变化中，会看得更加清晰。[1]

或许在与卫青的那次谈话中，天子说的是他的真实想法，他认为人事的斗争会随着他所设想的天下安定的到来而结束，但是他活得太长了，中国历史上很少有执政这么久的君主。他自己虽然在努力求升仙，但是内心恐怕也觉得这是未必能成功的事，也在有意识地为身后的政策转型安排过渡。

如果事情照这个逻辑发展，那么长安九日的悲剧将不会发生，太子与武帝的执政思路分歧只不过是两个历史阶段所需要的不同治术，经过"深刻吏"对权贵的打击，开国功臣集团与宗室受到一定

---

[1] 蔡亮：《巫蛊之祸与儒生帝国的兴起》，北京师范大学出版社，2020年。

的制约，相对文弱的太子便能在保证皇权至高无上的前提下行文治。

改变这个剧本的可能只是武帝的长寿。从元封年间他对卫青交底到他驾崩之时，竟然又过了二十几年，其间的人事、世事发生了许多改变，天子的想法便不能不持续变化，他当初对卫青说的那番话的后面所暗含的平稳交班的许诺，也就失去了基础。

在这些人事、世事的改变中，卫青的离世应是一个较大的因素。早在天子对卫青做解释的时候，太子的潜在竞争对手便已经陆续涌现，"王夫人生子闳，李姬生子旦、胥，李夫人生子髆"。到了元封五年（前106年），"卫青薨，臣下无复外家为据，竞欲构太子"。[1] 随着表兄霍去病、舅舅卫青的逝世，太子阵营的力量其实是在削弱之中，而竞争对手的不断涌现，则使得太子需要面对越来越多的构陷和冲击，而天子漫长的生命，则让这场血雨腥风的争斗看不到尽头。

在太子面对的各种风雨中，首先要提到的，就是江充。《三辅故事》中记载了这样一件事：天子有疾，太子前去省问，他因自己有鼻疾而以纸掩鼻。随侍天子身边的江充等太子走后，诬陷太子掩鼻是因为嫌弃天子有腋臭，武帝大怒。此事如果是真的，则说明江充对太子的攻击绝非只有严办太子家使车马擅入驰道一事，而是日积月累，由来已久。并且它也从侧面透露了一代雄君汉武帝有腋臭。

《三辅故事》被认为是后人托伪之作，其中最明显的纰漏是西汉时还没出现纸。但它成书不晚于隋，颇能反映汉唐间人对于武帝晚年与太子由于奸人居中挑拨，以致情义渐衰、矛盾渐生的认识，以及对江充在矛盾中所扮演的角色的看法。[2] 如果前文的推测有理，则江充对太子的攻讦构陷并非因为私怨，而是因他为李氏外戚效力。

1　《资治通鉴》卷二二，征和二年。
2　陈启新：《"卫太子持纸蔽鼻"辨伪》，《中国造纸》，1995年3月。

见于正史的构陷太子者则是苏文，他是一个宦者。《资治通鉴》记载，天子晚年与诸皇子疏远，皇后也很少能见到他，于是父子夫妻之间亲情渐疏，隔阂易生。太子曾经拜谒皇后，过了很长的时间才出来，苏文就向天子告发："太子与宫人戏。"所谓"与宫人戏"，即暗指淫乱宫闱。天子下令，给太子增加宫人，满二百之数。这首先说明了武帝相信了苏文诬告的太子淫行，只是不怪罪他。给太子多送宫人是提醒他，情欲旺盛须在本宫内解决，不要再有此事。太子后来知道了苏文的诬告，内心深恨但是欲辩无门。

苏文与小黄门常融、王弼等长期监视太子，寻找甚至凭空编造太子的过失，然后添油加醋地向天子报告。武帝有一次身体小有不适，使常融召太子，常融回来禀告说太子闻天子有恙，"有喜色"，武帝不作声。待太子到来，仔细观察他的神态面貌，看出太子刚哭过，见到自己时明显是在强颜欢笑。武帝觉得奇怪，仔细询问得知真相后，大怒，下令诛杀常融。

苏文何许人，如此肆无忌惮地以太子皇后为敌手，他的目的是什么？他的后面站着谁？

苏文长期的陷害诬告使卫子夫切齿痛恨，让太子向武帝详细禀报这种种事端的始末，请诛苏文等人。太子回答："第勿为过，何畏文等！上聪明，不信邪佞，不足忧也！"在这样的环境下，卫子夫本人也小心谨慎，慎避嫌疑，"虽久无宠，尚被礼遇"。[1]

依靠小心谨慎与天子的英明，能在以储君之位为标的的战争中争得善终吗？

风雨飘摇中，对太子地位最致命的威胁出现了。太始三年（前

---

1 《资治通鉴》卷二二，征和二年。

第十章　不安的太子　　179

94年），当下天子最宠爱的妃嫔钩弋夫人赵婕妤产下皇子，取名刘弗陵，这时武帝六十三岁。天子也是凡人，老来得子，应该对幼子无比宠爱。并且刘弗陵的出生颇不寻常，赵婕妤妊娠十四个月才生下他。天子说："闻昔尧十四月而生，今钩弋亦然。""乃命其所生门曰尧母门。"[1] "尧十四月而生"一说从未见于武帝之前的任何文字记载，不知道他从何得知。据后世史家考证，十四这个数字具有神圣的意义可能是从西域传来的，其原型可能是古埃及神话中奥西里斯的遗体被肢解为十四块的故事，以及古埃及人认为月亮经十四日圆缺循环的天象。它向东传播，逐次影响了波斯、印度等文明，波斯王后阿美司妥利斯曾活埋波斯名门子弟十四人，印度十车王王子罗摩自我流放于森林十四年。在其中，数字"十四"是一个代表得以再生的圣数。这个概念经过各种变形，及与本地神话的各种结合，最终传到中国，"尧十四月而生"恐怕即是结合的一例。[2] 只是不知道这是天子自己想到的，还是身边有人提醒，把这个初生的婴儿与伟大的贤君尧联系了起来。由此，天子把刘弗陵出生宫室的门命名为尧母门。

这个命名带来了强烈的政治影响，理想的君王是尧舜，理想的政治是行尧舜之治，如果刘弗陵是尧再生，太子有什么资格当国？天子是因为幼子十四个月出生这一巧合随口而说，还是已将其中的意涵深思熟虑之后以这种方式向朝臣们暗示？

司马光在叙述此事时专门写下文字向当朝君主提醒：

---

1 《汉书》卷九七上《外戚传·孝武钩弋赵婕伃》。
2 张同胜：《数字"十四"神话意蕴的渊源学考察》，《连云港师范高等专科学校学报》，2022年第1期。

> 为人君者，动静举措不可不慎，发于中必形于外，天下无不知之。当是时也，皇后、太子皆无恙，而命钩弋之门曰尧母，非名也。是以奸人逆探上意，知其奇爱少子，欲以为嗣，遂有危皇后、太子之心，卒成巫蛊之祸，悲夫！[1]

天子的一言一行都被世人关注、揣测，这时皇后和太子还在其位，把钩弋夫人之门命名为尧母门，有心之人必会揣测上意，意为天子非常爱这个幼子，想要更换储君，以幼子为嗣。于是各路人等，各怀其心，意图以推倒皇后太子、拥立弗陵为功，终于在两年之后，促成了巫蛊之祸。

这个呱呱落地的柔弱婴儿刘弗陵，竟成推倒太子和卫氏行动的加速器。

---

[1] 《资治通鉴》卷二二，太始三年。

第十一章
江充入宫了

天子有恙

　　十四月始生的柔弱婴儿刘弗陵将成为推倒太子和卫氏行动的加速器，这只是后人全知视角下的认知。身在历史之中的人恐怕还看不到这点，当时人们目光的焦点在赵人江充身上。

　　班固在《汉书·武帝纪》中记下了一件奇异之事，此事发生在太始四年（前93年）秋七月，赵地有蛇从城郭之外进入城中，与城内的蛇在文帝庙中撕咬，城内的蛇斗败而死。在记载帝王大事的庄重本纪中记下这样的怪力乱神之事，似有不妥，不过在汉代的灾异理论下，蛇往往作为龙的一种变体而与"天子"相联系。泗水亭长[1]刘季醉斩白蛇，路遇老妪泣言，白蛇为"白帝子……今为赤帝子斩之"，这明明白白被记在《史记·高祖本纪》之中，可见它在司马迁写作的武帝朝已是官方认可的历史传奇。

　　春秋时曾发生过类似的事件。据《左传》记载，郑庄公薨，诸子争位，庄公之子子仪为君时，郑国国都的南门发生了蛇斗事件：

1　《汉书·高帝纪》作泗上亭长。

"初，内蛇与外蛇斗于郑南门中，内蛇死。"[1]此后流亡在外的庄公次子子突在宋国的支持下回国夺得君位。

淮南王刘安所编著的《淮南万毕术》解释这样的现象说："蛇无故斗于君室，后必争立，小死小不胜，大死大不胜，小大皆死，皆不立也。"这种灾异预示此后会发生储君争立之事：如果是小蛇斗输，那么意为幼子当败；如果大蛇死，则是长兄败；两蛇皆死，则主相争的两子皆不得立。

这样的历史与理论解释已广为武帝时的人所熟悉，因此赵地发生的这件怪事就被认为与皇室有关，班固顺理成章地将它写入了正史。

这次蛇斗发生在文帝庙下，相当于"君室"；发生在赵地，暗含是赵人挑起祸乱。两年之后，巫蛊变起，江充是赵人，李广利、李夫人兄妹也是赵人，因此《汉书·五行志》直接点明此事是两年后卫太子狱的预兆："后二年秋，有卫太子事，事自赵人江充起。"

如果赵地文帝庙蛇斗怪事只是一个孤立事件，它与卫太子狱的关系还可视为牵强附会。但再联系东方朔死前对天子的进言，当时的舆论风向便可想而知。

东方朔以自荐而为武帝身边的文学之臣，他被元、成二帝之时补写《史记》的褚少孙列入《滑稽列传》中。滑稽一词在当时不是今日的行为语言可笑之意，而是指言辞便给，长于论辩。东方朔所发之言辞常常不循常情而自成道理。《汉书》单独为他立传，其中收录了他很多符合《史记》"滑稽"定义的事迹与言辞。他将死之时向天子进谏，其中提到："《诗》云：'营营青蝇，止于蕃。恺悌君子，

---

[1] 《左传》庄公十四年。

第十一章　江充入宫了

无信谗言。''谗言罔极，交乱四国。'愿陛下远巧佞，退谗言。"大意是君子不要让像青蝇一样的小人靠近自己，不要听信谗言。武帝看了觉得很奇怪："今顾东方朔多善言？"这么正经的话，不像平日的东方朔说的啊。过了不久，东方朔病死，武帝感慨："《传》曰：'鸟之将死，其鸣也哀；人之将死，其言也善。'此之谓也。"[1]

东方朔离世的时间，约在征和二年至后元二年（前91—前87年）之间。[2]看来他临死的谏言不是无的放矢，而是反映了太始、征和年间，因为尧母门之名、公孙贺案、两公主卫伉案，以及其他更多的事件，已经有一股或者几股势力窥探到武帝有对卫氏外戚不满的心思，遂针对卫氏，针对太子，发起了越来越猛烈的攻击，整个朝堂已然弥漫着争嗣的紧张与肃杀。

对东方朔的谏言，武帝虽发感慨，却并没有听进去。武帝一向精明，但晚年屡屡被术士欺骗，死亡的日渐迫近使他舍不得放过长生或者成仙的丝毫可能。表面上，他诛杀了诸多其术不验的术士，但实质上他则益信神怪；本来就驭下极严的他，晚年更加喜怒无常，多疑残忍，轻易杀戮大臣。太始、征和之际，汉帝国的政治环境日益诡谲，日益严苛。

早在元狩五年（前118年），武帝在京兆湖县的鼎湖宫便得了很严重的病，[3]巫与医采用了各种办法，"无所不致"，终不能治愈天子。游水发根——有人说他是游水县人，名叫发根，有人说他姓游水，名发根——进言说，上郡有一人，每到生病时便会有神君附体，

1　《史记》卷一二六《滑稽列传·东方朔》。
2　关于东方朔生卒年的研究综述可参见胡春润：《东方朔研究》，武汉大学硕士学位论文，2005年。
3　李峰：《〈通鉴〉汉武帝元狩年间史事书写辨正》，《史学理论与史学史学刊》2018年上卷。

从此以巫为业，为人治病，有奇效。这时的武帝，病急乱投医，便派人召此人前来，在甘泉祠祭，待他病时使人问他治愈天子的办法，附体于他的神君回答："天子无忧病；病少愈，强与我会甘泉。""神君"告诫天子不要担心，病情很快就会好转，届时请天子到甘泉与我相会。根据史料记载，武帝听了这话"于是病愈"，遂起驾至甘泉，到甘泉后疾病彻底痊愈。此后天子便常通过游水发根与神君往来，神君只可闻其言，不能见其形，神君说话的声音与凡人相同。武帝命人记下神君说的话，尽是世俗之语，没有什么玄奥莫测之词，但是武帝依旧"心独喜"。[1]

或许是疾病的经历，让武帝意识到死亡在日益临近，他愈加迷恋长生。元鼎二年（前115年）春，不知道是哪位术士的进言被天子采纳，未央宫北起了柏梁台，以香柏木为梁，铸铜为柱；建章宫立了承露盘，高二十丈，用以承接露水，此水和以玉屑饮下，据说可以长生。[2]柏梁台和承露盘只是起点，此后武帝为了不死与成仙大量兴建宫室。元封二年（前109年），方士公孙卿告诉天子，仙人都喜欢居于高楼之上，于是天子下令在长安建蜚廉、桂观二馆，在甘泉建益寿、延寿观二馆，皆起高楼，盛设祭神之具，使人持代表天子的符节在这四处迎候神人降临。[3]又在甘泉起通天台，据《汉旧仪》，通天台高三十丈，汉代1丈合2.31米，30丈就是69.3米，约合今日25层的高楼。通天台去长安三百里，据说天气晴好之时，登

---

[1] 《史记》卷一二《孝武本纪》。
[2] 《三辅黄图》卷五："柏梁台，武帝元鼎二年春起。此台在长安城中北阙内。《三辅旧事》云：'以香柏为梁也……'"《汉书》卷二五上《郊祀志》："其后又作柏梁、铜柱、承露仙人掌之属矣。"《三辅故事》："建章宫承露盘高二十丈，大七围，以铜为之，上有仙人掌承露，和玉屑饮之。"《史记》卷一二《孝武本纪》《索隐》引《三辅故事》作三十丈。
[3] 《资治通鉴》卷二一，元封二年。

台能望见长安城。[1]《汉书·酷吏传·王温舒》载:"上方欲作通天台而未有人,温舒请覆中尉脱卒,得数万人作。上说,拜为少府。"以酷吏闻名的王温舒建议追查考核中尉所领军队的逃兵,得数万人来造通天台,可见其所耗人力之巨。武帝命人在其下置祠祭祀,等候天神下凡来见天子。

然而,这些亭台楼阁并未迎来仙人,柏梁台还在太初元年(前104年)因遭雷击而毁于火灾。[2]

武帝对于方士的迷信近于愚夫愚妇。他曾拜一名叫栾大的方士为五利将军,并封为乐通侯。以方士而拜将封侯,严重违背了汉家爵位分封的规则。更离谱的是他甚至把卫子夫孀居的大女儿卫长公主郑重其事地嫁给栾大,并改封号为"当利公主"。[3]此后栾大的骗术被识破,武帝颜面尽失,暴怒,诛杀栾大。

时间一点点地证明长生与成仙的虚妄,这些年在武帝身边来来往往的方士们候祠神人皆无应验,入海求蓬莱尽成泡影。天汉三年(前98年),当公孙卿再以发现巨大的神人脚印来哄天子时,天子也倦怠了,他已经意识到这些人都是在蒙骗他,但是他没有颜面承认自己尽心诚意地期待了几十年,终究竟是坠入他人的骗局。即便到了这个地步,他还是没有彻底死心,"然犹羁縻不绝,冀遇其真"。[4]他还是养着这些方士,期望万一有一个是真的。因此长安的方士异人们还是络绎不绝,希求获得天子青眼。方士异人们不但给天子带来了长生成仙的鬼话,也使长安的巫蛊诅咒之风甚嚣尘上,屡禁不绝。

---

1 《汉旧仪补遗》卷下。《史记》卷一二《孝武本纪》《索隐》引《汉书旧仪》作二百里。
2 《汉书》卷六《武帝纪》;卷二七上《五行志》。
3 《史记》卷二八《封禅书》。
4 《资治通鉴》卷二二,天汉三年三月。

在宫中充斥方士妖异之时，朝中的政治风气也越来越败坏。元狩六年（前117年），大农令颜异因白鹿皮币一事被诛，罪名是"腹诽"。此法一出，从此恶政无人敢谏。

因为征伐四夷，大兴宫室，文景时积累下来的财富被挥霍殆尽，朝廷财政极度紧张。元狩四年（前119年），张汤向武帝献计，取禁苑中白鹿的皮，裁成一尺见方的小块，边缘饰以彩色文藻，定价四十万钱，名为皮币。这一小张皮币当然不值这么多钱，不过它并不用于在市场中流通，而是定向卖给列侯，它的依据是"古者皮币，诸侯以聘享"，[1]"聘"是诸侯间的通问修好，"享"是诸侯向天子进献方物。先秦时聘享必具的礼物之一是玉璧，玉璧需要以皮币或者帛作为衬垫来进献。现在规定，进献给天子的玉璧必须用朝廷发行的白鹿皮币作为衬垫，而这张皮币的价格是四十万钱，既不可以用它物替代，也不可以还价。这是在以"崇古礼""应祥瑞"为名，变相剥夺诸侯的财富。[2]

大农令是国家财政的主管官员，发行白鹿皮币的措施应当要征求大农令颜异的意见。颜异以廉直闻名，累迁至九卿。天子问颜异，颜异对曰："今王侯朝贺以苍璧，直数千，而以皮荐反四十万，本末不相称。"王侯朝贺时献上的玉璧才值数千钱，作为外包装的皮币却值四十万钱，这是本末倒置。此语暗暗讥讽收钱的道理太牵强，天子听了很不高兴，心里便对颜异有了芥蒂。

此后，颜异被人告发，下廷尉张汤处查处。张汤过往与颜异有过节，他仔细搜罗证据，查出曾经有人向颜异提及国家颁布的法令有不便之处，颜异没有反应，只是微微地"反唇"，可能就是嘴唇

---

[1] 《史记》卷三〇《平准书》。
[2] 皮币的渊源及武帝对它的使用，参见洪煜：《论西汉皮币》，《史学月刊》，1992年第6期。

向外微微地翻一下。张汤抓住这一点上奏，说这是在心里诽谤、反对国家法令："异九卿，见令不便，不入言而腹诽，论死。""腹诽"从此作为一种罪名成为以后判案的先例，即"比"，以后可以比照它为罪名来处罚类似的行为。此后，"公卿大夫多谄谀取容矣"，对于朝政与法令，不再有异议出现。[1] 政治丧失了纠错机制，荒谬绝伦之事便层出不穷。

如果以现代心理学进行解释，发生以上种种其实并不奇怪。人进入老年之后，因为神经系统的老化及病变，出现多种精神症状：认知能力下降，表现为轻信他人、行为幼稚等；自我意识增强，表现为更加地以自我为中心，自私；情绪多变，更容易出现焦虑、忧郁、猜疑、嫉妒、恼怒、恐惧等情绪；常常怀疑自己得病，出现抗拒衰老、怕死等心态；更加依赖身边人。[2] 对于常人来说，肯定是依赖儿孙辈，皇帝则是依赖近侍、宦官。征和年间，武帝已经接近七十岁了，在那个时代，这是少见的高龄，从史料能看到，由于医疗技术的局限，即便贵为天子，也逃不脱疾病的折磨，种种病痛已经在折磨着他，这些身体上的困扰必然会使以上种种老年心理问题被放大。加上天子不受限制的权力，这种扭曲心理带来的破坏往往是毁灭性的。

征和二年（前91年），京城的巫蛊氛围并没有因为接续发生的公孙敖、公孙贺两件大案而有所和缓，各种方术士、神汉巫女聚集京师，以种种旁门左道诱惑世人，"变幻无所不为"。[3] 和当年迷惑陈皇后的楚服一样的女巫并没有绝迹，她们再度活跃起来，往来宫中，

1　《资治通鉴》卷二〇，元狩六年。
2　关于老年人，特别是长期患病的老年人的心理问题，研究广泛，可参见徐津宁：《浅析老年病人的心理护理》，《现代生物医学进展》，2006年第11期。
3　《资治通鉴》卷二二，征和二年。

络绎不绝，教后宫的美人姬妾们消灾度厄、与"敌"争斗的法子。这些法子里最常用的仍是巫蛊术，巫蛊术的核心是用桐木制成小木人，用长约尺许的针刺它的胸腹。根据医术，针刺胸腹是禁忌之事，会使人毙命，[1]因此用针刺木人的胸腹，其意不言自明。历朝历代，后宫的暗斗都远远超过朝堂的明争，于是后宫各屋都埋了木人。这样的法子并没有预想的奏效，于是斗争的方法就变为告发对手行巫蛊术，针扎小木人是针对天子，这便犯了汉法大逆无道之条。这样的告发包围着武帝，日日不绝，让年老多疑的天子怀疑身边所有的人都在谋害他，他把他的疾病归因于此，"阴贼侵身，远近为蛊"。他为此所杀的后宫人等，以及牵涉的外廷大臣，多达数百人。这些人不管到底有没有涉及此事，都不敢辩白，只有延颈待死。史书载："有与无，莫敢讼其冤者。"但是无情的杀戮只能消灭可能的谋弑者的肉身，并不能释去天子心中暗藏的鬼魅，他既起了疑心，便绝无法释怀。他曾经白日小睡，梦见数千木人手持木杖争先抢后地来打他，陡然从噩梦中惊醒。[2]梦中这些小木人无疑就是朝中、宫中诅咒他的朝臣宫人埋下的桐木人的映射，木人手里的杖就是扎在它们身上的针。这次梦醒之后，武帝的身体就不断地陷于病痛不平之中，并且开始出现越来越严重的健忘。

武帝觉得长安尽是要害他的人，便起身前往离宫甘泉。在甘泉宫，他仍然不能摆脱病痛——身疾与心病的交织——的折磨，这时候，因罪被罢斥的江充重新出现在了他的眼前。

---

1 《黄帝内经·素问·诊要经终论》云："凡刺胸腹者，必避五藏。中心者环死，中脾者五日死，中肾者七日死，中肺者五日死，中鬲者，皆为伤中，其病虽愈，不过一岁必死。"环死指经气环身一周便死，鬲是膈膜。关于巫蛊与当时医术的关系，详参李建民：《〈汉书·江充传〉"桐木人"小考》，《中国科技史料》，2001年第4期。
2 《资治通鉴》卷二二，征和二年。

太子宫的木人与帛书

《汉书·江充传》载：

> 充见上年老，恐晏驾后为太子所诛，因是为奸，奏言上疾崇在巫蛊。

班固认为江充利用巫蛊嫁祸太子的原因是眼看着天子年老并且多病，担心天子一旦晏驾，自己得罪过太子，太子继位必会诛杀他，所以要赶来谋害太子。这个解释并不太有力。按常理来说，武帝一定会死，太子刘据会即位，这是正常情况下的大概率事件，并且随着时间的推移，这是确定性不断加强的事件。如果江充并非某种势力的一员，他当初得罪太子时只是单纯地依法行事，不避权贵，他就应该想到未来会有这一天。到时要么新君宽宏大量，赞扬他以国法为大，树为表率，要么自己求仁得仁，不至于到这时候才来补救。班固给出的理由并不合人情。

同时，这个解释还有一些疑点。江充此前因犯法，已被罢斥，[1] 远离武帝身边，当然不得随侍甘泉宫。此时武帝厌烦、怀疑一切人，少与外界通音讯，皇后与太子派到甘泉问候的使者也不得回信。那么江充通过什么渠道能够见到天子，并对天子的心病有准确的了解？

合理的解释只能是天子身边的近臣中有江充的眼线，他在甘泉宫有可靠的消息来源，后者甚至能为他的进言通路，力劝天子再见罪臣江充。江充很明显不是一个人在与太子作对。

---

[1] 《汉书》卷四五《江充传》："迁为水衡都尉，宗族知友多得其力者。久之，坐法免。"

这个人是谁？

不管此人是谁，能确定的是，这个人的"能量"极大，极能拿捏武帝的喜恶，武帝被此人说服，因此接见了江充。武帝是极聪明的人，又是极多疑的人，他固然怀疑卫氏外戚，怀疑太子，但是他一样怀疑太子的敌人。所以江充见到天子不敢直奔主题，他只是说"上疾祟在巫蛊"。祟意为祸咎的征兆，[1]江充的意思是鬼神以疾病为征兆来告诉皇帝，有人以巫蛊诅咒他。本来那场白日梦就在天子心中萦绕不去，他醒来后也只是向身边的人诉说，而一个远来的人也这么说，他就愈加坚信。于是天子任命江充为使者，专治巫蛊狱。

江充先是在甘泉宫大搜一遍，然后带着天子的符节兴冲冲地从甘泉来到长安，督率一群胡巫在全城搜寻行巫蛊者。

胡巫即来自北方游牧民族的巫师，此时特别是指来自匈奴的巫师。江充之所以带着胡巫来整治长安的巫蛊，可能有三个原因。其一，在道路上埋下东西以行巫蛊这种方式在匈奴也有施行。在此后武帝颁布的所谓《轮台诏》中提到，"重合侯得虏候者，言：'闻汉军当来，匈奴使巫埋羊牛所出诸道及水上以诅军。'"。重合侯马通随李广利征匈奴，抓获的匈奴侦察兵供出，匈奴会在汉军行经的道路和水域埋下牛羊，施行诅咒，希图达到不利汉军的目的。单于赠送给汉天子的马和皮袭也由巫师施过法，以图诅咒天子。"埋羊牛所出诸道"与"当驰道埋偶人"实际上是类似的行为，长安地区盛行的"巫蛊"的某些形式，其实与匈奴巫风类似。所以胡巫能识别谁实行了埋木人诅咒的巫蛊术。[2]

---

[1] 《汉书》卷四五《江充传》颜师古注曰："祟谓祸咎之征也，音息遂反。故其字从出从示。示者，鬼神所以示人也。"

[2] 王子今：《西汉长安的"胡巫"》，《民族研究》，1997年第5期。但胡新生对这一点提出了质疑，见其文《论汉代巫蛊术的历史渊源》，《中国史研究》，1997年第3期。

其二，汉地有不少胡巫活动。中原和草原的民族都有祭天传统，秦的风俗本与戎狄有诸多相同之处，汉继承秦的祭祀等礼仪，所以胡巫能在汉地行事。例如甘泉山下本是匈奴的祭天之处，秦夺得此地，故而汉于甘泉宫筑通天台，便仍用胡巫在此祭天。[1]此后江充要通过胡巫檀何向武帝进言说宫中有巫蛊气，也表明在难以得见武帝的情况下，只有胡巫能接近武帝。

其三，江充曾经出使匈奴，具体承担什么使命、有何结果俱不详。但是他可能在匈奴结交了胡巫，并且他通一些匈奴语，安排胡巫来做此事，如果要完成一些秘密举措也比较容易掌控。

江充率胡巫在长安城内四处掘地寻找埋下去的桐木人，抓捕夜晚行祠祭之人。巫蛊常常与"祝诅"和"祠祭"一起构成整套仪式。祝诅是在埋桐木人的同时对对象实施诅咒，求其速死。祠祭则是祈求鬼神保佑帮助巫蛊术成功，这样的仪式一般在夜晚举行。胡巫能够发现"蛊气"，从而找到行巫蛊之处，汉代人把巫蛊视为鬼术，这个查找的行为便称为"视鬼"。在搜捕的过程中，栽赃诬陷对手、仇家的行为自然层出不穷。[2]例如，江充让人在地上泼酒，指称这是此地曾经举行祠祭的证据。把人抓进大狱后，施以种种酷刑，用烧红的铁钳灼烧疑犯，强逼他供认并牵连他人。很快，如滚雪球一般，牵涉巫蛊的人从长安迅速扩散到三辅乃至全国，一旦在严刑之下承认，即被判为大逆不道之科，处死刑；不承认，也多死于酷刑。短时间内，因此而死者达数万人。

---

1 王子今《西汉长安的"胡巫"》中考证了胡巫祭天的地点和胡巫流行于中原的原因。
2 胡新生：《论汉代巫蛊术的历史渊源》，《中国史研究》，1997年第3期。关于这段史料的解释，辛德勇有所不同，见氏著：《制造汉武帝（增订本）》，生活·读书·新知三联书店，2018年，第138—139页。

事情闹得这么大,牵涉的人如此多,武帝不能不知,但是他并没有阻止之意,江充进一步试探他,通过胡巫檀何向天子进言,在民间如此大面积地清除巫蛊,天子的病没有任何好转,说明诅咒天子的人不在民间,而在目前还没有清查到的宫廷之中,不除去宫中施行巫蛊诅咒的人,天子的病不会好。[1]

武帝一生英明,或许年轻的时候他会怀疑:几万人行巫蛊被处罪,朕的病也没好,这是否也可以解释为朕的病与巫蛊无关?或许他还会质疑江充办事不力,漏掉了真正的诅咒者。但是现在,他顺着江充的引导,允许后者入宫搜查巫蛊——或是因为武帝昏聩,还是他本别有打算?

江充入宫后的行为可谓从容不迫。先是进入"省中",即天子处理政务的区域,掘地三尺,寸土不漏,连天子的御座都被毁坏。接下来还要进入后宫,即皇后嫔妃太子生活居住的区域搜查。

在后宫搜查非比寻常:一是宫闱重地,女眷甚多,诸多男子入内搜查,易生事故;二是这实际上使得皇后、太子成为怀疑对象。不能由江充一人决定事之有无,必须有重臣监督。于是武帝下令,命按道侯韩说、御史章赣、黄门苏文等人与江充一同搜查。

按道侯韩说此时的职务是光禄勋,即原来的郎中令,主管宫廷事务,并且从他的背景来看,派他参与监督,可能是他既得天子亲信,又与皇后太子有渊源,可作为双方都信任的监督者,但从之后他被太子门客刺杀的结局来看,关键时刻他还是选择站在天子一面。也有人猜想,他可能是武帝打入卫氏外戚团体的内线。[2]时间久远,无足够的史料可考,只能聊备一说。

---

1 《资治通鉴》卷二二,征和二年:"宫中有蛊气;不除之,上终不差。"
2 吴刚:《"巫蛊之祸"新探》,《中国史研究》,1993年第2期。

汉代的御史职责之一为掌握国家监察权，"察举非法，受公卿群吏奏事，有违失举劾之"，[1]御史章赣是代表监察机关参与此事，其人背景不可考。黄门苏文的出现一方面是因为对后宫的搜查需要宦者参与，一方面或许是苏文本人有其他用意，这从他屡屡陷害太子可见一斑，其原因当在后文揭示。

江充入后宫后，先是搜查那些已经失宠的嫔妃夫人的宫室，然后再到皇后与太子的宫室。这两处才是江充目的所在，自然更为细致。地面全被挖开，太子和皇后的宫室连放床的平地都找不到一块。搜查者在太子所居的宫室有重大收获："于太子宫得木人尤多，又有帛书，所言不道。"宫中到处都有行巫蛊埋下的木人，在太子宫中发现得尤其多，太子宫内还发现了大量的帛书，上面写着大逆不道的话。江充对在旁监察的三人说："当奏闻。"[2]

在太子宫挖掘出来的这些桐木人和帛书到底是太子行巫蛊术放进去的，还是江充指使胡巫在搜查时栽赃的，后世史家聚讼纷纭。关于此事，就只有《史记》《汉书》与《资治通鉴》中只言片语的记载，恐怕永远晦暗难明。但此事有一个重要的细节：

（武帝）使按道侯韩说、御史章赣、黄门苏文等助充。[3]

"助"到底意味着什么？武帝是要让这三人如何帮助江充？对于查巫蛊扩展到皇后、储君，天子到底有没有对他们特别交待什么？如果没有明示或者暗示，那就是秉公办事，那江充很难在三人的眼皮子

1　《后汉书·百官志三》。
2　《资治通鉴》卷二二，征和二年。
3　《汉书》卷六三《武五子传·戾太子据》。

底下，在不熟悉的皇后宫、太子宫搞鬼；如果天子有意要借此打击卫氏，废太子，那么太子行巫蛊的有与无，在监督者的无意与执行者的有意交织下，就没有区别了。

面对结果，太子恐惧惶惑，不知如何是好，问计于少傅石德。石德为太子分析利害：丞相公孙贺父子，是你的姨夫与表兄弟；阳石公主与诸邑公主，是你的姐姐；长平侯卫伉，是你的表兄弟。就在几个月前，他们一个个地都因为巫蛊这个罪名而死。现在江充闯进宫来，带来的胡巫挖出来的这些木人、帛书，你根本无法证明到底是来人放进去诬陷你的，还是确实本有此物。这一段时间，天子深居甘泉，有疾病，皇后及太子府派去问安的家吏得不到任何回信。言及此，石德大胆地提醒太子：

上存亡未可知，而奸臣如此，太子将不念秦扶苏事邪！[1]

这句话一下子改变了事件的性质，不再只是如何自证清白的问题，而是你死我活的帝位之争了。扶苏之事发生在秦始皇三十七年（前210年），赵高在秦始皇死后秘不发丧，矫诏赐长子扶苏死，更立胡亥为帝。[2] 现在的情形可能是武帝已经死在甘泉，有人秘不发丧，派江充来陷害太子，以图立他人为帝。石德第一时间便敏锐地意识到江充入宫查巫蛊和更易或者争夺储君之位有关，这说明江充背后是李氏外戚一事已不是秘密，李氏欲与卫氏争储君的斗争此时已经公开化。石德判断江充此次的所作所为是为了打倒太子，更立李夫

---

1 《汉书》卷六三《武五子传·戾太子据》。
2 随着《赵正书》等简牍的出土，现代史学家对于胡亥继位之事尚有争议，但汉代人（至少在班固笔下）对此事的认知，依旧是胡亥串通赵高、李斯篡夺帝位。

人之子刘髆。这时刘弗陵已经出生,天子已经命名其母之门为尧母门,这个信号不但于太子刘据是个威胁,对觊觎太子之位的李氏也是一个急迫的威胁,不排除他们想要迅速定局,不能坐等武帝跳过李氏之子,以弗陵代太子,遂立刻出手。所以,石德给出的建议是,直接假托天子诏书,先把江充等人抓起来问出实情。

但是石德没有考虑到的一个可能是,入皇后宫与太子宫追查巫蛊是武帝本人的意思。他到底是只要真相,还是别有所谋?他所谋是在皇后还是在太子?或许他本意只是废皇后,打倒卫氏,让太子登基以后不为太后外戚包围,自由行使皇权。但是执行任务的江充把自己的"私货"夹带其中,刀锋直指太子。又或许他已经知道江充的身份,派江充办此事就是意在太子?以现存的史料来看,真相模糊不清,一切不违背现有史料和常识的推理都有可能是事实。但是因为没有更多的材料佐证,它们永远都只能是推理。

这时候,江充步步紧逼,于是"太子急,然德言……乃使客为使者收捕充等"。[1]遂有长安九日中刺杀韩说,收捕江充,章赣、苏文奔逃的一幕。

到了司马光编撰《资治通鉴》的时候,他总觉得太子这么痛快干脆地就决定杀其父的使者有损孝道,于是为太子加了忸怩作态、半推半就的一出戏:

> 太子曰:"吾人子,安得擅诛!不如归谢,幸得无罪。"太子将往之甘泉,而江充持太子甚急;太子计不知所出,遂从石德计。[2]

---

[1] 《汉书》卷六三《武五子传·戾太子据》。
[2] 《资治通鉴》卷二二,征和二年。

这段情节展现出太子心中有强烈的儒家孝道，即便受了冤屈也不敢违背父亲的意旨，而要亲身去甘泉当面解释，只是因江充逼迫太急，才采纳了石德的建议。可是这段话不见于《汉书》，不知道千年后的司马光所撰何据，恐怕是依托儒家思想，欲为太子开脱而已。[1]

从杀使者开始，太子就没有回头路可走了，于是便有了长安九日的血雨腥风，直至父子决裂，太子身首异处，为后世唏嘘。

---

[1] 据宋人吕祖谦分析，司马光采用的这一情节可能来自《汉武故事》，见辛德勇：《制造汉武帝（增订本）》，生活·读书·新知三联书店，2018年，第33—35页。

第十二章
太子之死

自杀还是他杀

七月庚寅（十七日），长安城内。

太子兵再败于长乐阙下，局势已无可挽回，刘据遂于当夜南奔覆盎门，意在逃出长安。覆盎城门由司直田仁监守，天子早已下诏，紧闭各门，不让一人得出。可君命归君命，当精疲力竭、走投无路的储君在门下叫门时，田仁还是狠不下心拒绝。他以为，太子与天子终有父子之亲，误会终能解说明白，不能逼得太急，断父子之情，绝君臣之义，须留一线转圜余地，日后好相见。于是田仁打开城门，放太子一行人奔出长安远遁。

消息传到丞相那里，刘屈氂怒，当场就要斩杀田仁。御史大夫暴胜之劝阻说，司直秩比二千石，杀二千石须向天子请示，丞相"奈何擅斩之！"[1]。御史大夫的职责是监察纠察，他对法律自然是非常熟悉的。他既说对二千石官吏的处罚须报天子同意，丞相无权擅自决定，说明这应是汉律的明确规定。刘屈氂应当知道他无权直接杀

---

[1] 《汉书》卷六六《刘屈氂传》。据《汉书·百官公卿表上》："武帝元狩五年初置司直，秩比二千石，掌佐丞相举不法。"

田仁，所以经暴胜之提醒后他也罢手了。可是听闻太子已经远遁，他的第一反应竟是要将田仁当场诛杀，可见太子逃出长安让他多么地愤怒，甚至丧失了理智。

刘屈氂将情况上报天子，武帝大怒，派人责问暴胜之："司直纵反者，丞相斩之，法也；大夫何以擅止之？"[1]事情的性质一下子一百八十度大反转，由"丞相擅斩之"变成"大夫擅止之"。那么依照汉律，丞相到底有没有权力不经请示杀二千石官吏？对于法律的理解，御史大夫和天子到底谁错了？

在眼前这不正常的状态下，御史大夫一定不敢以己意歪曲法律；对暴怒中的皇帝来说，他的话就是法律。听到使者所传达的天子之怒，暴胜之惶恐，遂自杀。

田仁随后坐纵太子之罪，判死罪下吏；加之又被告发，说他曾打算举兵反，最终田仁被捕后腰斩，诛三族。[2]任安也被腰斩，他在北军营门领受太子节而退入营中不出的行为被武帝怀疑，认为他是一个油滑、精于世故的老吏，想要坐观成败，事后投靠得胜的一方，有二心。

武帝对田仁和任安的怀疑与不信任是有缘由的。他俩本是很亲密的朋友，二人年轻时都是大将军卫青的舍人。田仁和司马迁是好朋友，司马迁给他的父亲田叔单独写了一篇列传，是为《田叔列传》。根据传中所述田叔的事迹，他的传记跻身七十列传似乎有些勉强。司马迁在末尾附上了田仁的事迹，说："仁与余善，余故并论之。"真实的情况可能是司马迁想为死难的朋友田仁写传纪念，但是写作之时巫蛊之祸余波未尽，不敢过于干犯忌讳，于是以"顺便"

---

1 《汉书》卷六六《刘屈氂传》。
2 《史记》卷一〇四《田叔列传》；《汉书》卷六《武帝纪》。

的名义"并论之"。由此可见二人交谊之深厚，从中也可窥见司马迁对这场变故的态度，此时司马迁大概已经步入了人生的最后时光，长安这九日所发生的事，他可能就在武帝身边亲历，但是他对此非常谨慎，基本没有记下什么。[1] 田仁身体健壮，因此以卫青舍人的身份数次跟从卫青击匈奴，卫青向武帝推荐田仁，他因此被任为郎中，从此踏上仕途，累迁至二千石。若根据司马迁的这个记载，田仁是标准的卫氏新兴军功集团的一员。

以上只是故事的一个版本，《史记》的补写者褚少孙提供了另一个版本的故事。褚少孙为郎官时，曾亲耳听闻田仁与任安之事。二人做卫青舍人时，因为家境贫穷，没钱巴结家监，被家监打发去养府中恶马。卫青有一次去平阳公主家赴宴，二人也在随从之列，被安排与骑奴同席而食，二人深以为耻，拔刀与骑奴裂席而坐。一次，武帝让卫青推选府中优秀的舍人为郎官，卫青选出门下的富家子弟，让他们备好善马、鲜衣、玉剑，准备入宫候选。这时少府赵禹来访，卫青请赵禹检视，赵禹看后都不满意，亲自挑选出任安、田仁二人，认为这二人才是卫青门客里的佼佼者。入宫后，武帝问二人有何能，二人互相推第，田仁对天子说："提桴鼓立军门，使士大夫乐死战斗，仁不及任安。"任安对曰："夫决嫌疑，定是非，辩治官，使百姓无怨心，安不及仁也。"从二人互相的评价来看，任安是个将才，田仁适合做治民之官。武帝大笑曰："善。"便根据二人

---

[1] 关于司马迁的卒年以及《史记》所记太初之后的事，学界长期争论未有定论，如王国维的《太史公行年考》，郭沫若反驳王氏的《太史公行年考有问题》。还可参见赵生群：《〈史记〉太初以后记事特征初探》，《南京师大学报（社会科学版）》，1992年第1期；袁传璋：《司马迁"卒于太始四年说"献疑——太史公卒年考辨之三》，《安徽史学》，1987第3期。

所长各任官职。[1]

如照褚少孙说，二人虽曾同为卫青舍人，但并未得卫青的赏识善待，晋升也不是卫青主动推荐，算不上卫氏外戚集团成员。从二人此次的作为看，似乎两个故事都有部分真实。如司马迁本人的记载为实，太子去北军找任安出来受节，兵败选择田仁把守的覆盎门出逃，就是因为不管是否深度参与卫氏外戚集团，二人都曾是舅舅卫青的舍人，受过卫青的恩惠。不过事到临头方见人心，任安选择骑墙而不应，田仁因为报恩而纵太子出逃。如果褚少孙所闻为实，太子只是走投无路之下选择一试，任安受节闭门不出便是心怀怨恨，田仁开门纵太子则是心有不忍。

奔出长安南门的太子转向东方逃亡，不知道是漫无目的还是有所计划，他们最终逃到了湖县。湖县属于京兆，还在三辅地区，逃得并不远，他的两个儿子也随同他逃到此地，藏身于湖县泉鸠里的一户人家。这户人家并不富裕，要靠卖鞋才能勉强负担隐匿于此的太子等人的费用。目前所见的史料不能说明太子为什么要藏身于这户人家，他们是太子故交还是陌生人出于义气而藏匿太子，不得而知。

太子有故人在湖县，此人富裕，太子便派人联系他，可能是希望得到资助，却因此被官府知晓行踪。《汉书》的记载是："（太子）使人呼之而发觉。"不知准确的意思是被故人举报还是走漏了风声。

八月辛亥（初八），大批官吏包围了这户人家，抓捕太子。抓捕的过程经历了激烈的搏斗，"主人公遂格斗死"。看来主人并非泛泛的卖鞋之辈，而是江湖异人，或许是太子所广招的异人中的一位，

---

[1] 《史记》卷一〇四《田叔列传》。

隐居在此，太子是特意来投奔他的。太子本人或许也参与了搏斗，因为根据事后的封赏记录，有一人因为在泉鸠里加兵刃于太子，而被封为北地太守。太子眼见是逃不出去了，只得退入房中，关上门，悬梁自尽。有个叫张富昌的兵卒，一脚踢开了门，新安令史李寿冲进去把太子抱了下来。[1]

可太子还是死了，从失败到死亡，共二十余日。

太子的死亡充满了疑点。发现了太子，官府必定会调派优势兵力围捕，保证他无法逃脱。这户人家须卖鞋才能负担几个人的饮食，必定不是富户，宅院不会很大，所以从院子到户门的距离不会太远。综合以上两点考虑，格斗的过程想必不会太长。而太子格斗受伤退入房中准备自尽的措施，需要时间；一个人从上吊到彻底死亡的时间大概需要五至七分钟。这些时间足够抓捕者踹门而入将他解下，但太子还是死了。一个可能是太子并非上吊窒息而死，是被杀死的。支持这一论断的另一个证据是，他的两个儿子并没有选择自杀，却也"皆并遇害"。没有任何记载显示这次抓捕行动让太子一行留有任何一个活口。这说明来人的目的可能并不是"抓捕"，而是杀戮。

那这是谁发出的指令？是天子还是丞相？或者另有他人？

株连与论功

这一回父子反目，株连甚广，《汉武故事》载："治随太子反者，外连郡国数十万人。"虽然未必达到数十万之数，但是处死及下狱的人数当远超战死于长安的人数。

---

[1] 《汉书》卷六三《武五子传·戾太子据》；《资治通鉴》卷二二，征和二年。

太子门下养过许多宾客，来来往往，络绎不绝，这个群体在此次兵变中起了重要作用，事后被严厉追究：只要是曾经出入过太子宫门的，皆处死；跟随太子发兵的，皆以谋反罪族诛。[1]

　　那些并未主动参加，而是被裹挟着参与太子队伍的官吏与士兵，包括长安"市人"，一概流放边郡敦煌。

　　除了门客，朝中协助或参加太子一方的不乏其人。不过在史料中只留下了只言片语的记载，只能依据这些碎片进行推断。

　　太子起兵之初，动用了长乐宫的卫士，这部分军队属于南军，可见至少部分南军已被太子掌握，南军统帅卫尉可能已经加入了太子一方。[2] 此时的卫尉史书无载，[3] 但是此后担任卫尉的是把自缢的太子解下来的新安令史李寿。这说明太子起事之时的卫尉已经被撤换或诛杀。太子斩杀江充后，在上林苑烧死胡巫，上林苑为步兵校尉的管辖范围，这说明步兵校尉很可能投靠了他。[4] 卫尉为九卿之一，秩中二千石；步兵校尉秩二千石。[5] 在大量被湮没或是被有意销毁的史料中保留下来的这些例子可以说明，有部分二千石高官站在太子一边。

　　太子还得到了一些列侯亲贵的支持。东城侯居股直接参加了举兵反叛之事；亚谷侯卢贺接受了太子的符节；平阳侯曹宗参与太子起事。当太子战败、家人四散出逃之时，开陵侯禄收留了太子私幸

1　《汉书》卷六六《刘屈氂传》。
2　据《汉书·百官公卿表》："卫尉，秦官，掌宫门卫屯兵……长乐、建章、甘泉卫尉皆掌其官，职略同，不常置。"长乐宫卫尉不常置，若太子起兵时有长乐宫卫尉，则长乐宫卫尉一定也投靠了太子。
3　据《汉书·百官公卿表》，征和二年（前91年）之前一个有记载的卫尉是路博德，他于元鼎四年（前113年）为卫尉，但是他在太初元年（前104年）受儿子犯法连累免侯，至晚到这个时候，卫尉就不是他了，此后的卫尉是谁没有记载。
4　《汉书》卷一九上《百官公卿表》："步兵校尉掌上林苑门屯兵。"
5　《后汉书·百官志二》；《后汉书·百官志四》。

的女子。

居股是越人的贵族，建元六年（前135年），闽越王郢反汉，被其弟馀善杀死，闽越国被一分为二，汉册封馀善为东越王，另一个宗室繇君丑为繇王。后来，居股继承繇王之位。元鼎六年（前111年），汉征东越，居股与建成侯敖合谋杀死反汉的馀善，向横海将军韩说投降。武帝降封居股为东成侯，闽越国灭。[1]

卢贺是第四代亚谷侯，这个家族与汉家皇室渊源颇深。始祖卢绾与高祖刘邦同年同月同日生，二人从小就是密友。卢绾从微时到征战，始终不离刘邦左右，后封燕王，是追随刘邦起事的丰沛功臣集团中唯一封王的人。高祖临终前，他被逼而反，亡入匈奴。景帝中元五年（前145年），卢绾之孙卢他之归降汉朝，被封为亚谷侯。元光六年（前129年），卢贺嗣位，为第四代亚谷侯。征和二年（前91年），卢贺"坐受卫太子节"，被拷打而死。

曹宗是开国功臣平阳侯曹参的五世孙。曹家与卫氏外戚关系极深。曹宗的爷爷是曹时，奶奶是平阳公主。曹时和平阳公主生有一子名曹襄。曹时死后，平阳公主嫁给了卫青，曹襄娶卫长公主为妻，生子曹宗。因此，曹宗算是太子的外甥。《史记》记载，巫蛊之祸后，曹宗"坐太子死，国除"；但《汉书》则载曹宗是坐"与中人奸，阑入宫掖门"的罪名，以财赎罪，被处以完城旦之刑。若《汉书》所载为真，曹宗之所以能留下一条命，很可能是武帝看姐姐平阳公主的面子。

与居股一起斩杀馀善的建成侯敖，被汉封为开陵侯。禄是第二

---

[1] 《史记》卷一一四《东越列传》。

代开陵侯，其余事迹不详。[1]

征和二年的历史应该经过了武帝、昭帝朝的大量毁灭和删改，更多的细节已经不能发现，但是从这些遗漏下来的点滴来看，参与太子起事的朝臣诸侯不少。从上文的列述来看，这些人中有太子亲属，有功臣后裔，有卫氏集团之人。（越人贵族居股和禄帮助太子，可能是因为他们与韩说有交往，故而被纳入卫氏集团。）

而有明确记载坚定站在武帝一边的是左丞相刘屈氂、侍郎马通以及大鸿胪商丘成等数人。其间则是不愿卷入父子纷争的中间派，如任安、田仁、暴胜之等人，以及没有主动参与平叛的大量其他官员。武帝的胜利很大程度并不是因为得"官心"，而是因为他多年的统治带来的巨大威慑。

太子既死，此事暂做了结，遂行封赏。

> 上曰："侍郎马通获反将如侯，长安男子景建从通获少傅石德，可谓元功矣。大鸿胪商丘成力战获反将张光。其封通为重合侯，建为德侯，成为秺侯。"[2]

马通杀如侯，阻止太子获得长水胡骑与宣曲胡骑这两支强悍的军队，并征发水衡都尉辖下的楫棹士，交给大鸿胪商丘成指挥作战，这些措施对于改变天子与太子双方的军力对比起了决定性的作用。他手

---

1 以上诸人信息，散见于《史记·建元以来侯者年表》《史记·曹相国世家》《汉书·景武昭宣元成功臣表》，后世学者怀疑为后人增补。赵生群的《〈史记〉太初以后记事特征初探》讨论时特意提到这些事例。

2 《汉书》卷六六《刘屈氂传》。原文"马通"为"莽通"。东汉明帝马皇后"恶其先人有反"，改马姓为莽，故史书中谓之莽通。考虑到汉武帝时尚未改姓，故在语言、诏书中还原为马。下同。

第十二章 太子之死

下的景建还捕获了太子的重要助手少傅石德，毫无疑问是首功，因此封侯，食四千八百七十户，封邑在武帝后期的封侯中是相当多的。景建是长安人，职业不详，事变前他的爵位为大夫，这是汉二十等爵中从低向高的第五等。此次因亲手捕获石德，封最高爵位列侯，为德侯，食三千七百三十五户。商丘成因在战阵中生擒太子门客张光，封秺侯，食二千一百二十户，不久后官拜御史大夫。[1]

解下太子的李寿被封为邗侯。踢开户门的小吏张富昌被封为题侯，二者的户数也只有几百户，与前三者不可比。张富昌的侯名"题"，意为踢；李寿的邗侯，也作"抱侯"：这对应他们擒拿太子时的动作，可见他们的侯爵封得很随意。[2]二人能封侯，却颇有深意：

> 上既伤太子，乃下诏曰："盖行疑赏，所以申信也。其封李寿为邗侯，张富昌为题侯。"[3]

诏书说，既然悬赏，即便有所怀疑也要封赏，以此申明信用。所以才封二人为侯。据此，武帝对太子的死是有怀疑的，他怀疑的是什么？是否如上文所说，太子到底是不是因为自缢施救不及而死？

还有一个细节，那就是"上既伤太子"，似乎天子对太子之死有悔意，后世也一再讨论武帝是不是很快就后悔逼死太子。《汉武故事》载："壶关三老郑茂上书，上感寤，赦反者，拜郑茂为宣慈校尉，持节徇三辅赦太子。太子欲出，疑弗实。吏捕太子急，太子自

---

1 《汉书》卷一七《景武昭宣元成功臣表》，卷一九下《百官公卿表》。
2 荀悦《汉纪》载："乃封李寿为抱侯，张富昌为蹋蹏侯。"清人夏燮认为《汉纪》所载无误，"曰蹋曰抱，皆以救太子得名"。见《史记汉书诸表订补十种·校汉书八表》卷五。
3 《汉书》卷六三《武五子传·戾太子据》。

杀。"这番话很难解释得通：既然已经"赦太子"了，为什么吏还"捕太子急"？明显出于编造，是后人哀于武帝与太子的父子相杀而美化的情节。其实后人并不能知道武帝内心的真实想法，武帝这样的雄主，即便有悔意，也不会轻易表露出来。有一个迹象显示，至少短期内他并没有对此事后悔，那就是一个月后的九月，他任命李寿为卫尉。卫尉一职的地位既显贵又重要，新安令史李寿只是二百石的小吏，武帝对他只是初识，了解不多，如果他怀疑李寿或者后悔杀太子，会有这样的安排吗？

除了太子一个尚在襁褓中的孙子，太子一脉在征和二年的巫蛊之祸中被屠戮殆尽。[1]骨肉至亲、父子之情呢？

景帝时，韩安国曾对梁孝王说道："虽有亲父，安知其不为虎？虽有亲兄，安知其不为狼？"[2]在巨大权力的诱惑面前，皇家哪有父子之恩、夫妻之情，一切他人于我皆为虎狼。

巫蛊的诅咒似乎一直萦绕在武帝的身边。他人生中掀起的两次巫蛊大狱中，他对两位皇后毫无恩义可言，选用酷吏，赶尽杀绝。陈皇后一案是张汤办理的，张汤"治陈皇后蛊狱，深竟党与，于是上以为能，稍迁至太中大夫"。这一次的卫皇后太子一案，则是任用杜周，"逐捕卫皇后昆弟子刻深，上以为尽力无私，迁为御史大夫"。二人都列名于《史记》中的《酷吏列传》。

太子既死，卫氏既灭，此事就此了结了吗？"巫蛊诅咒上"这样的行为就此消亡了吗？

---

1 与卫氏有关联之人在巫蛊之祸中的结局，可参见陈啟喆：《"巫蛊之祸"中外戚、权臣势力消长的考证——以〈史记〉〈汉书〉为中心》，《西南古籍研究》，云南大学出版社，2012年。

2 《史记》卷一〇八《韩长孺列传》。

第十三章
李广利与刘屈氂的约定

李氏露峥嵘

征和二年（前91年）长安内乱之时，外患并未停歇。匈奴入上谷、五原。第二年正月，匈奴再入五原、酒泉，杀汉两部都尉。二月，汉分三路大出，贰师将军李广利将七万人出五原，御史大夫商丘成将三万人出西河，重合侯马通将四万骑出酒泉，击匈奴。[1]

匈奴狐鹿姑单于闻汉兵大出，行坚壁清野、诱敌深入之策，将全部辎重北徙至郅居水；左贤王驱其人民向北渡过余吾水六七百里，驻扎于兜衔山。安顿好民众后，匈奴精壮回师迎击汉军，单于自将精兵南渡姑且水指挥全局。[2]

商丘成军出西河后从疾道追击，不见匈奴踪迹，遂返。匈奴派出大将与前几年投降的李陵率三万余骑追击汉军，双方转战九日，南至蒲奴水[3]，匈奴始终无法占到便宜，便放弃追击，引兵北还。

---

1 《汉书》卷六《武帝纪》。《武帝纪》原文作"两都尉"，卷九四上《匈奴传》作"两部都尉"。
2 郅居水为今蒙古国北部之色楞格河，余吾水为今蒙古国中北部之土拉河，姑且水为今蒙古国西南之图音河。
3 今蒙古国西南之翁金河。

另一路马通军出酒泉至祁连山，匈奴派大将偃渠率二万余骑主动进攻马通军，见汉兵强，不可胜，遂引去。马通这一路无所斩获，也没有损失。

李广利一路出五原，匈奴派右大都尉与汉降将卫律率五千骑在"夫羊句山狭"击汉军。[1]然而李广利仅派遣随同汉军作战的两千藩属国骑兵出战，匈奴军队便"坏散，死伤者数百人"。李广利乘胜逐北，追至范夫人城。据说此城本是范姓汉将所筑，他战死后，他的妻子率余部守卫此城，因以为名。"匈奴奔走，莫敢距敌。"[2]

这一战的主帅是李广利，马通和商丘成配合他作战。

马通在巫蛊之变前只是天子身边的侍郎，有没有征匈奴的经历不见记载，但是以侍郎的身份推测，至少没有独领一军的经历。他在巫蛊之变后获封重合侯，第二年春就领兵出征，独当一路，说明他在平定太子之乱中展现出的应变能力、指挥能力被武帝认可。马通在太子之变中表现得如此积极的原因在《后汉书·马援传》中可发现其蛛丝马迹：

> 马援字文渊，扶风茂陵人也。其先赵奢为赵将，号曰马服君，子孙因为氏。武帝时，以吏二千石自邯郸徙焉。曾祖父通，以功封重合侯。

马通的来历只能据曾孙马援来说明了。据此可知，马通是战国时赵

---

[1] 东汉学者服虔说夫羊是地名，唐人颜师古解释句山是西山之意，即匈奴在夫羊这个地方的西山山路狭窄处伏击汉军。今人认为夫羊句山在今蒙古国达兰扎达嘎德西（见《汉书今注》）。
[2] 《汉书》卷九四上《匈奴传》。

国名将赵奢之后，世为赵人，世居赵地，他的父辈在武帝时做到二千石的高官，因为职务调动从邯郸迁到长安，居住于茂陵。如此看来，马通正是通过汉代宗室贵戚、高级官员子弟的身份入宫为郎的。

马通是赵人，其家是邯郸高官，因为不知道他家迁到长安的时间，只能推断或许他少时居住在邯郸。江充是邯郸倡户，曾是赵王刘彭祖的门客，自然经常出入邯郸高门。李广利家是中山倡户，中山也长时间属于赵国。《汉书》还透露一个信息：马通之兄、侍中仆射马何罗素与江充交善。[1] 把这些分散的碎片拼凑起来，一个以同乡为纽带的赵人集团呼之欲出。

可能性一，马何罗马通兄弟、江充与李广利四人或者在赵地就已经结识，江充进长安讼冤及着异装见武帝或许是得到了他们的协助。江充在被罢斥之后仍然能见到天子，知道他为巫蛊所困，可能都是天子身边近臣马何罗、马通安排的。可能性二，江充到长安之后，因为赵人的同乡关系，得以结识三人，参与赵人集团。这个赵人集团的核心利益是拥立李夫人之子刘髆为储君，所以他们在推翻太子刘据的行动中冲锋陷阵，格外出力。

商丘成的籍贯不明，巫蛊之变之时为大鸿胪，位列九卿，掌理"蛮夷"事务。此前他的经历没有任何记载，尚不知他为何在此次事变中坚定地接受马通的指挥，积极地对太子作战。但从他的行为来看，他不管是不是赵人，都应是李氏外戚集团的一员。

如以上推论成立，从巫蛊之变后出征匈奴的安排来看，军事指挥权已完全掌握在李氏外戚集团之手，随李广利出征的两名大将尽

---

[1]　《汉书》卷六八《金日磾传》："初，莽何罗与江充相善……"

是在巫蛊之变中立功封侯之新人。

其实从李广利太初四年（前101年）征大宛回国，封海西侯、食八千户之时起，汉帝国历次出征匈奴的主帅便一直由他担任，但当时配合作战的将领还是卫霍时期的老人。

天汉二年（前99年）五月，李广利以三万骑出酒泉，击右贤王于天山，得匈奴首级及俘虏万余而还。击败右贤王后，李广利军被匈奴主力包围，汉军断食数日，死伤者众多。假司马陇西人赵充国率精选而出的壮士百余人冲锋陷阵，溃围一角，李广利才能引兵由此冲出重围。此役汉兵战死、饿死者多达十之六七，虽然损失惨重，但总有斩获万余级的战绩。此战配合李广利出击的因杆将军公孙敖、强弩都尉路博德没有遇上匈奴军队，无所得而还。主动请战的李陵被围，出塞的五千人只有四百余人得归，李陵力竭而降。[1]

两年后，天汉四年（前97年）正月，汉再次征匈奴。李广利仍为主帅，率骑兵六万、步兵七万出朔方，强弩都尉路博德率万余人与李广利会师；游击将军韩说率步兵三万人出五原；因杆将军公孙敖率骑兵万人、步兵三万人出雁门。这一次出征规模盛大，总计二十余万，李广利统帅的十四万人直扑单于王庭。单于将所部妇孺老弱及牲畜迁移至余吾水以北，自率十万士卒在余吾水南与李广利部接战。交战十余日，汉军撤退。这说明双方不分胜负，汉军无法击溃匈奴，匈奴也无法阻止汉军主动撤退。游击将军韩说没有遇上匈奴，"无所得"。因杆将军公孙敖与左贤王部作战，"不利，引归"，[2]因死伤士卒过多，按律当斩，公孙敖便诈死，隐匿民间。

1　《汉书》卷六九《赵充国传》；卷九四上《匈奴传》。天山即今祁连山，《汉书》卷六《武帝纪》颜师古注："即祁连山也。匈奴谓天为祁连。"
2　《汉书》卷九四上《匈奴传》。《史记·匈奴列传》载李广利所率步兵为十万。

从以上叙述看，李广利统军时期与卫青、霍去病时期比，汉对匈奴已经没有万里征战、摧枯拉朽的绝对优势，双方多是拉锯战，互有得失。但是横向看，同时出军的几路将领，其他人不是无所得就是不利，只有主帅李广利还略有斩获。所以李广利成为这十余年间武帝在军事上依赖的主要对象。

天汉四年（前97年）的这场战役之后，四月，李广利的外甥，李夫人的儿子刘髆被封为昌邑王。[1]

征和三年（前90年）之前李广利的历次出征中，配合他的将领多是卫霍时代的人，路博德元狩四年（前119年）以右北平太守身份随霍去病征匈奴，立功封邳离侯；[2]韩说虽是天子近臣，初次封龙额侯也是因为以校尉从卫青作战有功；公孙敖更是卫青的微时好友。

而到征和三年，巫蛊事变之后，再次出征匈奴的阵容中，李氏外戚相关之人绝对地控制了军队，这是一个重要的改变，也说明李氏派江充、马通等人逼迫太子生变已经获得了预想中的结果。

太子已死，国无储君，天子年高，李氏的下一步棋应是谋立昌邑王为太子。

征和三年春，李广利出征时，丞相刘屈氂为他祖道，送至渭桥。祖道是远行的祭祀仪式，据说昔时共工氏之子修好远游，死于途中，成为出行之神。古人每远行必祭祀他以求路途平安，祭祀后送行之人与将行之人宴饮，称为祖道。席间，李广利趁便对刘屈氂说："愿君侯早请昌邑王为太子。如立为帝，君侯长何忧乎？""屈氂许诺。"[3]

---

1 《汉书》卷六《武帝纪》。《诸侯王表》载刘髆于六月乙丑被立，司马光从《武帝纪》，见《资治通鉴》卷二二《考异》。
2 《汉书》卷五五《卫青霍去病传》。《史记·卫将军骠骑列传》作"符离侯"。
3 《汉书》卷六六《刘屈氂传》。

立储之事向来由天子乾纲独断，臣下不可妄议，何况刚刚发生父子相残、太子被杀的人伦惨剧。刘屈氂是什么来历，李广利与他是什么关系，能当面向他提出此事？

刘屈氂是天子的庶兄中山靖王刘胜之子，东汉季年，刘备口口声声称自己乃中山靖王之后，这个中山靖王就是刘胜。刘胜与弟弟刘彻比较亲近，建元三年（前138年）中山靖王刘胜、代王刘登、长沙王刘发、济川王刘明等刘姓宗室诸侯王入京朝见，武帝设宴招待，中山靖王"闻乐声而泣"。武帝问他原因，他细述了七国之乱后，诸侯王被朝廷派出的官吏严加监视、动辄得咎的境遇，"或无罪，为臣下所侵辱"，"宗室摈却，骨肉冰释"。武帝颇为感慨，于是"厚诸侯之礼……加亲亲之恩焉"。[1] 公孙贺免相后，武帝以刘屈氂代之，诏书中说：

> 其以涿郡太守屈氂为左丞相，分丞相长史为两府，以待天下远方之选。夫亲亲任贤，周唐之道也。以澎户二千二百封左丞相为澎侯。[2]

其中有几个颇值得玩味之处。刘屈氂从涿郡太守一下升到丞相之位，这是非常不同寻常的任命，郡太守再进一步一般是入朝做九卿，再之后才可能做丞相或者御史大夫。[3] 涿郡也非重要的大郡。也正因为

---

[1]《汉书》卷五三《景十三王传·中山靖王胜》。
[2]《汉书》卷六六《刘屈氂传》。
[3] 关于西汉一朝丞相任职资格的演变，可参看祝总斌：《西汉宰相制度变化的原因》，《历史研究》，1986年第2期；陈满光：《西汉丞相选任述论》，《贵州师范大学学报（社会科学版）》，1995年第2期。武帝一朝，丞相的重要性不断下降，但是边郡太守直接任丞相，还是没有先例的。

第十三章　李广利与刘屈氂的约定　213

这个任命过于勉强，刘屈氂论资历实在不足以成为百官之首，所以才捡起了汉家久已不行的左右丞相制度，让他做左丞相，右丞相虚位以待。左右丞相之设在文帝初年之后就多年未实行，刘屈氂败后也没有延续，可见完全就是为他特设的。

虽然诏书里也解释了任命宗室刘屈氂为相是"亲亲任贤，周唐之道也"，强调他宗室的身份。但刘胜一生好酒色，有子一百二十余人，刘屈氂并不是他的嫡子。而且征和元年（前92年）他被任为丞相时，刘胜已经死了二十多年，因此不可能是因为武帝感念兄长刘胜而任用他。

刘屈氂在任涿郡太守前的经历没有任何记载，所以《汉书》说："不知其始所以进。"他的早年历史似乎被有意隐瞒了。只有结合李广利的信息才能够解释刘屈氂拜相的原因。刘屈氂是中山王之子，自然出生成长在中山国，在中山时与中山倡户之子李广利不管是否相识，至少都是同乡，这是能看到的交集，也是他们关系的起点。中间他们的关系如何发展不得而知，总之结局是"贰师女为屈氂子妻"，二人结为儿女亲家。昌邑王继位自然就成了他们共同的最大利益，"故共欲立焉"。[1]因此刘屈氂应该是这个赵人集团的核心成员，于是以上诸多不可解释的事就豁然开朗了。

一个边地郡守何以能一跃而为丞相？一定是李广利动员整个赵人集团全力把他推上去的。太子在杀江充之后为什么兵锋直指丞相府？这是因为太子知道刘屈氂的背景，甚至这一年刘屈氂给了他极大的压迫。刘屈氂为何先要逃走？他不是害怕，而是避嫌。当听到天子要他学周公，"不告而诛管蔡"后，他立即像换了个人似的，全

1　《汉书》卷六六《刘屈氂传》。

力以赴诛灭太子。当他听到田仁放跑太子时,当即"暴怒",不顾自己无权擅诛二千石高官,也要当场处死田仁。这根本不是当初那个贪生怕死、慌乱逃跑、连相印都顾不上的刘屈氂。

征和三年,军权与相权,都在李氏掌握之中,打倒了卫氏外戚集团,新的李氏外戚集团已经上位;太子刘据已死于外,昌邑王刘髆为太子指日可待。

论火候,十分已有九分。可是,螳螂捕蝉,却常有黄雀在后,何况是在长安。

看他楼塌了

刘屈氂刚送走李广利不久,他们的这番对话就被送上了武帝的案头。

举报者为内者令郭穰,他告发:

> 丞相夫人以丞相数有谴,使巫祠社,祝诅主上,有恶言。**及与贰师共祷祠,欲令昌邑王为帝。**[1]

这个时候因为太子而起的巫蛊之狱仍然在全国蔓延,或为自保,或为攻击仇人,告发层出不穷,供词牵连供词,紧张的气氛并未因太子已死而稍有缓解。郭穰告发刘屈氂夫人因为丈夫几次被天子怪罪谴责而使巫者祠祀诅咒天子,其中有罪恶的言辞,大致是希望天子速死之类。在当时的环境下,这种告发假的多,真有实据的少。可

---

[1] 《汉书》卷六六《刘屈氂传》。

关键的一点是，他竟然掌握了刘屈氂与李广利共同"欲令昌邑王为帝"一事。

内者令属少府，职掌宫内卧具帷帐，多由宦者担任。[1]他怎么能知道丞相府中发生的巫蛊诅咒之事？怎么能掌握丞相与贰师将军谋于密室的大计？他又出于什么动机告发此事？丞相与贰师若败，他能得到什么利益？

有司奏请查验郭穰的举报，皆得实据，罪至大逆不道。六月，天子有诏：以运载食物的厨车拉着丞相在长安游街示众，之后腰斩于东市；其妻与子枭首于长安八街之一的华阳街，所谓枭首即是斩首之后将首级悬挂于闹市。[2]对刘屈氂一家，武帝极尽羞辱之能事，可是他是否考虑过，前年是公孙贺，今年是刘屈氂，都是他亲自选的丞相，羞辱他们不也是羞辱自己吗？高层权力斗争就是一把双刃剑，总是宣示敌人是如何不堪，久而久之，看客也会联想：你是否也是如此？

李广利的妻子家人等关联者也被下狱，等待李广利到案一并处罚。

从三月送别，志得意满，约举大事，富贵更上层楼，到六月身死家破，亦不过百日。

这么大的案件，牵涉最高军事将领和百官之长，从告发到处刑为何如此快速而决绝？李广利还领着十数万士卒在国境之外作战，天子为何毫无一点儿投鼠忌器之意？从"丞相数有谴"所透露的信

---

[1] 《汉书·百官公卿表》记少府属官为："中书谒者、黄门、钩盾、尚方、御府、永巷、内者、宦者八官令丞，诸仆射、署长、中黄门，皆属焉。"《汉官仪》载："内者，令主帷帐。"内者令的职责参看卢兆荫：《略论两汉魏晋的帷帐》，《考古》，1984年第5期。
[2] 《资治通鉴》卷二二，征和三年六月。

息来看，长安之变刚结束，天子就对刘屈氂有了诸多不满，可从侧面看出他对丞相在其中的角色已有所怀疑。

明末清初史家王夫之认为，刘屈氂对太子"必出于死战，此其心欲为昌邑王地耳。太子诛，而王以次受天下，路人知之矣。其要结李广利，徇姻娅而树庶孽，屈氂之慝，非一日之积矣"。[1]意为刘屈氂因为与李广利的婚姻关系，对太子下死手，是为给昌邑王谋帝位，谋划布局已久，长安路人皆知。武帝再次兴起大案，表明此时他并未属意诸庶子，同时出于巨变之后的复杂感情，他以巫蛊咒诅罪名快速腰斩了刘屈氂，并收系李广利妻子。大军在境外就将统帅的家人下狱，这也可看出天子这几年的决策暴躁轻浮，一错再错。

李广利还能有什么选择吗？

消息传到前线，李广利"忧惧"，他的属官胡亚夫劝他不能束手回长安面对狱吏辩白，说：

> 夫人、室家皆在吏，若还不称意，适与狱会，郅居以北，可复得见乎？[2]

你的家人全都下狱了，就等你回去，明显天子这是要兴大狱。你回去之后，如果不能让天子回心转意，那就只能在狱中与家人相会，再也不能回到军中了。《汉书》只说胡亚夫"避罪从军"，意思含混，不知道是此前有罪逃来从军，还是原为李广利在长安的下属，在这次抓捕中逃脱到了军中。如果是后者，那么他已知道刘屈氂的下场，所以对李广利说的是委婉之词，其意为回长安必死无疑。"郅

---

[1] 《读通鉴论》卷三《武帝·二九》。
[2] 《汉书》卷九四上《匈奴传》。

居以北"代指匈奴,"可复得见乎?"是隐含其词,李广利可以理解为自己不会再有机会重掌军权,也可以理解为回去就会被处死,虽欲复降匈奴而不可得。但是这种大逆不道的话不能直接说出来,只能闪烁其词。

虽然李广利多次与匈奴作战,杀伐甚多,但是当时汉匈双方都对投降的将领极为优待。单说武帝一朝,天汉二年(前99年)随李广利出征的李陵兵败投降后,单于将女儿嫁给他,封他为右校王;再早有卫律,降匈后封为丁灵王。李广利全家下狱,从刘屈氂的下场来看,他一定也是被族诛,投匈奴对他来说是合理的选择。

但是李广利犹豫不定,他决定深入匈奴搏一把,以为能建奇功让天子回心转意。他挥师北上至郅居水畔,匈奴已渡河北去,南岸无敌踪。李广利派护军率两万骑渡过郅居水,在水北逢匈奴左贤王、左大将所率两万骑,两军合战一日,汉军杀左大将,匈奴死伤甚众。似乎李广利就要赌成功了,但是内部出了问题。长安的消息已经在军中传开了,有人坚定支持李广利,愿意继续接受他的指挥;有人认为他已是戴罪之身,失去了指挥军队的资格。军中长史与决眭都尉煇渠侯共谋曰:"将军怀异心,欲危众求功,恐必败。"[1]二人认为李广利为了自己赎罪而邀功,把军队陷于险境,必败,于是共谋抓捕李广利。长史的名字已经失传,煇渠侯名叫雷电,是归义侯仆朋之子,既被封为归义侯,也是匈奴降将。[2]这个密谋被李广利知晓,斩长史,煇渠侯结局不明。虽然解决了这两人,但是二人代表的必然是军中一部分将士的立场。

---

1 《汉书》卷九四上《匈奴传》。
2 《汉书》卷一七《景武昭宣元成功臣表》。关于匈奴降将事宜,可参秦铁柱:《西汉时期匈奴归义列侯论析》,《商丘师范学院学报》,2013年第10期。

军队内部分裂，不能上下一心，再战便有危险，李广利不敢乘胜扩大战果，引兵撤至燕然山[1]。180多年后，东汉外戚窦宪大破北匈奴，登上燕然山，命中护军班固作《封燕然山铭》，并在随后的战役中彻底解决了困扰汉朝三百余年的匈奴之患。

但是，今日李广利在燕然山遭遇的是截然不同的命运。

汉军冒险进击，虽然取得一时的优势，但又因内部分裂而退军，疲态已显，被匈奴侦知。单于亲率五万骑半途截击汉军，双方展开一场恶战，彼此杀伤甚众。至夜，匈奴在汉军阵列前挖掘数尺深的壕沟，绕至汉军后方发动急速而猛烈的冲击，后有匈奴冲锋，前有壕沟挡路，汉军陷入大乱。李广利的希望彻底破灭，遂降，数万汉军也随他陷入匈奴。

从太初元年到征和三年（前104年—前90年），李广利两次对大宛用兵，三击匈奴，功业虽不及卫霍，但也影响西域诸国甚深。

关于他在西域的传说到东汉魏晋时还有流传，《东观汉记》载：

> 耿恭以疏勒城傍有水，徙居之。匈奴来攻，绝其涧水。城中穿井十五丈，无水。吏士渴乏，笮马粪汁饮之。恭曰："闻昔贰师将军拔佩刀刺山而飞泉出，今汉德神灵，岂有穷乎！"乃正衣服，向井拜，为吏请祷，身自率士负笼。有顷，井泉喷出，吏士惊喜，皆称万岁。

范晔的《后汉书·耿恭传》亦载有此事。耿恭是东汉名将，他在疏勒被围是东汉永平十八年（75年）之事。李广利拔刀刺山而出的泉

---

[1] 今蒙古国杭爱山。

叫"贰师泉",又名悬泉,在当代发现的敦煌遗书中,还有多份写卷提及贰师泉。其中《沙州都督府图经》载:

> 《西凉录·异物志》云:汉贰师将军李广利西伐大宛,回至此山,兵士众渴乏,广[利]以掌拓山,仰天悲誓,以佩剑刺山,飞泉涌出,以济三军,人多皆足,人少不盈。侧出悬崖,故曰"悬泉"。

李广利在传说中已经半人半神。[1]在他活着时,匈奴就很忌惮他,单于出征之前举行祭祀仪式时,也常宣誓要取李广利来献祭保佑胜利的天神。所以,李广利降入匈奴后得到了极高的尊宠,单于把女儿嫁给李广利为妻,封王。

消息传回长安,武帝族灭李氏宗族。

李广利降入匈奴比直接回长安授首只不过多活了一年多的时间,并非匈奴有意杀他,他是败于故人之手。在匈奴的汉朝降人中有一个李广利的老朋友,名叫卫律。他本是长水胡人,与李广利、李延年兄弟熟识,尤其与李延年友善。李延年推荐他出使匈奴,使团还未回国,便传来李延年被武帝诛杀的消息,卫律不敢回国,便降了匈奴。[2]由于他本是胡人,又熟悉汉朝情况,深受匈奴单于喜爱,获封丁灵王,常在单于身边。李广利投入匈奴,卫律本当与他友爱才是,可是卫律是个心胸狭窄的人,他见李广利所受的重视、尊宠在他之上,心生妒意,便寻机陷害。

---

[1] 张鸿勋:《抽刀刺石壁 志感飞泉涌——唐代敦煌贰师泉传说寻水故事的考察》,《天水师范学院学报》,2008年第3期。

[2]《汉书》卷五四《李陵传》。

第二年，单于之母阏氏有病，匈奴是巫医一体，给人治病的也是胡巫，卫律私下买通来治病的胡巫，教他说："这是上一代单于在发怒，老单于说：过去我们出征祭祀时，常常向上天祭告，得汉贰师将军便以他的头献祭，今得贰师，何故不以其祭天？"

上天的意思是不可违抗的，何况单于过去祭祀时确实对上天时时许下这样的诺言，单于只好逮捕李广利，杀他祭天。李广利死前大骂："我死必灭匈奴！"这一年是征和四年（前89年）。[1]

自李广利没入匈奴后，汉失士卒数万人，元气大伤，不复出兵。三年后，武帝崩。

征和三年（前90年）李广利降匈奴一事，也是伟大的司马迁在《史记》中写下的最后一笔，他大概也是死于这几年。王国维在《观堂集林》卷十一《太史公行年考》中写道："案史公卒年，绝不可考。……然视为与武帝相终始，当无大误也。……今观《史记》中最晚之记事，得信为出自公手者，唯《匈奴列传》之李广利降匈奴事（征和三年），余皆出后人续补也。"司马迁经历了巫蛊之祸，但可惜的是，他没能留下多少有价值的材料。后人主要是通过《汉书》与《资治通鉴》来了解此事。

刘屈氂和李广利的家族已被诛灭，但是，或许能认定为李氏外戚集团的其他几个成员是一个个地以其他的名义被清除的，其原因不是很清楚。或许他们的关系当时隐藏得较深，武帝是一点点发现的；又或许刚刚经过太子大狱，株连甚广，不到一年，取而代之者又都被打成十恶不赦之徒，朝野动荡不说，也彰显天子无识人之明。为了政局稳定，为了天子颜面，所以慢慢解决较好。

---

[1] 《汉书》卷九四上《匈奴传》。

第一个倒霉的，就是邗侯、卫尉李寿，他于征和三年坐送李广利征匈奴出长安界而诛。[1]卫尉负责长安城的治安，守土有责，非有诏不得出长安界，否则算擅离职守。他为李广利送行，要多送几步，就送出了长安界。这件事可见他和李广利的关系很深，也可见送行出长安界在正常情况下并不算很严重的事，所以他并没有特别在意。看来他的罪名就是随便找的。

这两三年，御史大夫商丘成似乎过得很难受，后元元年（前88年）夏六月，他竟然在文帝庙中喝醉了酒，坐在堂下唱歌，其中有辞曰："出居，安能郁郁！"此举坐诅咒，大不敬，商丘成自杀。[2]而李广利死于去年，从时间上推算，消息应该传到了长安，很难不让人把他的醉酒歌唱与李广利的失败死亡联系起来。商丘成自杀的第二年春正月，李夫人之子昌邑王刘髆薨，谥为哀，死因不明。这或许可以有助于理解商丘成这两年面对的环境。

昌邑王的死，无疑标志着李氏集团的彻底破产。但也不是所有人都坐以待毙，当武帝处死江充三族时，马何罗、马通兄弟便知道，所有与李氏外戚有关联的人都逃不过一死，他们决定拼死一搏，除掉武帝。关于此事的记载充满传奇色彩，却矛盾重重，粗看精彩，细究不解。

马何罗的职位是侍中仆射。侍中是内朝加官的一种，意为可入侍禁中，在天子身边服务，多至数十人，侍中的长官为侍中仆射。[3]能够出入禁中，应该是马氏兄弟图谋政变的一个基础。他们要谋逆

---

1 《汉书》卷一七《景武昭宣元成功臣表》。李寿的罪名还有一条："又使吏谋杀方士，不道。"
2 《汉书》卷一七《景武昭宣元成功臣表》。
3 《汉书》卷一九上《百官公卿表》："仆射，秦官，自侍中、尚书、博士、郎皆有。古者重武官，有主射以督课之，军屯吏、驺、宰、永巷宫人皆有，取其领事之号。"

的意图被另一位内朝官员侍中驸马都尉金日磾看出来了,但是后者又没有实据,金日磾便私下严密监视马何罗,和他一起进出殿中。马何罗也察觉到了金日磾的疑心,因此一直没找到机会动手。武帝一次行幸甘泉林光宫时,马何罗兄弟决定行动,史书载:

> 何罗与通及小弟安成矫制夜出,共杀使者,发兵。

照此说,三兄弟是要实行兵变,伪造诏书。乘夜外出,不知道他们杀的是什么使者,然后发兵。接下来发生的事惊心动魄:

> 明旦,上未起,何罗亡何从外入。日磾奏厕心动,立入坐内户下。须臾,何罗褎白刃从东箱上,见日磾,色变,走趋卧内欲入,行触宝瑟,僵。日磾得抱何罗,因传曰:"马何罗反!"上惊起。左右拔刃欲格之,上恐并中日磾,止勿格。日磾捽胡投何罗殿下,得禽缚之。穷治皆伏辜。[1]

天刚刚亮的时候,天子还未起床,马何罗从宫外进来。金日磾这几日身体有些不适,睡在天子所居殿中的值日之所,正要向厕所去而心中突然涌现不祥的预感,于是立即入殿,坐在内殿的门下。不一会儿就看见马何罗从东厢过来,袖中藏着一把刀。看见金日磾,马何罗脸色变了,快步向天子卧室冲去,半路撞到一把瑟,在黎明静谧的宫殿中发出刺耳的声响。马何罗一愣,延缓了脚步,金日磾抓住机会抱住马何罗,大喊:"马何罗反!"天子从梦中惊起,左右侍

---

[1] 《汉书》卷六八《金日磾传》。《资治通鉴》卷二二亦载此情节,文字略有不同。

卫涌出，拔刀要砍马何罗，天子怕误伤金日䃅，阻止侍卫。金日䃅将马何罗扔到大殿台阶之下，左右涌上将他绑了起来。所有参与者都被供出。

班固在《汉书》中的这段记载充满了细节描写，犹如亲历，很像《史记》中荆轲刺秦王的一段，在同时期的历史材料中极为少见。司马光在编纂《资治通鉴》时，将这段情节几乎原封不动地照搬过来，为了增加"真实感"和"现场感"，司马光还特意将《汉书》原文中金日䃅口中喊的"莽何罗反"还原为"马何罗反"。如果这不是版本流传过程中出现的讹误，而确实是司马光所改，从这一点或许也能看出，司马光同样认可这段史料的真实性。

但恰恰是这段看起来极为真实的记载，充满了矛盾和诡异之处。若依此记载，发生的只是一场鲁莽而不成功的个人刺杀，此前所说的发兵一事就没有了交待。如果发动的是一场兵变，马何罗何必一个人来执行这场毫无胜算的刺杀？如果本来没有兵变，那么马通、马安成矫制，杀使者，发兵的事又如何解释？本来要惊天动地的兵变为何只浓墨重彩地记下马何罗的孤注一掷？

有一些只言片语或许可以说明的确存在兵变，据《汉书·景武昭宣元成功臣表》的记载："重合侯莽通，坐发兵与卫尉溃等谋反，要［腰］斩。"一个名叫溃的卫尉也参与了此事。还有一个证据是景建，那名跟从马通力战捕获太子少傅石德，而以功封德侯的长安男子，在后元二年（前87年）坐共马通谋反被腰斩。可见参与此事的人不少，在马何罗一个人急奔入武帝卧室的时候，他们在干什么？

此事还有一个重大的疑点长期被忽视，据《汉书》的《武帝纪》《霍光传》，马何罗、马通等人所发动的这场叛乱发生在后元元年

（前88年）。但在《景武昭宣元成功臣表》中，马通、景建"谋反"，都是在后元二年，比上述记载推迟一年，同样的情况，还有商丘成"自杀"的时间。这些是记载的笔误，还是藏有历史的重大隐情？须知，历史记载的矛盾处往往是有意遮掩的重大关节处。本书后面的章节将会试图解释这个矛盾。

还是在后元二年，据《景武昭宣元成功臣表》，那名踢开太子自缢的户门而得封侯的山阳吏张富昌"为人所贼杀"，不知与此事有无关联。至此，征和二年因太子反长安而受益的一众人等，全都身死名灭。[1]而这一年，正是武帝驾崩之年。

李氏外戚集团尽灭之时，太子之位仍然悬置，巫蛊之变这件事了结了吗？

---

1 蒲慕州对涉及巫蛊之祸人员的下场做了极为详细的梳理，见其论文《巫蛊之祸的政治意义》，《"中央研究院"历史语言研究所集刊》，1986年1月。

第十四章
托孤

托孤何人

卫氏外戚集团是以血缘和军功为纽带，李氏外戚集团则以地域为认同，在巫蛊之祸及其余波中，武帝大袖一挥，二者皆灰飞烟灭。可是长生终是一场空，再不情愿，天子终会撒手人寰；再不舍得，帝位总需后人继承。依照《汉书》《资治通鉴》纸面上的记载，武帝立储托孤的故事是这样的：

巫蛊之变后，做了三十多年太子的刘据死去，储君之位虚悬。武帝除刘据外，还有五个儿子。次子刘闳，为王夫人之子，封齐王，元封元年（前110年）早死。三子刘旦，封燕王；四子刘胥，封广陵王。他二人的母亲是李姬，此人不见其他记载，只是称"姬"，不记品级，地位应该不高。子以母贵，二人为嗣的资格就不太够。除了出身之外，《汉书》认为二人不得立也与其自身德行缺陷有关：燕王旦"为人辩略，博学经书杂说，好星历、数术、倡优、射猎之事，招致游士"；广陵王胥"好倡乐逸游，力扛鼎，空手搏熊羆猛兽"。二人"皆动作无法度，多过失，故上皆不立"。[1] 太子死后，刘

---

[1] 《汉书》卷六三《武五子传》；《资治通鉴》卷二二，后元元年。

旦似乎并没有认识到自己在出身和德行上的缺陷，认为天子已无嫡子，按长幼秩序应该立他为太子，便主动派使者至长安上书，要求进京宿卫。这过于露骨的觊觎储君之位的举动，让武帝大怒，将其使者下狱。[1]其后又因为刘旦藏匿亡命之人，燕国被削去良乡、安次、文安三县。五子即昌邑王刘髆，李广利、刘屈氂事败之后，连累他也丧失了继嗣的可能。

那么就只剩下幼子刘弗陵了。此子除了出生就不同寻常外，才几岁的时候，长得就比同龄人高大，各种表现也显示出人很聪明。武帝非常喜欢这个孩子，认为他才像自己，早早地就想立他为太子。但是因为武帝已年高，刘弗陵年纪太小，钩弋夫人又很年轻，武帝担心"其年稚母少，恐女主颛恣乱国家"，由此导致国家动乱。犹豫良久，遂决定立子杀母，以大臣辅佐幼主。[2]

那么自己身后该以谁辅佐幼主呢？《汉书》和《资治通鉴》都说武帝选择的是霍光："察群臣唯光任大重，可属〔嘱〕社稷。"[3]在杀了钩弋夫人之后不久，武帝命宫中画师画了一幅画像赐给霍光，画中是周公背着年幼的成王接受诸侯朝拜。后元二年（前87年）春，武帝病重，霍光跪在病榻前流泪，问："如有不讳，谁当嗣者？"天子回答："君未谕前画意邪？立少子，君行周公之事。"君臣对答之时，另一位近侍金日磾也跪在旁边。霍光顿首谦让说："我不如金日磾。"慌得金日磾也赶紧顿首道："我能力不如霍光，而且我是个匈奴人，要是我做辅政大臣，岂不是让匈奴嘲笑大汉无人。"武帝再

1　《汉书》卷六三《武五子传·燕剌王刘旦》。《资治通鉴》载武帝将其使者斩首于北阙。
2　《汉书》卷九七上《外戚传·孝武钩弋赵倢伃》。
3　《汉书》卷六八《霍光传》。《资治通鉴》记载意同。

说什么没有，史无记载。[1]根据这一段对话，武帝亲口指定了霍光为辅政大臣的核心。这段重要的对话不清楚具体的时间和地点，只知道发生在后元二年年初。

后元二年正月，诸侯王到甘泉宫朝会天子。有学者认为这次朝会"可能含有镇抚诸侯，要他们拥护弗陵的意义"，[2]是武帝向诸侯王口头传达他的想法，为刘弗陵继位做准备。当然这也只是推测，未见任何文字记载，参加这次朝会的诸侯王的传记中也未见他们提到武帝表达了这个意思。巧合的是，太子之位此前有力的竞争者昌邑王刘髆死在这段时间，可能是在这次朝会前后死去，死因不明。[3]有人猜测很可能是武帝为刘弗陵即位扫清障碍而做的安排。

后元二年二月，天子从甘泉宫前往长安近旁的五柞宫。

二月乙丑（十二日），诏立弗陵为皇太子，弗陵时年八岁。

二月丙寅（十三日），任命霍光为大司马、大将军，金日磾为车骑将军，太仆上官桀为左将军，受遗诏辅少主。又升任搜粟都尉桑弘羊为御史大夫。四人都是在武帝寝宫之内、卧榻之下领受的诏命。

二月丁卯（十四日），天子崩于五柞宫，入殡未央宫前殿。

二月戊辰（十五日），太子即皇帝位，是为昭帝。

这个时间表是根据《汉书·武帝纪》《汉书·霍光传》《资治通鉴》综合而成。从时间来看，武帝的安排相当紧迫，而他钦点四人为辅佐昭帝的托孤大臣，汉朝此前从无这样的先例，这四人是什么来头，能得天子如此信任，担负如此重任？

---

1 《汉书》卷六八《霍光传》；《资治通鉴》卷二二，后元二年。
2 罗义俊，《汉武帝评传》，上海人民出版社，1988年，第327—328页。
3 张小锋：《卫太子冤狱昭雪与西汉武、昭、宣时期政治》，《南都学坛》，2006年第3期。

自从元封五年（前106年）卫青死后，大司马、大将军一职虽没有废除，但也未再授予他人。李广利最显赫的时候也没有得到大将军这个军中最高职位。十九年之后，这个头衔落到了从未带过一天兵的霍光头上。霍光受命后，辅佐昭、宣两代帝王，他于地节二年（前68年）过世后，宣帝迫不及待地废除了大将军一职，此后大司马只冠其他将军之号。

霍光被异母兄霍去病送入宫后，一直随侍在武帝身边。到征和二年（前91年）巫蛊之变时，霍光已在武帝身边近三十年了，[1]应该以武帝的视角见到了本书所述之事的绝大部分过程。有据可查的是，元狩六年（前117年），霍去病死前上书请立三位皇子为王，是霍光在内廷协助转送奏章，此时他的职务是御史、守尚书令。霍去病死后，霍光的职务是奉车都尉、光禄大夫。

尚书令秩千石，是负责内廷与外朝文书传输的中层官员。奉车都尉负责皇帝的车舆出行，为天子近臣；光禄大夫是秩比二千石的高级官员，掌顾问应对。霍光的跃升，可能与其兄病逝、武帝恩荫霍氏子弟有关。霍光在武帝身边三十多年，《汉书》评价他"出则奉车，入侍左右，出入禁闼二十余年，小心谨慎，未尝有过，甚见亲信"。[2]对这段话反过来理解，即是霍光在出征、出使、治理郡县、理财各项实际政务方面并无经历，也无任何功绩。

金日䃅本名日䃅（Mìdī），此为匈奴名，他是匈奴休屠王的太子。元狩二年（前121年）秋，匈奴浑邪王与休屠王共谋降汉，休屠王半途反悔，浑邪王杀休屠王，并其部。年仅十四岁的日䃅和母

---

1 据《汉书·霍光传》载，霍光是在霍去病凯旋时从河东郡的平阳侯国被带回长安，此后任郎、诸曹侍中，元狩六年时已是御史，守尚书令。
2 《汉书》卷六八《霍光传》。

亲休屠王阏氏、弟弟伦一起随匈奴浑邪王降汉。此后日䃅一家都入宫中服务，日䃅在黄门署养御马。有一次武帝在宫中游宴，一时兴起，要看看他的马，便召人牵马过来。日䃅和数十人牵马经过殿前供武帝检阅。天子身边围满了后宫佳丽，其他牵马的人都忍不住偷看美色，只有日䃅目不斜视。他又长得容貌庄严，身材高大，"长八尺二寸"。汉时一尺大约23厘米，日䃅则高约190厘米，即使在今日看来，都非常高大，而汉代黄河流域及其以北人的平均身高为166～168厘米，[1]他的同僚霍光约高169厘米，后世的王莽约高173厘米，日䃅的身材给人的感觉在当时更可想而知。而他养的马又很"肥好"，英雄配骏马，自然是鹤立鸡群，引起天子注意，招他近前问话。日䃅讲了他的出身来历，天子大为怜惜，当场就命他沐浴更衣，拜为宫中养马的首领——马监。此后日䃅不断升迁，为侍中、驸马都尉、光禄大夫，在天子身边服务，也如霍光一般小心谨慎，从未有过失，大得信任。天子出行常常与他同乘一车，在宫中时时让他随侍左右。因为休屠王在匈奴执掌祭天的金人，所以天子赐日䃅姓金氏。

金日䃅与武帝的关系甚至超出了一般天子与臣子的关系。金日䃅的母亲病死之后，天子命画师画出她的容颜，挂在甘泉宫中，画中写上"休屠王阏氏"五字。《汉书》对此的解释是因为"日䃅母教诲两子，甚有法度，上闻而嘉之"。除此之外，史料只记载了武帝将宠爱的李夫人的画像挂在宫中之事，未曾提到挂过其他姬妾嫔妃之像。

金日䃅有两个儿子，武帝很爱他们，他们成为天子的"弄儿"，

---

[1] 彭卫：《秦汉人身高考察》，《文史哲》，2015年第6期。

常常在武帝身旁陪他玩耍。其中一个孩子有一次从天子身后抱着他的脖子戏耍，金日䃅在天子身旁看见，用眼睛瞪着孩子。孩子哭着跑走，说："爸爸生气了。"武帝马上训斥金日䃅："你干什么凶我这孩子？"[1]

上官桀是陇西人，此地靠近边塞，民风彪悍，多出武将。李广家就是陇西骑射世家，入长安为郎，之后为将征匈奴。上官桀走的也是一样的路。他年轻时做羽林期门郎，以力大闻名。有一次他随武帝去甘泉宫，路遇大风，车盖兜风，车舆前进困难，上官桀就举着车盖顶着大风紧跟着武帝的车走。不久下起了雨，他就举着车盖为武帝的车挡雨。他不但臂力出众，也颇有急智与辩才。他曾做未央厩令，负责看管、喂养未央宫的马。武帝患了一场重病，病好后去看马，马大多都瘦了。武帝大怒："你以为我再也见不着这些马了吗！"

同样的事此前也发生过，武帝曾经在鼎湖病了很久，后受游水发根召唤扶病巡幸甘泉，去往甘泉的道路已失修，颠簸不堪，这是右内史义纵的管辖范围，武帝发怒："纵以我为不复行此道乎？"记恨在心。当年冬天，义纵因阻碍朝廷的告缗法被弃市。[2]

面对同样突如其来的危险，上官桀则处理得很得当，他叩头说："臣闻圣体不安，日夜忧惧，意诚不在马。"话未说完，泪下数行。武帝被此言此举打动，认为他对自己非常忠心，从此将他引为近臣，加侍中，逐渐升至九卿之一的太仆。[3]

关于上官桀还有一个记载，贰师将军李广利第二次征大宛时，上官桀以搜粟都尉从征，有功，拜少府。以前认为这是同名的两人，

1　《汉书》卷六八《金日䃅传》。
2　《史记》卷一二二《酷吏列传》。
3　《汉书》卷九七上《外戚传·孝昭上官皇后》。

第十四章　托孤　231

近世学者考证，这一时期，只有一个上官桀。[1]看来，他和李广利有一定关系。

权力结构的变迁

以上诸人，都是天子近侍，多为内朝官员。武帝为什么不选用其他元勋故旧、朝中重臣辅政呢？原因简单而残酷，这个群体已经被武帝摧残殆尽，几乎无人可选了。

武帝对元勋故旧的打击是一个长期渐进的过程。

太初三年（前102年），太常、睢阳侯张昌因为办理祭祀事宜有过错，被剥夺爵位，取消封国。张昌是汉朝开国功臣集团后裔的代表性人物，他的祖上是协助高祖刘邦打天下的赵王张耳。张耳之子张敖娶吕后独女鲁元公主，这个家族极为显赫。所以他被除国之事，被司马光在《资治通鉴》中作为一个标志性事件特意提出。

汉立国之初，高祖大封功臣，封为列侯者143人。高祖与列侯共同用红字写下封爵之誓："使黄河如带，泰山若厉，国以永存，爰及苗裔。"即便黄河只有衣服带子那么一点水流了，即便泰山只剩磨刀石那么一小块儿了，刘氏也保证各位的封国永存，传之后世子孙无穷尽。到吕后秉政时，给列侯排定位次，将名录藏于宗庙之中，将副本收录于有司，意在重申对功臣们爵位永续的保证。一直到武帝中期之前，三公九卿等高官，绝大部分出自这一集团。[2]

1　吴树平：《上官桀历官搜粟都尉考》，《文史》第8辑。转引自方诗铭：《西汉武帝晚期的"巫蛊之祸"及其前后——兼论玉门汉简〈汉武帝遗诏〉》，《上海博物馆集刊》第4期。
2　《汉书》卷一六《高惠高后文功臣表》；《资治通鉴》卷二一，太初三年。关于盟誓对西汉前期政局的影响，可参见孙家洲：《西汉前期三大政治集团的"平衡"及其破局》，《理论学刊》，2019年第6期。

但是，这一盟誓并未能如约。一方面，贵族子孙多骄奢淫逸，轻于犯法，以至殒身失国。另一方面，武帝也有意打击权贵。元鼎五年（前112年）的酎金案，一次即夺侯106人，占当时列侯的半数。此后在元封六年（前105年）、征和二年（前91年），也发生过小规模的酎金夺爵事件。

所以，张昌失侯之时，高祖所封的143家列侯，到此时已所剩无几，例如酂侯萧何之后萧寿成、曲周侯郦商之后郦世宗、汾阳侯靳强之后靳石。不过，他们也没能熬过武帝一朝。

靳石在武帝太始四年（前93年）五月，办理涉及名叫可年的小吏的案件时，因为偏袒放过可年而国除。萧寿成在元封四年（前107年）因主持祭祀时用的牺牲太过瘦弱，国除。［后因为萧何功劳太大，宣帝时（前66年）续建酂侯封国，一直延续到王莽时。算是"与国永存"。］郦世宗传爵给其子郦终根，郦终根在后元二年（前87年）坐诅咒罪被诛，国除。[1]

除此之外，巫蛊之变中一批依附卫氏和太子之人遭到杀戮，这些人多出自元勋家族。平阳侯曹宗即是一个代表，他的背后还有许多这样的亲贵子弟。他们从征和三年、四年直至后元二年武帝薨时，深陷巫蛊之中，以"祝诅上"的罪名被杀。根据当代学者研究，其中包括三位高祖功臣之后：缪侯郦终根、戴侯秘蒙、埤山侯其仁。两位九卿：大鸿胪戴仁、京兆尹建。数十位列侯，如：开陵侯禄、浞野侯赵破奴、承父侯续相如、鄗侯刘舟、按道侯韩兴、安檀侯刘福、遒侯陆则、容城侯徐光、襄城侯桀病已、散侯董贤、膫侯毕奉义、外石侯吴首、下酂侯黄奉汉。其中一些是匈奴、两越降汉封侯

---

1 《史记》卷一八《高祖功臣侯者年表》。

者及其后裔。[1]

　　按照此前的政治传统，这些勋贵子弟先是为郎，在天子或太子身边学习历练，然后再根据他们的能力和际遇走上高级官员职位，直至三公九卿，在故主先帝身后辅佐新帝，以保证国家的稳定和权力架构的延续。但是，经过为了加强君权而对他们长期有意识地进行打击，以及利用巫蛊一案集中消除太子和昌邑王集团势力，旧有的贵族官僚集团已经支离破碎，噤若寒蝉，这可能是武帝本人都不想看到的结果。结果他只能依靠缺乏深厚家族背景的中低层官员和身边的近侍们来扶持他的幼子，继续执掌已经问题重重的帝国。这也是西汉中期权力结构的重大变迁——长期占据高位的开国功臣后裔集团烟消云散，新的群体逐渐形成。

　　正因为这样，田千秋只是小小的高庙郎，就因为上书说中天子心事，便立刻超擢为中二千石级别的大鸿胪，第二年就成为百官之首的丞相。这时有这样际遇的人不止田千秋。田广明，本也是武帝的近侍，后为淮阳郡太守，征和三年（前90年）九月，据说一名卸任的县令与其宾客图谋反叛，田广明捕杀了为首者，就因为这点儿微不足道的功劳，他被提拔接替田千秋为大鸿胪。[2]王䜣，原为郡县小吏，经御史大夫暴胜之举荐，得武帝赏识，以极快的速度升至右扶风。[3]

　　以上数人的飞速升迁并非孤例，武帝、昭帝权力接交之际有记载的高层官员中，只有桑弘羊曾在元封元年（前110年）担任过大

---

[1] 参见蒲慕州：《巫蛊之祸的政治意义》，《"中央研究院"历史语言研究所集刊》，1986年1月；蔡亮：《重塑统治集团：西汉巫蛊案的再解读》，《湖南省博物馆馆刊》第7辑，以及氏著《巫蛊之祸与儒生帝国的兴起》一书。

[2] 《汉书》卷九〇《酷吏传·田广明》。

[3] 《汉书》卷六六《王䜣传》。

司农一职，其他人都可称为刚刚进入权力核心的政治暴发户。

除了以上原因，如果一定要理解武帝为何选择这五位大臣（霍光、金日䃅、上官桀、田千秋、桑弘羊）辅政，似乎还能找出两个原因：第一，五人虽无大功绩，但做事谨慎，至少在武帝在世时没有犯过错。特别是霍光和金日䃅，史书反复提到他们谨慎无过。第二，五人的出身与传统的政治世家没有关联，即便是霍光，也能看出他在霍去病死后就与卫氏保持了距离。上官桀虽然曾随李广利出征，但是其联系似乎也就仅此而已。这五个人在储君之位的争夺中都置身事外。

那么，从防范外戚干政、加强君主权力的角度来说，武帝为幼子做出的选择达到目的了吗？

确实，武帝晚年，已无外戚，君权达到巅峰。但是昭帝年幼之时，霍光借助与金日䃅、上官桀结成儿女亲家获得了牢固的地位；借助盐铁会议排挤外朝实权派桑弘羊，杀田千秋女婿让他噤声；再借燕王刘旦的谋反事件一举铲除了鄂邑盖长公主与上官桀、桑弘羊的小集团。他独揽大权，在昭帝之后自行废立。武帝身后，君主之权何在？

武帝提拔的小官王䜣在昭帝年间官至丞相，死后传爵于其子王谭，王谭参与了霍光废昌邑王刘贺、拥立宣帝一事，地位更加巩固。王谭死后其子王咸袭爵，王咸之女就是王莽的原配夫人。武帝身后，外戚之祸何尝得免？

霍光的外孙女嫁给了皇帝，霍光便也成了外戚。俗语说"螳螂捕蝉，黄雀在后"，若说储君之位是蝉，先占的卫氏是螳螂，那么李氏集团便是黄雀。可是，黄雀之后还有黄雀。不管霍光与李氏之间还有没有别的黄雀，这场长途角逐，不管有心还是无意，霍光才是最后得手的黄雀。霍光之后,外戚干政已成惯例,终于导致王莽葬送了西汉。武帝若地下有知,会不会有早知今日,当初何必废立太子、清剿卫氏之感慨?

　　以上这些,就是正史纸面上所记的武帝临终托孤之事。可是,这些故事靠得住吗?

第十五章
皇帝一无所知

疑 云

上一章叙述的故事简略说来是这样的：太子刘据死后，武帝见其他三子皆不可立，遂决意立刘弗陵为储君，因此杀钩弋夫人，托孤于霍光等人。这是《汉书》《资治通鉴》呈现于明面上的记载，已成为后世对这一事件的共同认知。但细究起来，这段历史的叙述矛盾重重，漏洞百出。梳理这些矛盾之处，推敲这些漏洞之所在，辅以一些基于史料的合理推理，似乎能看到一个不一样的历史面貌。

疑点之一，武帝其他三子是不是真不可立？

依《汉书》所载，燕王旦、广陵王胥二人的德行似有明显的"缺陷"。燕王旦"为人辩略，博学经书杂说，好星历、数术、倡优、射猎之事，招致游士"，[1]这在后世儒生眼中不是帝王所应有的德行，但是看看武帝一生所为所好，迷信方士，求取长生，耽于歌舞声色，却与此子多有相合。广陵王胥"好倡乐逸游，力扛鼎，空手搏熊羆猛兽"，[2]这些无非是和当年曾祖文帝在霸陵陡坡上欲驱车驰

---

[1] 《汉书》卷六三《武五子传·燕剌王旦》。
[2] 《汉书》卷六三《武五子传·广陵厉王胥》。

骋而下、祖父景帝要亲身下场斗野猪、武帝率侍卫在上林苑"驰射鹿豕狐兔，手格熊罴"[1]一样的举止。如果武帝挑选储君看重的真是"类我"，那这些才是像他的地方，并非如班固所评价的"动作无法度"。而刘弗陵在武帝杀其母时才六七岁，这个年纪的孩子倒未必能看出"类我"来。

至于说武帝杀钩弋夫人是为了防止女主专政，这时刘旦、刘胥都已成年，其母已死，立二人为帝，不但没有女主专政之弊，也无大臣专权之患。即便刘旦、刘胥因为其母地位卑微而不得武帝器重，刘髆也是一个人选。他在李广利事件之后未被剥夺王爵，表明并未深涉其中，而其母族已败，也是比孤立无依的八岁幼子更好的选择。若以上理由立得住脚，那这三子都不是绝对不可的选择。

疑点之二，武帝是不是真的要立刘弗陵为帝？

武帝为何非要册立幼子，不惜为此先杀其母，再以近臣顾命？以武帝如此睿智，怎会做出如此叠床架屋、大费周章的安排？

按照史书记载，武帝在后元元年（前88年）杀钩弋夫人之前便已有立刘弗陵之心，并且在杀钩弋后直言不讳地对近侍说了杀母立子的意思。巫蛊之变后，接下来谁为储君是举朝最关注的事，这番话一定会在最短的时间内传出去。天子真意已大白于天下，为什么不尽快立弗陵为太子，让群臣安心，非要到临死前一天才仓促立弗陵为太子？

刘弗陵继位后，赐诸侯王玺书，正式昭告天下，武帝已薨，新帝已立。刘旦得书，按礼应该哭先帝之薨，但是他不肯哭，说："玺书封小。京师疑有变。"[2]随后派遣幸臣寿西长、孙纵之、王孺等以问

1　《汉书》卷六五《东方朔传》。
2　《汉书》卷六三《武五子传·燕剌王旦》。

238　巫蛊乱长安：汉武帝晚年的夺嫡暗战

礼仪为名去长安打探。他们找到负责卫戍京城的最高指挥官执金吾郭广意，问了他三个问题：

帝崩所病？立者谁子？年几岁？

先帝是怎么死的？所立的是哪位夫人之子？今年多大了？从问话来看，燕国君臣对刘弗陵的情况完全不了解，如果朝臣已经知道了天子属意弗陵，这么重要的消息一定会传到对储君之位虎视眈眈的燕王耳中。

郭广意回答：我当时在五柞宫外待诏，只听宫中闹哄哄地喊说皇帝驾崩了，诸位将军（指大将军霍光、车骑将军金日䃅、左将军上官桀）共立太子为帝，太子年纪大概八九岁，在葬礼时没有临朝接见百官，因此我也没有见到过。执金吾贵为九卿之一，又承担卫戍京城的重任，他对武帝的死因竟然毫不清楚，只是听闻宫中传出消息，并且似乎对太子的情况并不了解。这些都不太合常理，他可能对此也有所怀疑，但不敢公开说，只是隐晦曲折地向燕国使者表达了其中可疑之处。

根据《汉书·百官公卿表》，就在是年，郭广意被免职，不知是不是因为这番对答。

三名使臣据此回国报告，燕王果然起了疑心，说："上弃群臣，无语言，盖主又不得见，甚可怪也。"武帝驾崩时只有几个近侍在旁，没有对大臣留下公开的遗言，欲求证于姐姐盖长公主也未得见，这种情况很可疑。这也煽起了燕王对帝位的野心，于是他公开提出被立为帝的不是武帝之子。在褚少孙补记的《史记·三王世家》中，刘旦则直接说所立的是霍光之子。他认为自己是武帝在世诸子中的长子，应该立他，于是联系齐王之子刘泽等欲谋反。[1]

公卿大臣集议，认为此时不宜起兵镇压，这会促使刘旦的说法更大范围地散布于天下，于是派宗正率领使团到燕国晓谕燕王。宗正是负责皇室宗族事务管理的大臣，他到燕国之后，首要的事就是向燕王讲清"昭帝实武帝子状"。可见刘弗陵之立已经引起了天下广泛的怀疑，也再次证明他并没有在很久前就作为未正式赋予太子名分的储君被周知。[2]

疑点之三，既然储君都有疑点，那么托孤一事就也值得考察了。

武帝是否真有托孤一举？到底托给谁？看似不存在问题的事，仔细核对史料，竟然有四种名单。

《汉书·昭帝纪》记载：

> 以侍中、奉车都尉霍光为大司马大将军，受遗诏辅少主。
> 明日，武帝崩。戊辰，太子即皇帝位……大将军光秉政，领尚书事，车骑将军金日䃅、左将军上官桀副焉。

依此，接受遗诏辅政的只有霍光一人。金日䃅任车骑将军，上官桀任左将军，协助霍光执政。任命这二人的依据没有明说，看文意似乎是霍光以昭帝名义发布的旨意。值得注意的是，霍光在被任命为大司马大将军前，职位只是侍中、奉车都尉，武帝十余年间都没有给他更高的位置，就如同他杀钩弋夫人后很长时间都没有立刘弗陵

---

[1] 《史记》卷六〇《三王世家》："会武帝崩，昭帝初立，旦果作怨而望大臣。自以长子当立，与齐王子刘泽等谋为叛逆，出言曰：'我安得弟在者！今立者乃大将军子也。'欲发兵。"

[2] 《史记》卷六〇《三王世家》。

为太子。巨大的改变都是在武帝驾崩前一天发生的。

《汉书·金日䃅传》记载：

> 及上病，**属霍光以辅少主**，光让日䃅。日䃅曰："臣外国人，且使匈奴轻汉。"于是**遂为光副**。

依此，武帝的病榻前只有霍光、金日䃅两人，遗诏只是指定霍光一人辅政，因为霍光谦让，临时指定金日䃅为副，并没有上官桀为副的记载。

《汉书·霍光传》则记载：

> 上以光为大司马大将军，日䃅为车骑将军，及太仆上官桀为左将军，搜粟都尉桑弘羊为御史大夫，**皆拜卧内床下，受遗诏辅少主**。

依此，霍光、金日䃅、上官桀、桑弘羊四人同在武帝病榻前，共同接受遗诏。

《汉书·车千秋传》载：

> 武帝疾，立皇子钩弋夫人男为太子，拜大将军霍光、车骑将军金日䃅、御史大夫桑弘羊及丞相千秋，**并受遗诏，辅道少主**。武帝崩……

那么受遗诏辅政的则是霍光、金日䃅、田千秋、桑弘羊，没有上官桀。

第十五章　皇帝一无所知　241

上述各份记载提供了四份不同的托孤名单：一、霍光（《昭帝纪》）；二、霍光、金日䃅（《金日䃅传》）；三、霍光、金日䃅、桑弘羊、上官桀（《霍光传》）；四、霍光、金日䃅、桑弘羊、田千秋（《车千秋传》）。

除霍光以外，受诏者的人数和姓名在不同的记载中变动不定，显然可见它们是出自不同来源。这些材料互相矛盾，则透露出它们可能在不同的时间被多次篡改，以致互相不能呼应，给后世留下了痕迹。[1]班固写作《汉书》之时，已经不能分辨何者为真，于是只能照实记录，留待后人澄清。

可能的真相

篡改及伪造的证据同样也在传达信息，认真分析这些互相矛盾的记录，也能揭示被遮蔽的历史之一角。

首先似乎能确证的是，遗诏顾命一事并不存在，只是相关人等伪造了这件事。所谓受遗诏顾命的大臣集团名单不是一次成型的，此后根据不同时期的需要，编造出了不同的版本。真话只有一个版本，假话才会因为各种原因，每讲一次都有出入。

其次，这件事的核心当是霍光无疑，所以在所有的版本中都有他。以他日后的权力和地位，也只有他能掌握这件事的叙述权。金日䃅和霍光一样，也是内朝官员，而且从其他记载来看，他很得武帝信任，极为亲近，武帝晚年时他应当在内朝掌握了极大的权力。霍光素非重臣，要在仓促间掌控权力，必须要有他的首肯与配合。

---

[1] 安子毓：《西汉武昭之际政局辨疑》，《齐鲁学刊》，2020年第4期。

而且他是匈奴人，在汉家朝廷的权力核心中不太可能对霍光产生威胁，取而代之，最高也只能是处于副手的地位。这个因素也已经清楚明白地以他的谦让之辞记在《汉书·金日䃅传》中了。所以金日䃅应该是在一开始，就被霍光放心地拉入了此事的策划执行之中。

辅佐幼帝处理朝政，不能只有两个内朝官员，必须要有外朝大臣的服从与配合。霍光首先能想到的自然是自己熟识的人，上官桀就是一个合适的人选。他曾经是侍中，与霍光同在内朝服务，相处得应该很不错，因此两人结为儿女亲家，上官桀之子上官安娶了霍光之女。上官安与霍女的女儿在昭帝始元四年（前83年）被立为皇后，"年甫六岁"。[1]由此可推断霍光与上官桀至少在后元元年（前88年）之前就已结为儿女亲家，他绝对是霍光可以信任的人。武帝驾崩时上官桀的官职是太仆，已经是外朝官员，并且位列九卿之一，足够显要。此外，上官桀还有军中的背景，他曾经带兵随李广利出征，表现勇猛。因此他被任为左将军。

武帝病逝之时，田千秋任丞相。参考巫蛊之变时刘屈氂守长安的情况，可知按制度，天子出行，丞相应该在长安镇守，不应该随侍在五柞宫。从立太子的时间来看，武帝似乎死得比较仓促突然，应该来不及将丞相从长安招至身边受遗诏。所以田千秋不可能当面承受遗诏。但他作为外朝文官体系的首领、辅佐幼帝的顾命大臣，没有他不合情理，未来政务也无法顺利开展，所以他的名字应该是在公布遗诏时被人加了进去。

除了辅政名单的混乱，还可以证明原始档案被不断篡改的证据，

---

[1] 《汉书》卷九七上《外戚传·孝昭上官皇后》。

第十五章　皇帝一无所知

是霍光受封大将军的时间也不一致。照《汉书·昭帝纪》《汉书·霍光传》的记载，霍光在武帝驾崩前一天（丙寅，二月十三日）下达辅政遗诏的同时被封为大将军大司马。而《汉书·百官公卿表》里却记载，霍光是在武帝驾崩当天（二月十四日）受封。《史记·汉兴以来将相名臣年表》则记载，武帝驾崩后两天（二月十六日），霍光、金日䃅、拜将封侯。[1] 受封的时间至关重要，因为这决定了受封的性质。二月十三日受封，是武帝生前的任命；二月十四日受封，是不是武帝本人的旨意便令人怀疑了；而二月十六日受封，矫诏的可能性更大。

霍光受封大将军的时间越往前，越可能是武帝生前意愿，他的合法性也就越强，所以他本人当然不会有将这一日期向后移的动机。昭帝之后的宣帝为霍光所立，宣帝本人及之后皇帝的合法性都与霍光辅政的合法性绑定。霍光死后，宣帝将霍光后裔以谋反名义灭族，但是霍光本人的名誉、陵墓皆未受影响，就是因为宣帝考虑到不能因否定霍光而影响到自己的合法性。因此宣帝自然也不会修改档案将霍光获封的时间推后。由此看来，《汉兴以来将相名臣年表》虽然是西汉后期学者所补，但记录的或许是历史的原始情况。

那么真实的情况到底是什么呢？光从以上疑点，我们只能推断史料的叙事中哪些是有问题的，但是还不能够厘清事情到底是什么样的。还需要掌握更多的证据，才能做出更有把握的猜测。这就又要回到马何罗那次奇怪的刺杀案。

这次失败的刺杀案按《汉书·武帝纪》的记载发生在后元元年

---

[1] 《汉书》卷一九下《百官公卿表》："二月丁卯，侍中、奉车都尉霍光为大司马大将军。"《史记》卷二二《汉兴以来将相名臣年表》："己巳，光禄大夫霍光为大将军，博陆侯；都尉金日䃅为车骑将军，秺侯；太仆安阳侯上官桀为左将军。"

（前88年），此事除了给霍光、金日磾、上官桀日后封侯提供依据外，似乎并未对历史产生什么影响，可是细究起来，此事带来了太多不可解的问题。《汉书·霍光传》记载："先是，后元年侍中仆射莽何罗与弟重合侯通谋为逆，时光与金日磾、上官桀等共诛之，功未录。"没有提供任何细节。而根据《汉书·金日磾传》对此事绘声绘色的描述，这次兵变起始是"何罗与通及小弟安成矫制夜出，共杀使者，发兵"，在实际发生时却简化为金日磾对马何罗的监视与阻拦他入武帝寝宫行刺。并没有记载因此立功、一并得封侯的霍光、上官桀做了些什么。

可是《汉书·景武昭宣元成功臣表》里写着重合侯马通"谋反"是在后元二年（前87年），马通的同谋德侯景建"谋反"也是记在后元二年。如果说"二"字是"一"字的笔误，那么竟然会错了两次？

这时候，出现了一个关键的证据，《汉书·景武昭宣元成功臣表》记载，与马通一同谋反，最后被腰斩的，还有一个卫尉，名叫溃。在《汉书·百官公卿表》的记载中，后元元年任卫尉的人名叫"不害"，后元二年任卫尉的人是"遗"，再下一年，昭帝始元元年（前86年）任卫尉者为天水人"王莽稚叔"（名王莽，字稚叔）。这三年换了三个卫尉，也可见形势动荡。但其中，并没有名叫"溃"的卫尉。

有史家认为，"溃"实在不是一个好字眼，应该不会有父母用它来做孩子的名字。而"溃"和"遗"的字形相近，在史籍校勘学上有一种情况叫"形近而误"，即因为字形接近而在传抄中产生错误。所以基本可以推定，《公卿表》中后元二年的"守卫尉遗"就是《功臣表》中的"卫尉溃"。既然"遗"在后元二年担任卫尉，那么，他参与马何罗、马通等人的叛乱也只能是在后元二年。[1]

如果只是有人篡改了时间，没有篡改地点的话，叛乱既然发生在甘泉林光宫，那此事应该发生在一月。武帝本月在此接受诸侯王来朝，二月就去了五柞宫。昌邑王刘髆明确记载死于后元二年一月，死因不明。似乎可以把这两件事联系起来：或许武帝一月杀昌邑王在先，李氏残余势力为了自保，掀起武装政变；或许武帝在朝会之后身体出现大问题，行将离世，李氏残余势力想用武装政变来拥立昌邑王，事败，连累昌邑王一并被杀。根据《功臣表》，两越降侯如膫侯毕取、外石侯吴阳、下鄜侯黄同等在后元二年皆因"祝诅"罪被杀，当时驻守长安的八支部队中有越骑，很可能他们也卷入了这场政变导致两越降侯被杀。[2]这才可以印证"矫制夜出，共杀使者，发兵"的记载，此事远不只是一场宫廷刺杀，应当是一场规模不小的军事政变。霍光与金日磾在宫中镇压马何罗率领的内朝势力，太仆上官桀在宫外平定越骑等叛乱军队。在镇压政变的过程中，霍光等人掌握了军队与内朝的主导权，控制了或许已经一病不起的武帝，乘着形势动荡的余波，在武帝死后炮制了遗诏。他们之所以要在事后的记载中将叛乱的时间向前推一年，就是为了显示立太子、武帝遗诏让霍光等人辅政、武帝驾崩这一系列事件是在安定祥和的环境

---

[1] 方诗铭：《西汉武帝晚期的"巫蛊之祸"及其前后——兼论玉门汉简〈汉武帝遗诏〉》，《上海博物馆集刊》第4期。

[2] 安子毓：《西汉武昭之际政局辨疑》，《齐鲁学刊》，2020年第4期。关于汉朝的军队中的"越骑"，有两种说法，如淳认为是"越人内附以为骑"，晋灼认为是"取其材力超越也"。学术界对两种观点历来争议纷纭。王子今认为考虑"越骑"和"胡骑""羌骑"并说的史例，似乎应当重视出身"越人"之说的合理性。见其论文《汉朝军制中的"越骑"部队》，《史学月刊》，2010年第2期。关于越骑在长安军事力量中的作用，可参见谢彦明：《西汉八校尉军事建置考辨》，《上海大学学报（社会科学版）》，2008年第6期。

中发生的，没有任何外部不稳定因素能影响这一切的合法性。[1]

可惜，作伪不是一件容易的事，何况如此重大而公开的事，需要篡改的材料太多了，很难彼此丝丝入扣，一定会存有许多混乱与矛盾之处，这给后人留下了探寻真相的蛛丝马迹。

昭帝继位的第一年，始元元年（前86年）九月初一，金日䃅病情恶化，即将不起。霍光忽然说，武帝驾崩前曾经有遗诏，因为平定马何罗叛乱的功劳，要封金日䃅为秺侯，上官桀为安阳侯，霍光为博陆侯。当时金日䃅谦让说新帝年少，不肯受封，因此三人皆未受封。现在应当在金日䃅死前完成封侯，于是即日奏明九岁的昭帝，在病榻前授予金日䃅侯爵及印绶。一同立功封侯的霍光、上官桀也就顺便接受了封号。侍中王忽在外扬言：

> 帝崩，忽常在左右，安得遗诏封三子事！群儿自相贵耳。[2]

王忽是卫尉王莽之子，王莽是霍光的亲信，刘旦谋反时称"独患大将军与右将军王莽"，[3]可见王莽与霍光关系之亲密，也能说明其军事才能不低。因此，王莽在卫尉遗被杀后接任了这一掌控宫廷军事力量的重要职位，并在以后得升为右将军。王忽本是霍氏自己人，他说这句话不是敌对者的抹黑，很可能是权贵子弟不懂事，炫耀宫中秘辛而已。这句话可以作为第一手证据，揭示以上猜测的一角。

这话传到霍光耳中，霍光招来王莽严厉批评，王莽回家后毒杀

---

[1] 方诗铭：《西汉武帝晚期的"巫蛊之祸"及其前后——兼论玉门汉简〈汉武帝遗诏〉》，《上海博物馆集刊》第4期。
[2] 《汉书》卷六八《金日䃅传》。
[3] 《汉书》卷六三《武五子传·燕刺王旦》。

王忽。

总的来说，接近这件事真相的推论可能是：武帝迷信长生，不愿预先立太子，到临终之际，出于身体原因，或是遇上马何罗兵变这样的外部突发事件，又或是二者的叠加，未必还有从容立太子的机会，就此撒手尘寰。他突然去世后，刘弗陵以孤幼之身居于宫中，外朝耆宿重臣不存，难免激起霍光等中朝官员的野心，他们遂乘乱假称遗诏，拥立幼帝，自称辅政。外朝丞相不过是田千秋这样的二流货色，无可奈何。所以近代史家吕思勉先生也说："然则昭帝之立，果武帝意与否，信不可知矣。"[1]

不可知的可不只这一件事。

---

[1] 吕思勉：《秦汉史》，上海古籍出版社，2005年，第132页。

第十六章
天子后悔了吗

父子之间,人所难言

有两件事一直让后世关注巫蛊之祸的史家困惑不已,两千年来聚讼纷纭。其一是对于长子之死,武帝到底有没有悔意?其二是武帝晚年对于自己一生之行事有无反思?死前是否曾对大政方针改弦易辙?

太子逃出长安之初,下落不明。武帝怒气极大,臣下既忧且惧,难以揣测天子的真实想法。这时,上党郡壶关县的三老令狐茂赴长安上书天子为太子辩解。

三老来自汉基层自治的制度设置,每乡选举一名具备正直、刚克、柔克三种德行的长者为乡三老,掌一乡的教化。从本县的乡三老中选出一人为县三老,令狐茂应该是壶关县的县三老。

《汉书》将此事书于太子兵败出奔和自缢之间,准确时间不可知。从太子兵败逃亡至自缢大约二十余日,壶关县属于今天的山西长治,距长安大约六百公里,再算上令狐茂亲赴建章宫上书路上需要的时间,可以推见十日之内,长安所发生的事就已经传播到了近千里外的壶关。

其书曰：

> 臣闻父者犹天，母者犹地，子犹万物也。故天平地安，阴阳和调，物乃茂成；父慈母爱，室家之中，子乃孝顺。阴阳不和则万物夭伤，父子不和则室家丧亡。故父不父则子不子，君不君则臣不臣，虽有粟，吾岂得而食诸！昔者虞舜，孝之至也，而不中于瞽叟；孝己被谤，伯奇放流，骨肉至亲，父子相疑。何者？积毁之所生也。由是观之，子无不孝，而父有不察。
>
> 今皇太子为汉适嗣，承万世之业，体祖宗之重，亲则皇帝之宗子也。江充，布衣之人，闾阎之隶臣耳；陛下显而用之，衔至尊之命以迫蹴皇太子，造饰奸诈，群邪错谬，是以亲戚之路隔塞而不通。太子进则不得上见，退则困于乱臣，独冤结而无告，不忍忿忿之心，起而杀充，恐惧逋逃，子盗父兵，以救难自免耳，臣窃以为无邪心。
>
> 诗曰："营营青蝇，止于藩。恺悌君子，无信谗言。""谗言罔极，交乱四国。"往者江充谗杀赵太子，天下莫不闻，其罪固宜。陛下不省察，深过太子，发盛怒，举大兵而求之，三公自将，智者不敢言，辩士不敢说，臣窃痛之！臣闻子胥尽忠而忘其号，比干尽仁而遗其身，忠臣竭诚不顾铁钺之诛以陈其愚，志在匡君安社稷也。诗云："取彼谮人，投畀豺虎。"唯陛下宽心慰意，少察所亲，毋患太子之非，亟罢甲兵，无令久亡。臣不胜惓惓，出一旦之命，待罪建章宫下。[1]

令狐茂上书的核心是把责任推给了江充，是他"衔至尊之命以迫蹴

---

[1]《汉书》卷六三《武五子传·戾太子据》。

皇太子，造饰奸诈，群邪错谬"，狐假虎威，逼迫太子。太子起兵的性质是"子盗父兵，以救难自免耳"，儿子操弄父亲的军队，只是自保而已，不是要造反，不是觊觎父亲的大位。"臣窃以为无邪心"——有没有"邪心"是给此事定性的关键。

储君制度是一种非常矛盾的制度安排，既早早地确定了他是皇位唯一的合法继承者，又最不能容忍他对皇位表现出一丝一毫的觊觎。武帝之所以"发盛怒，举大兵而求之"，根本原因恐怕还是苏文等人的报告让他认为太子起兵的意图并非自保，并非杀江充泄愤，而意在抢夺大位。现在一个身处千里之外、与权力中心毫无瓜葛的县三老指出太子只是杀奸臣，不是谋帝位。而且他所举《诗经》中的"营营青蝇，止于藩。恺悌君子，无信谗言"一句，东方朔死前的上书同样也有提及，这更容易让武帝相信这是从庙堂到江湖的不谋而合。

接受这样的解释，武帝在心理上恐怕会好受一些。毕竟天子也是人父，父亲面对亲生儿子起意弑父，心里总会有些许难过吧，这也是他"怒甚"的原因之一。

所以，武帝看到上书后，有所"感寤"，有所感触而觉悟。他在"感寤"什么？天子后悔了吗？

可是从表现于外的行事看，似乎并没有。在上书的末尾，令狐茂恳请天子停止派兵追索太子，不要让太子长久流亡在外。但武帝显然没有发出这样诏令，也没有下达赦免太子的旨意，关中的兵吏们还在积极地搜捕太子。故而司马光在书写这段历史时，补了一句："然尚未敢显言赦之也。"[1]

---

[1] 《资治通鉴》卷二二，征和三年。

可能就是在武帝看到上书有所"感寤"的同时，在之后几天，长安二百公里外的湖县，太子在一间农舍中与父亲派来追捕他的兵吏搏斗，并死在这里。他咽气之前的最后一个念头是什么？他是原谅了父亲，还是在用尽最后一丝力气发出诅咒？

莫非，武帝是还需要些时间再好好想想吗？

太子死后，告发巫蛊的风气并未平息，官吏与平民都积极地投入举报告发的热潮之中。

如果一个人不抢先告发任何一个可能会告发他的人，他就一定会被其中一个人告发。

而只要他被告发，他很大概率就会被投入大狱拷打案验，如果没有极有权力之人保护，不论其事有无，他的罪行一定都会被坐实。

短短的时间内，数万人因此丧命，所有人都知道这是荒谬的，但是所有人都被驱赶着投入这场集体的荒谬之行。渐渐地，武帝再也不能继续无视这场荒谬之行了，放在他的案头等待他批示的大案越来越无法自圆其说，他指定复核的案子"案验多不实"。[1] 因为这一切都是起于要查太子的巫蛊之罪，所以武帝逐渐接受太子可能并没有行巫蛊诅咒他的事实，逐渐怀疑太子是为江充所迫，惶恐无以自明而起兵杀江充，并非要与他争大位。但这只是他内心的想法，群臣不能猜到，猜到了也不敢向天子求证。还需要一个合适的人在一个合适的时机把天子内心的想法外化出来，让众人知道。或者说，给天子一个台阶下。

在征和三年（前90年），这个人出现了。

此人叫田千秋，和令狐茂一样也是一个基层官员——高寝郎，

---

[1]《资治通鉴》卷二二，征和三年。

即守卫高祖庙陵寝的郎官。他说有非常紧急之事要立刻上书，书中说他梦见一个白头老翁教他转告天子："子弄父兵，罪当笞。天子之子过误杀人，当何罪哉！"这明显是在为太子的行为定性——"过误杀人"。这整件事要简单化处理，不应该上升到更严重、更复杂的政变层面。这个意思戳中了天子的内心，"乃大感寤"，立刻召见田千秋，对他说了一番推心置腹的话："父子之间，人所难言也，公独明其不然。"然后武帝指出，这不是田千秋个人的梦，而是高祖庙的神灵"使公教我"。高庙神灵自然是刘氏的祖先之灵，"子弄父兵"本质上是刘氏的家事，刘氏祖先来指示自然是最合适、最明智的，比起壶关三老自己的见解自然有更高的权威性。于是武帝的心结解开了，大为欣喜，既然田千秋是奉高庙神灵之意来教导自己，那自然要留下他来辅佐。于是武帝当场拜田千秋为大鸿胪。从几百石的高寝郎，一跃而为九卿之一、秩二千石的大鸿胪，这种超乎寻常的拔擢似乎展现了武帝的悔悟。司马光为了突出这一思想转变的彻底，在《资治通鉴》中紧接着就写道："而族灭江充家，焚苏文于横桥上；及泉鸠里加兵刃于太子者，初为北地太守，后族。"[1]而在《汉书》中，这几件事其实发生在第二年田千秋升为丞相之后。

天子可怜太子的无辜，建了一处思子宫，并在他的逝世处湖县之西，建"归来望思之台"，[2]意为天子远望而思太子，希望太子之魂归来。

那么，都到这个时候了，能说武帝就对太子之事的处理方式悔悟了吗？

他内心的想法世人不得而知，不过，此时太子唯一留在世上的

---

[1] 《资治通鉴》卷二二，征和三年。
[2] 《汉书》卷六三《武五子传·戾太子据》。

孙子刘病已还被关在长安狱中，武帝是知道这一点的，但他直到驾崩之时，也并未释放刘病已，为太子恢复名誉。

这段时间武帝的诸种举措如此矛盾重重，到底是因为什么？

武帝之所以在这段时间做出一些对太子缓和的举措，除了汉朝内部上书所代表的"民间舆论"外，可能还与外部形势有关。据《汉书·匈奴传》，李广利降入匈奴后，匈奴挟初胜之威，派遣使者来见武帝，送上单于的书信，提出了颇具羞辱性的要求。其书曰：

> 南有大汉，北有强胡。胡者，天之骄子也，不为小礼以自烦。今欲与汉闿大关，取汉女为妻，岁给遗我蘖酒万石，稷米五千斛，杂缯万匹，它如故约，则边不相盗矣。

其中说匈奴要与汉南北抗礼，瞧不上汉人的俗礼，要汉每年送上美女、美酒、粮食、丝帛，以得平安。

武帝不得不忍下这口气，虽然拒绝，但并没有报复，只是派使者护送来使回国。由此可见李广利事件后汉匈的力量对比发生了一些转折。汉使见到单于后，单于指使左右嘲讽汉使，说："汉，礼义国也。贰师道前太子发兵反，何也？"你们口口声声说自己是礼仪之邦，怎么也有父子相斗的事？看来李广利已经向匈奴报告了汉朝最近的政治状况，其中尤其重要的就是太子起兵一事。使者只能辩解为这是太子与丞相的冲突："然。乃丞相私与太子争斗，太子发兵欲诛丞相，丞相诬之，故诛丞相。此子弄父兵，罪当笞，小过耳。"然后反唇相讥："孰与冒顿单于身杀其父代立，常妻后母，禽兽行也！"你们的冒顿单于杀自己的父亲自立，娶父亲的妻妾，这是禽兽所为。单于大怒，扣留了使者三年才放他回国。

可以看出，汉使的应对与壶关三老、田千秋相同，都回避了父子矛盾。这是在一个以孝道标榜的国家中，对内对外都不能承认、放任的大事，汉使这么说，想必在出使前已得到过授意。所以武帝必须在公开场合做出父子间其实无事的样子。

在中国几千年的历史长河中，巫蛊之变有何意义，引得历代史家皆来品评？

如果只从武帝与太子父子相残的层面解读，后人多认为主要责任在武帝。宋人洪迈评价说："汉世巫蛊之祸，虽起于江充，然事会之来，盖有不可晓者。……木将腐，蠹实生之；物将坏，虫实生之。"[1] 在洪迈看来，江充只是一个外因，本质上是"木将腐""物将坏"，根子上出了问题，这所谓的"根子"即是武帝本人。晚年的武帝"春秋已高，忍而好杀"。李陵降匈奴后，内心苦闷。汉使苏武陷于匈奴不得脱，在北海牧羊。李陵去找他谈心，评价这几年的武帝是"法令无常，大臣无罪夷灭者数十家"。除了滥杀大臣，武帝对骨肉至亲也毫无顾惜，这次巫蛊之祸牵连之广，"以妻则卫皇后，以子则戾园，以兄子则屈氂，以女则诸邑、阳石公主，以妇则史良娣，以孙则史皇孙。骨肉之酷如此，岂复顾他人哉！"卫后所生的诸邑、阳石两公主，在太子未败之前数月即已因牵连公孙贺一案下狱诛死，那么可以想见，即便没有江充进谗言、挑起巫蛊之事，她们的母亲与兄长也难以自保得全。

但是，只是将此事归为君王晚年昏庸、残忍嗜杀，则巫蛊之变并无太大的意义。这样的事在全世界数千年的历史中反复发生，中国南北朝时期更残酷血腥的宫廷杀戮所在多有。那么我们所追问的

---

[1] ［宋］洪迈：《容斋续笔》卷二《巫蛊之祸》。

"天子后悔了吗"的问题，便也只是局限在父子夫妻之情是否在武帝的愧疚追悔中得到修复而已。

天意高难问

北宋著名史学家刘攽是司马光编纂《资治通鉴》时最为重要的助手之一，钱锺书称许他"也许在史学考古方面算得北宋最精博的人"[1]。《资治通鉴》的《汉纪》部分主要出自刘攽之手。在叙述巫蛊之祸这段历史时，面对诸多残破甚至互相矛盾的史料，刘攽选取之精妙，被当代史家田余庆评价为"取材和编排最具匠心"。

刘攽编排史料时，把巫蛊之祸与武帝一朝政治方针的冲突、转折紧密联系起来，把许多看起来无关的人物与事件排比勾连，揭示武帝与太子的矛盾其实是两种治国理念的冲突，背后有刻深求利之吏和宽厚长者两个权力群体的对立。这种冲突和对立最终只能以更换储君来得到彻底解决，父子兵戎相见是这一冲突对立的高潮。但是高潮之后还有高潮，那就是武帝的彻底悔悟。这不只是父子亲情的救赎，而是武帝在执政的末期，人生的晚景，对自己一生功业的反思，对治国理念的反省，最终导致了大政方针的彻底转向。

这一点同样也为总主编司马光所认可，他在《资治通鉴》中如是评价：

> 臣光曰：孝武穷奢极欲，繁刑重敛，内侈宫室，外事四夷，信惑神怪，巡游无度，使百姓疲敝，起为盗贼，其所以异

---

[1] 钱锺书：《宋诗选注·刘攽》，生活·读书·新知三联书店，2019年。

于秦始皇者无几矣。然秦以之亡，汉以之兴者，孝武能尊先王之道，知所统守，受忠直之言，恶人欺蔽，好贤不倦，诛赏严明，**晚而改过，顾托得人**，此其所以有亡秦之失而免亡秦之祸乎！

因此，我们问"天子后悔了吗"，问的是武帝晚年是否存在大政方针的彻底转向。

在田余庆先生看来，司马光和刘攽在《资治通鉴》中已经揭示了答案：天子确实后悔了。[1]

在《资治通鉴》的表述中，武帝对壶关三老上书的"感寤"、不次擢升田千秋、立思子台都是为太子昭雪的表现；太子曾经谏阻过征伐四夷的问题，而征和四年（前89年）武帝颁布的"罪己诏"和其后的轮台诏书被后世看作对太子劝谏的回应。所以太子个人的问题终于同变更大政方针的问题一并得到解决。此后遗诏以霍光辅佐昭帝，行宽仁之政；霍光在盐铁会议中与求利之臣桑弘羊的斗争；以至昌邑王旋立旋废，太子刘据之孙刘病已终得继统为宣帝：这一系列变故，都可以视为武帝晚年转折的延续，可以视为巫蛊问题的余波。刘攽为了证明这个问题，选取的史料有许多为《史记》《汉书》所不载。

比刘攽晚一百五十年左右的理学大师朱熹与门人谈论这段历史时，也认同武帝晚年存在政策转向，说"（武帝）末年海内虚耗，去秦始皇无几。……轮台之悔，亦是天资高，方如此。尝因人言'太子仁柔不能用武'，答以'正欲其守成。若朕所为，是袭亡秦之

---

[1] 田余庆：《论轮台诏》，载《秦汉魏晋史探微（重订本）》，中华书局，2004年，第30—62页。

迹！'可见他当时已自知其罪"。[1]朱熹或是引用《资治通鉴》中的相关文字，或是引用与《资治通鉴》相关文字同源的其他史料，总之，朱熹明确认为"可见他当时已自知其罪"。

我们无法当面质问武帝的内心想法，"天子后悔了吗"的答案只能通过考察武帝晚年的执政方针到底有没有实际转向而得旁证。刘敞和朱熹得出了肯定的结论，他们所使用的最核心的证据就是罪己诏和《轮台诏》。这两份诏书到底是否可靠？它们到底表达的是什么意思？

我们先看看所谓的"罪己诏"。

这件事发生在征和四年（前89年）春正月，武帝行幸东莱郡，其地在今山东威海、烟台一带。站在大海边，或许是见海天辽阔顿生玄妙之思，或许是感来日无多而起紧迫之感，武帝对传说中的海中仙山更生无比的向往，决定亲自乘船出海寻仙山，遇真人。群臣劝谏，皆不听。可惜天不如人愿，冬日的渤海湾阴云密布，狂风大作，海水沸腾，十余日未有好转，无法登船，只能作罢西还。[2]

武帝回程路过泰山，"幸泰山，修封。庚寅，祀于明堂。癸巳，禅石闾"。据记载，"石闾者，在泰山下址南方，方士多言此仙人之闾也，故上亲禅焉"。[3]方士告诉武帝，石闾这个地方是仙人聚居之处，因此武帝亲自前往祭拜。这和在东莱执意要登船出海寻仙山是一样的行为，表明武帝此时仍然痴迷于成仙或是求取长生不死。可

---

[1] 朱熹：《朱子语类》卷一三五《历代二》。
[2] 《资治通鉴》卷二二，征和四年正月。
[3] 《史记》卷二八《封禅书》。闾为上古基层行政区划，周代以二十五户为一闾，由此引申为聚居之处。《周礼·地官·大司徒》："令五家为比，使之相保；五比为闾，使之相受；四闾为族，使之相葬；五族为党，使之相救；五党为州，使之相赒；五州为乡，使之相宾。"

是紧接着的这段"禅石闾"文字竟是毫无来由的巨大转折：

> 见群臣，上乃言曰："朕即位以来，所为狂悖，使天下愁苦，不可追悔。自今事有伤害百姓、縻费天下者，悉罢之！"

在连续的求仙活动之后，没有任何过渡，武帝立刻对臣下说出这段被后世称为罪己诏的自我谴责之语。其用词之重，否定之彻底，令人咂舌。按这段记载，武帝将自己从即位开始以来几十年的作为全都定性为"狂悖"，用词很严厉；造成的后果是"使天下愁苦"，可见非常严重。接着武帝对自己的政策进行了反思和彻底的转向："自今事有伤害百姓、縻费天下者，悉罢之！"这句话虽然不长，但是很清楚地表明了武帝对自己一生的彻底否定，决定全盘推翻过去的不良之政。

很明显，从《资治通鉴》的叙述中完全不能看出他为何在此时此地突然生出这种感慨。

大鸿胪田千秋在天子感慨之后进言："方士言神仙者甚众，而无显功，臣请皆罢斥遣之！"武帝当场肯定："大鸿胪言是也。"此后武帝常常对群臣感叹："向时愚惑，为方士所欺。天下岂有仙人，尽妖妄耳！节食服药，差可少病而已。"[1]

真是一个完美的结局。但可疑的是，武帝这一段类似罪己诏的重要表态，不见于《史记》《汉书》，不见于晚于《汉书》的东汉人荀悦所编的《汉纪》，甚至也不见于《盐铁论》这样集中议论武帝朝政治制度利弊的著述，反而是在宋人所编《资治通鉴》中横空

---

[1] 《资治通鉴》卷二二，征和四年三月。

出世。

关于武帝此时的态度，在《汉书·车千秋传》中另有一段记载值得分析：

> 初，千秋始视事，**见上连年治太子狱，诛罚尤多，群下恐惧，思欲宽广上意，尉安众庶**。乃与御史、中二千石共上寿颂德美。劝上施恩惠，缓刑罚，玩听音乐，养志和神，为天下自虞乐。上报曰："朕之不德，自左丞相与贰师阴谋逆乱，巫蛊之祸流及士大夫。朕日一食者累月，乃何乐之听？痛士大夫常在心，既事不咎。虽然，巫蛊始发，诏丞相、御史督二千石求捕，廷尉治，未闻九卿廷尉有所鞠也。曩者，江充先治甘泉宫人，转至未央椒房，以及敬声之畴、李禹之属谋入匈奴，有司无所发，今丞相亲掘兰台蛊验，所明知也。**至今余巫颇脱不止，阴贼侵身，远近为蛊，朕愧之甚，何寿之有**？敬不举君之觞！谨谢丞相、二千石各就馆。《书》曰：'毋偏毋党，王道荡荡。'"毋有复言。

武帝回答田千秋的这一段自白，可能更接近他对巫蛊之变的反思。这件事发生在"千秋始视事"时，"视事"应指任丞相，则应是在征和四年（前89年）六月之后不久的一段时间，也就是上文所说的武帝下罪己诏后的三四个月内。武帝巡游结束后，于六月还幸甘泉，故上书时武帝应该在甘泉宫避暑。此时田千秋眼中的政治现状是"上连年治太子狱，诛罚尤多，群下恐惧"，说明征和二年七月到征和四年六月，两年之间，太子之狱仍然没有结束，牵连广，诛罚多。这哪里能见到武帝有悔意？田千秋劝他适可而止，听听音乐，四处游玩，养养神。放过他人，也放过自己。从武帝的答复来看，他仍然深陷在怨恨中不能自拔。他抱怨，巫蛊始发之时，他就要求丞相和御史督责二千石官员严厉追查，他们却不尽心尽力，玩忽职守。江充在甘泉宫和未央宫椒房殿所发现的巫蛊诅咒之事，以及公孙敬声和李禹想要逃奔匈奴的阴谋，有司都不能发觉。李禹是李广第三子李敢之子，《史记·李将军列传》载"敢有女为太子中人，爱幸，敢男禹有宠于太子"，可见李敢李禹父子也是太子一系。从武帝这番话来看，此时他似乎并不认为江充有罪，也不认为卫氏诸人无辜。正因为有司对巫蛊的查办仍然不彻底，诛罚仍然不彻底，所以他自己至今还饱受巫蛊之害。他自认的"不德"只在于将巫蛊之祸牵连到一般的士大夫身上。"毋偏毋党，王道荡荡"明显是在提醒臣下不要如他们一般结党谋利。

太子举兵至此已经两年了，天子仍然不能放下仇恨，不能与假想中的敌人和解，所以他忍受着极大的痛苦："朕日一食者累月，乃何乐之听？"

如果承认《汉书》作为第一手材料的权威性，那么由这段话看来，到征和四年（前89年）六七月之时，天子何悔之有？因此就更不要提下罪己诏，实行彻底的政策转向了。

以上是所谓"罪己诏"。后世认为武帝晚年悔悟既往所为、要改弦更张的另一个举措，是颁布了《轮台诏》，甚至认为这就是间接的罪己诏。那么《轮台诏》说的是什么呢？这要从武帝朝三十多年的征伐说起。

元狩年间匈奴浑邪王降汉后，汉军将匈奴驱逐至漠北，盐泽（今罗布泊）以东空无匈奴，西域之道得以打通。元鼎六年（前111年），将军公孙贺率万五千骑出九原（今内蒙古包头九原区）二千余里,将军赵破奴率万余骑出令居(今甘肃永登西北)千余里。[1]九原本是匈奴一度占据的河南地,令居地当湟水流域通向河西走廊的要冲。这一军事行动的目的是巩固汉通往西域的通道,不使匈奴袭击汉使。汉帝国的武功在元鼎年间达到了巅峰。

元封年间,武帝继续用兵。向东征朝鲜,目的是"断匈奴左臂"。楼船将军杨仆、左将军荀彘水陆并进,损失兵员数万,这还在国力承受范围之内。向西两征大宛,目的是"断匈奴右臂",和已经与汉和亲的乌孙东西夹击匈奴。这两次战争虽然最后取得了胜利,却是国力由盛转衰的转折点。耗时近四年,举国动员不下三十万,死于玉门关外不得复入者达十余万,骡马物资耗费更不可计数。此后李广利数次征匈奴,虽屡有胜绩,但前后损失将士更达二十余万,元气大伤,国力疲惫。

武帝并没有让国家缓一口气的意思,征和三年(前90年)三路大军齐出,再征匈奴。这一次主力一路李广利投降,数万战士随之没入匈奴。另一路由马通率领,出酒泉,至天山,活动范围即是西域。这条路线上,车师国是匈奴的同盟者,为了预防车师配合匈奴攻击马通军侧方,武帝特意派危须、尉犁、楼兰等西域六国居住在长安的贵族子弟提前返回本国,由他们安排本国沿道供给汉军,六国并发兵在匈奴降王开陵侯成娩的率领下,围攻车师。攻破车师后,马通军虽然获粮甚多,得以休整,但回程因为道路险远,各国再无力保障大军班师所需的粮草物资,武帝不得不征发河西的驴、骆驼背负食物出玉门迎军。即便如此大费周折,马通军仍然"道死数千人"。[2]

马通军的教训是,控制遥远的西域给后勤保障带来了巨大的压

---

1 《史记》卷一一〇《匈奴列传》。
2 《汉书》卷九六下《西域传》。

力，必须在当地取得物资粮草。因此征和四年（前89年）搜粟都尉桑弘羊与丞相田千秋、御史大夫商丘成联合上奏，言轮台以东有可灌溉的田地五千顷以上，请求设置校尉，派遣士卒在此屯田。并且他们建议陆续从内地招募壮健之民向此迁徙，以此为依托，建立从张掖、酒泉出发，向西最终直达乌孙的军事保障线。[1]乌孙国王此时已经迎娶汉朝公主，与汉结盟，如果能够牢牢掌握汉与乌孙之间的交通线，那么"断匈奴右臂"、夹击匈奴的战略构想就能够实现。

轮台位于龟兹东面，是一个城郭小国，但是它所处的地理位置和它的坚固城防使得它在汉与乌孙之间的西域道路上具有重要的地位。李广利第二次征大宛时，兵势极盛，所过小国"莫不迎，出食给军"，唯独轮台因地处通西域要道，预见未来供给汉军、汉使的烦费无穷无尽，遂决定不予合作，拒绝迎军给食。汉军攻轮台数日方下，城破之日屠城。[2]

桑弘羊、田千秋与商丘成所上奏折的思路是，面对当前的困境，如何保障原有开边政策得以继续。而天子否决了这一提案，他就此做的解释即是后世所称的《轮台诏》。

诏书一上来便否决了有司所奏每口加赋三十钱的请求，认为这是"重困老弱孤独也"。

连年的征伐使得财政极度紧张，能增加政府收入的各种办法此前已经用过了。《汉书》对此有记载："师旅之费不可胜计。至于用度不足，乃榷酒酤，管盐铁，铸白金，造皮币，算至车船，租及六畜。"国家专营盐铁酒、卖爵位、铜币贬值、强卖价四十万钱的皮币、鼓励百姓告发商贾逃税，等等，能想到的来钱招数都想遍了，

---

[1] 《汉书》卷九六下《西域传》。
[2] 《史记》卷一二三《大宛列传》。

已经使得"民力屈，财用竭"，又赶上持续不断的凶年歉收，导致寇盗并起，道路不通。直指绣衣使者就产生于这样的背景。现在有司又建议采取最直接粗暴的做法：无差别加税，每口加赋三十钱。这个政策一旦实施，毫无疑问对最底层的民众伤害最大，必然导致民变蜂起。

马通所部从车师班师付出的代价已如此之巨，现在的建议则是还要在车师以西千里的轮台驻军屯田，所费可想而知。

接下来武帝把任用李广利为将出征的责任推给臣下及卜筮。边塞有一个负责侦察的军侯名叫"弘"，他上书报告说，匈奴把马的前后足绑起来扔在边塞的城墙下，驰马大呼"秦人，马送给你们"。天子把弘的上书给丞相、御史、二千石、诸大夫、郎、经书研习者看，甚至分发给郡和属国的都尉们，询问谁能明白匈奴这是什么意思，大家莫衷一是。有人说匈奴自缚其马是不祥之征，有人说这是匈奴向汉夸耀自己马多。于是天子又招来待诏公车的方士、太常下属的太史、习为天文的治星者、望气之人及太卜来占卜。大家都得出一致结论：此事大吉，当下是破匈奴的最好时机，不可失。并且卦象还显示，诸将之中李广利最吉。出军之后，马通军抓住了匈奴的一个侦察兵，拷问之下才知道，缚马足扔到敌军阵前是匈奴的一种巫术，是诅咒汉军不利之意。

武帝在此想说明，是群臣无知与卜筮不灵，才使他做出派李广利为主帅出征匈奴的决定，与李广利的外戚身份无关。对于李广利失陷于匈奴，其他两路无功而返，军士死伤离散，他本人并没有主要责任，但是"悲痛常在朕心"。

现在三位大臣又请在数千里外的轮台屯田，武帝认为这将会"扰劳天下，非所以优民也，朕不忍闻！"。所以，武帝不得不考虑对国家政策做出一些必要的改变了：

> 当今务在禁苛暴，止擅赋，力本农，修马复令，以补缺、毋乏武备而已。郡国二千石各上进畜马方略补边状，与计对。

大致意思是：禁止苛政、暴政和擅加赋税的行为，劝课农桑，行马复令（民众为国家养马可免徭赋的法令），并命各郡国的二千石官员贡献增加马匹数量、补充边塞之用的方略，在每年赴京上计之时一并报上来。

单看诏书这寥寥数语，其实很难判断这到底是国家对外政策的彻底转向，还是战略性调整——暂时积蓄力量，只待条件具备时再图西域。

《资治通鉴》在照录《汉书》中的这段诏书之前，加了一句"编者按"——"上乃下诏，深陈既往之悔曰"，这明显是先入为主地点出本诏主题大意是武帝对过往政策的反思。

司马光再紧跟其后发表评论以图坐实这一论断：

> 臣光曰："天下信未尝无士也！武帝好四夷之功，而勇锐轻死之士充满朝廷，辟土广地，无不如意。及后息民重农，而赵过之俦教民耕耘，民亦被其利。此一君之身趣好殊别，而士辄应之，诚使武帝兼三王之量以兴商、周之治，其无三代之臣乎！"[1]

1　《资治通鉴》卷二二，征和四年三月丁巳。

他明确地说武帝一身实现了从"好四夷之功"到"息民重农"的转折。

按照《资治通鉴》的编排手法,《轮台诏》就是武帝悔过罪己之诏,其内容揭示了国家政策的整体转向。

此外,还有一些证据似乎也支持这一点,如在诏书发布后,"由是不复出军"。此后,武帝又封田千秋为富民侯,"以明休息,思富养民也";又以赵过为搜粟都尉。[1] 赵过大概是一个农业专家,在提高农业生产效率上有独特的办法,"用力少而得谷多",[2] 如此的人事变更,看起来似乎颇能说明武帝的政策由开疆转为富民。

但是更早的《汉书》似乎并没有这样的看法。《轮台诏》只是收录在《西域传》中,而并未出现在记录武帝一生大事的《武帝纪》中。后世史家看到了这样的差异,却得出了不同的结论。

田余庆说:"班固《汉书》忽视了汉武帝改弦易辙这一重大历史问题,只是在戾太子、江充、刘屈氂等传中散记巫蛊之狱,在《西域传》中记轮台之诏,而不著其联系,如是而已。"[3]

当代史家辛德勇则相反,他说:"轮台诏所针对的内容,只是有关西域轮台地区军事部署的局部性问题,是因贰师将军李广利西征受挫所做的策略性调整,而不是朝廷根本性的大政方针。"

…………

班固只是将这道停罢轮台屯田的诏书载录于《汉书·西域传》中,而在记述一朝大政的《汉书·武帝纪》里,对此却未着一字。

1　《汉书》卷九六下《西域传》。
2　《汉书》卷二四上《食货志》。
3　田余庆:《论轮台诏》,载《秦汉魏晋史探微(重订本)》,中华书局,2004年,第30—62页。

这已经从一个侧面向我们提示，班固本人似乎并没有明确的意识，要把它看作汉武帝政治取向转变的标志。"[1]

巡幸泰山时的"罪己诏"是否真实存在？《轮台诏》所表达的内容是什么？这两件事史家聚讼纷纭，难得其实。那么，我们可以看看征和四年（前89年）之后的汉朝实际政策如何，从行动来反推武帝的真实意图。

从元封年间天子对卫青说"若后世又如朕所为，是袭亡秦之迹也"，[2]到征和四年，几近二十年，帝国所呈现的"亡秦之迹"越来越显著。《汉书·五行志》载，自元光二年（前133年）马邑之谋起，汉朝"始征伐四夷，师出三十余年，天下户口减半"。《汉书·西域传·渠犁》载："是时军旅连出，师行三十二年，海内虚耗。"

按照武帝的既定安排，由"变更制度，征伐四夷"转向"守文"的历史任务是要交由太子据来完成的，现在太子已死，如果他还有此想法的话，也只能是由他自己来完成了。可是，征和四年下《轮台诏》之后，武帝只活了一年多一点儿，在后元二年（前87年）二月即驾崩。在后元元年这一年里，编年体的《资治通鉴》所记之事皆与争夺储君之位有关，无一语提及政策转向之事。《汉书》之中也找不到与此有关的记载。

那么是不是武帝本人来不及办，要将此事交给后人来做呢？

根据现有的史料，所谓武帝的遗诏只是指定顾命大臣，并未提及新君即位后当转向"守文"。所指定的五位顾命大臣，丞相是理所当然的人选，霍光、金日䃅、上官桀三人是近臣。另外一位则是搜粟都尉桑弘羊，他于卧榻前升为御史大夫，受顾命。如果这一人

---

[1] 辛德勇：《制造汉武帝（增订本）》，生活·读书·新知三联书店，2018年，第16—22页。
[2] 《资治通鉴》卷二二，征和二年。

事安排确实是武帝本人的意愿，那么顾命大臣的选择中能传递出政策方向的就只有桑弘羊。

桑弘羊因为有心算天才而在十三岁就被武帝选为侍中，元鼎二年（前115年）担任大农丞，推行均输法；元封元年（前110年）为搜粟都尉，行平准法，治绩显著，"民不益赋而天下用饶"，[1]是汉武帝兴利之臣的代表。他此时得到升迁，一个可能的原因是没有卷入太子之案，与李氏、赵氏外戚也无牵连；另一个原因即是霍光要继续倚重他的兴利之术。

那么由霍光支持、桑弘羊执行的国家财政政策是什么样的呢？我们可以从昭帝始元六年（前81年）召开的盐铁会议上的发言记录中窥见一斑。

盐铁会议起于谏议大夫杜延年的提议，杜延年"见国家承武帝奢侈师旅之后，数为大将军光言：'年岁比不登，流民未尽还，宜修孝文时政，示以俭约宽和，顺天心，说民意，年岁宜应。'"[2]从杜延年呼吁"宜修孝文时政"的建议来看，昭帝即位六年间武帝朝时"进取有为"的政策并没有转变为文景时的守文之政。

此时顾命大臣集团因为权力争夺已经分裂，桑弘羊与上官桀走到一起，与霍光争权。为打击桑弘羊，霍光要借此对他发难，遂采纳杜延年的建议，在次年二月召集各地新举荐入京的贤良文学与桑弘羊辩论国家财政政策。这场辩论被桓宽记录下来，是为《盐铁论》。贤良文学猛烈抨击武帝即位以来延续至今的内外政治：扰动天下、苛虐人民，盐铁、均输与民争利，漕挽、征戍虚耗天下，刑罚之重已到了"盗马者罪死"的程度。而桑弘羊在辩论中强调"君

1　《史记》卷三〇《平准书》。
2　《汉书》卷六〇《杜延年传》。

薨，臣不变君之政"，不宜"害先帝之功而妨圣主之德"。[1]这些对话清楚地表明除了国力被严重削弱、暂时不能大事出征外，武帝朝的财政和其他内政政策一直延续至此时，这个时候离征和四年（前89年）的所谓泰山"罪己诏"和《轮台诏》，已经过去了八年。

由此可见，并没有发生武帝晚年转向这回事，武帝的政策甚至到昭帝时期仍在延续。

是因为武帝一直找不到合适的机会转变执政路线吗？

其实如果武帝真的考虑过要转变的话，元封年间有一个最有可能成功的机会。

从元光二年（前133年）在马邑诱单于，绝和亲，正式开始对匈奴大用兵开始，到太初三年（前102年），征服大宛，西域进贡，共三十二年。武帝一生的全部事业，几乎都是在这三十二年间完成的。在《资治通鉴》中，武帝如此总结这段时间的作为：

> 汉家庶事草创，加四夷侵陵中国，朕不变更制度，后世无法；不出师征伐，天下不安；为此者不得不劳民。[2]

除了对外征伐四夷外，收相权、行察举、削王国、改兵制、设刺史等多项政治军事制度改革，统一货币、盐铁专利、立平准均输制等经济制度改革，都是在这段时间内达成的。如果再细致考察各事项的时间，绝大多数都是元狩（前122—前117年）、元鼎（前116—前111年）年间完成的，还有少数成于元封年间（前110—前105年）。只有伐大宛一事在元封以后，伐大宛到底有没有必要，争论

---

[1] 桓宽：《盐铁论》卷一〇《刑德》；卷二《尤边》。
[2] 《资治通鉴》卷二二，征和二年。

很多,如果暂不考虑此事,可以说武帝在元封年间已经完成了他想做的所有大事:后世已经有法可依,匈奴虽仍时有侵扰,但已不再对汉家安全构成严重威胁,而国家人民已显疲态。此时着手将政策转向"守文",正当其时。

元封元年(前110年)举行的封禅大典似乎也显示武帝本有此意。元封的年号是因为举行了封禅典礼而得名,而封禅的意义是"王者功成治定,告成功于天",[1]天子认为自己该办的事都已经或将办完,向上天报告成功。此次的封禅典礼极为盛大隆重,举国瞩目,司马迁之父司马谈甚至因为不得参与大典,"发愤且卒"。[2]因此可以说,武帝应该考虑过在元封年间结束过往政策,实行转变的。而且这个考虑是整个社会的共识,被看作国家的大事备受关注。[3]

但是,转折并没有发生,取而代之的是几年之后的征伐大宛。如果从国之大事已经完成的观点看,伐大宛虽事出有因,但并无必要。但是如果武帝不认为过往的政策需要转折,那么伐大宛就是原政策的自然延伸。战争无穷无尽,从北伐转向西征,旧有的雄心并未收束,新的壮志又将开启。

为何在封禅之后预期中的转折没有发生,只有武帝自己知道。世人能看到的,是真正的转折一直到他死都没有发生。

人的内心无从查证,从施政举措来看,天子至死无悔。

---

[1] 《汉书》卷六《武帝纪》孟康注。
[2] 《史记》卷一三〇《太史公自序》。
[3] 田余庆:《论轮台诏》,载《秦汉魏晋史探微(重订本)》,中华书局,2004年,第30—62页。

第十七章
吹皱一池春水

一只蝴蝶振动翅膀，引起万里之外美洲的一场风暴。这句话理所当然地被认为是胡说，直到复杂性理论被人们接受。虽然蝴蝶振翅并不必然引起风暴，但是它说明了事物深远而复杂的影响，并不止于可见的当下。

征和二年（前91年）的这场巫蛊之祸，犹如刘彻投入历史池塘的一粒石子，其影响不止于征和年间，不止于他的生前，它或直接或间接地影响了西汉中后期的政治面貌，甚至王莽篡汉也与此事有些许关联。兹举其大者数端，以结束本书。

霍光与三个皇帝

对于巫蛊之祸的真相是什么，武帝内心的想法到底如何，毕竟已过去两千多年，不可能做出确实的解释。正如史家田余庆先生所说："一来宫闱事秘，情节难详；二来已知情节中兼有偶然，区分不易；三来汉武帝晚年多疑，其行事也不可全以常情判断。"[1]但是，能

---

[1] 田余庆：《论轮台诏》，载《秦汉魏晋史探微（重订本）》，中华书局，2004年，第30—62页。

够看到的是，刘据已经做了三十多年的太子，他的突然死亡导致稳定的皇位继承预期破灭，围绕储君而形成的权力结构轰然坍塌。武帝在接下来长达四年的时间里不做任何正式的安排，幼子继位、内朝小官辅政这样可疑的安排破坏了汉家多个延续已久的政治传统：一、武帝在卫子夫死后没有新立皇后，则刘弗陵的身份既非嫡子，又非长子。他以庶少子继位，破坏了立嫡不立庶、立长不立幼的传统。二、霍光领衔辅政，随着他在政治斗争胜利后权力的膨胀，内朝对外朝的控制力达到了空前的程度，越发破坏了西汉时期文官体系在皇帝本人领导下相对独立运作的传统。三、所谓贤臣辅政，破坏了亲疏相制的辅政传统。汉朝政治由此进入破坏既有结构、建立新结构新规则的过程，这一过程虽伴有受控的杀戮、未遂的政变，但幸好是在整个社会没有遭受大动荡的情况下完成的。此后的一段历史被后世称为"昭宣中兴"，既称中兴，可见武帝末年国家实已衰败。霍光从武帝那里继承来的是一个危机四伏的盛世。

班固写完《武帝纪》，在作为总结的赞里不敢公然批评先帝，只是委婉地说："如武帝之雄材大略，不改文、景之恭俭以济斯民，虽《诗》《书》所称何有加焉！"他这番心思被唐人颜师古看出来了，说班固是"美其雄材大略而非其不恭俭也"。不过班固在《杜周传》《循吏传》中，也直言不讳地把武帝的一系列征伐总结为"奢侈师旅"。

宋人司马光则不必客气，他评价武帝说："孝武穷奢极欲，繁刑重敛，内侈宫室，外事四夷，信惑神怪，巡游无度，使百姓疲敝，起为盗贼，其所以异于秦始皇者无几矣。"旁观者清，这可能是更接近于历史真相的评价。汉之所以没有落到秦一样的命运，司马光的解释是武帝本人"晚而改过，顾托得人，此其所以有亡秦之失而免亡秦之祸乎！"。[1] 上章已经讨论过武帝晚年悔而改过的问题，历史的真相可能是，武帝"悔"未必有，"改过"则确是由霍光领导完成的。不过面对武帝留下的烂摊子，这可能也是霍光唯一可走的路。

《汉书·郊祀志》载："昭帝即位，富于春秋，未尝亲巡祭云。"宣帝时，"大将军霍光辅政，上共己正南面，非宗庙之祀不出"。可见在霍光辅政的十余年间，断绝了君主的外出巡游。须知，在当时的交通运输条件下，君王出巡所需的物资保障，对帝国的财政和沿途的人民都是极大的负担，所以司马光特别批评武帝"巡游无度，使百姓疲敝"。同一时期，也未见有"内侈宫室"、大事兴建的记载。直到霍光死后，宣帝亲政后，皇室才开始逐渐重新挥霍起来，《汉书·王吉传》记载，宣帝主政时，"修武帝故事，宫室车服盛于昭帝"。在对外战争的问题上，霍光更是表现出了超出武帝的智慧。昭帝时期，为了休养生息，霍光选择与匈奴和亲，争取时间。宣帝继位之初，霍光抓住机会，雷霆一击，重创匈奴，迫使其北徙。匈奴在北徙途中分裂为五部，从此不能再对汉形成实质威胁。霍光对匈奴的战争避免了陷入武帝时经年不绝、旷日持久的泥淖，以最小的经济成本取得了最大的成果。

在上者寡欲节俭，清静无为，才能做到轻徭薄赋，与民休息，社会经济才有机会恢复发展。武帝政策的转折其实是在霍光手里实现的，昭宣中兴的基础是霍光辅政这十几年所奠定的。

但是，霍光的上位之路毕竟疑云重重，在当时其合法性就不断遭人质疑，权威屡屡被人挑战，地位终日为人觊觎。为了维持弱合

---

[1] 《资治通鉴》卷二二，后元二年。

法性的地位，霍光必须一面持续加强手中的权力，一面毫不留情地消灭一切挑战者。

首先向他发起挑战并被清除的是与他一起辅政的人，除金日䃅早死外，其余三人全都陆续成为他的敌人。

上官桀、桑弘羊本与霍光同为辅政大臣，可是权力很快就被霍光独自把持，二人为人求官都要看霍光脸色，于是与燕王刘旦、鄂邑长公主结成小集团，密谋设"鸿门宴"杀霍光，废昭帝，因被人告发而失败。燕王刘旦、鄂邑长公主自杀，上官桀、桑弘羊灭族。他们的密谋非常接近马何罗、马通之事，本质也是一场未遂的宫廷政变。从霍光处理手法之娴熟、手段之狠辣来看，可以想见这恐怕不是第一次，想必他在后元二年（前87年）的那场宫廷政变中已经历练过了。田千秋在盐铁会议上曾暗助桑弘羊，可是田毕竟是无根底无手段的人，虽然做了丞相，能力与手腕并未超出高庙郎太多，霍光杀了他的女婿就足够震慑他了，没必要将唯一在世的辅政伙伴一起灭掉，贻人口实。田千秋就踏踏实实地做霍光的陪衬，一直到死于位上。

真正令霍光不得不苦心经营的还是君权。

昭帝与霍光合作得很好。如果记载属实的话，昭帝确实少年聪明。当上官桀一党设下计谋，让他下诏收捕霍光时，他能够敏锐地发现其中的漏洞。此后上官桀一党又向他告发霍光，他说："大将军忠臣，先帝所属以辅朕身，敢有毁者坐之。"霍光能够成功击败竞争对手，推行稳定的社会经济恢复政策，昭帝的支持必不可少。史书评价："昭帝既冠，遂委任光，讫十三年，百姓充实，四夷宾服。"[1]

1　《汉书》卷六八《霍光传》。

可惜昭帝英年早逝，于元平元年（前74年）崩，无嗣。如何选定新君颇费霍光的心思。武帝共有六子，这时独有广陵王刘胥在世，群臣集议，都认为按照血缘亲疏，齿序长幼，应立广陵王。

刘胥生年不详，他在武帝六子中按年序排第四，排第五的刘髆很可能生于元封元年（前110年），[1]那么元平元年（前74年）刘胥应该在三四十岁，正当壮年，而且他"力扛鼎，空手搏熊彘猛兽"，[2]对于霍光来说，不是容易控制的君主。《汉书》也委婉地表达了这一点："光内不自安。"但是他不能够自己表达这一意愿，这时就有一个郎官上书，他说："周太王废太伯立王季，文王舍伯邑考立武王，唯在所宜，虽废长立少可也。广陵王不可以承宗庙。"引用周朝立贤不立长的例子，否定了广陵王的继位资格。

郎官是内朝小官，他敢于对选立新君这种国家重大事宜上书，意见还与群臣公意对立。这么做或许是公忠爱国，勇于表达己意；或许是自己揣测霍光之意，做孤注一掷的政治投机；又或许是直接执行霍光的指令。真相是什么，不得而知，不过他的上书"言合光意"。作为回报，霍光将他超擢为九江太守。[3]

霍光将这封上书拿给丞相杨敞等官员传阅，当日就由皇太后、他的外孙女下诏："遣行大鸿胪事少府乐成、宗正德、光禄大夫吉、中郎将利汉迎昌邑王贺。"

昌邑王刘贺是刘髆的儿子，生于征和元年（前92年）或稍前一点儿，[4]这一年十九岁。武帝诸子，长子刘据之子全部死于巫蛊之祸；

1　关于刘髆的生年，参见汪春泓：《前汉昌邑王考》，《长江学术》，2015年第3期。
2　《汉书》卷六三《武五子传·广陵厉王胥》。
3　《汉书》卷六八《霍光传》。
4　关于刘贺的生年，同参汪春泓《前汉昌邑王考》一文。

二子刘闳早逝无后；三子刘旦在元凤元年（前80年）因谋反自缢，后裔丧失继嗣资格；四子刘胥已被排除在外；五子刘髆有一子；六子刘弗陵无后。如此看来，在武帝的孙辈中，也只有昌邑王一系可选，只有刘贺可立。

刘贺从接受皇帝玺印到被废仅仅27天。在君权至上的时代，"擅行废立"是对臣子最大的否定，霍光做出这一决定想必经受了巨大的内心煎熬。根据史书的记载，刘贺是因为极为荒淫无道才被废的。可是根据人情常理推断，一个18岁的年轻人，来到陌生的环境才27天，再荒淫能到什么程度，再无道能到什么程度，就要立刻被废掉？

刘贺到长安带了二百多个昌邑国的臣子，被贬为海昏侯回去的时候孤身一人，这二百多人全部被杀，罪名是对刘贺教导无方。可是他们在被押赴刑场的时候，都在长安市上呼号："当断不断，反受其乱。"[1]因此一个可能的真相是，昌邑王急于摆脱霍光的控制，确立一定程度的自主，这27天长安暗流涌动。这也是有先例可循的，当初文帝从代地来到长安，当夜就将掌管京城军队和殿中宿卫的官员换成代国旧臣，[2]周勃、陈平等大臣没有反对。昌邑王可能也想做类似的举措，但遭到了霍光的反击。这似乎是为什么刘贺27天即被废，臣下二百余人全被杀的更好解释。从这一件事上也可看出霍光执政时期在君主权力转移一事上，对史料篡改之泛滥。史家记载下昌邑国臣子"当断不断，反受其乱"的呼号，似乎是有意为之，为后世留下一点点蛛丝马迹。

---

1 《汉书》卷六八《霍光传》。
2 《汉书》卷四《文帝纪》："皇帝即日夕入未央宫。夜拜宋昌为卫将军，领南北军，张武为郎中令，行殿中。"

事已至此，武帝的孙辈也没得选了，只能立景帝的其他子孙。如果真这样，武帝的宗庙就算绝祀了。霍光追随武帝三十几年，这么做他会感到愧对武帝吧。

这时有人向霍光进言，孝武皇帝还有曾孙在世，可立。此人名叫刘病已，其父是太子据之子刘进，因为外家姓史，又被称为史皇孙。刘病已恰恰生于征和二年（前91年），巫蛊事变时尚在襁褓之中，即被系于长安郡邸狱。郡邸狱是关押各郡国涉及巫蛊的罪犯监狱。原廷尉右监丙吉因犯法被贬至鲁国担任州从事一职，因太子巫蛊之狱牵连太多，长安的司法官员不够用，遂从地方征召官员入京办案。丙吉奉召入长安，负责在郡邸狱审理案件。他既同情太子无辜得罪，又可怜刘病已幼小无依，就拖延审理，希望能保全幼子，并找保姆在狱中抚育刘病已。

后元二年（前87年），武帝病重不起，又有望气者进言，说"长安狱中有天子气"。[1]武帝遂派使者至长安各狱，将长安狱中罪犯，无论轻重，已决未决，统统处死。到郡邸狱执行这个命令的"正好"是当初告发李广利与刘屈氂共谋立昌邑王为太子、行巫蛊诅上的郭穰。郭穰连夜直奔郡邸狱，丙吉闭门不纳，说："皇曾孙在。他人亡〔无〕辜死者犹不可，况亲曾孙乎！"郭穰与丙吉相持至天明不得入狱中，于是回宫禀报，弹劾丙吉。武帝这时已醒悟，遂说："天使之也。"因此大赦天下，郡邸狱中连刘病已在内的所有人员方才得逃大难。[2]刘病已此时在长安街市中为庶人。正因为他幼年屡遭大难而多病苦，所以丙吉给他胡乱取了个粗鄙的名字"病已"，意为祈求疾病早点儿痊愈。

---

1 《汉书》卷八《宣帝纪》。
2 《汉书》卷七四《丙吉传》。

四年前，昭帝元凤三年（前78年），上林苑中一棵枯死已久的树突然重新发芽，有虫子在叶面上啃出了一行小字："公孙病已立。"这在当时掀起轩然大波。通晓经术的符节令眭弘将其解为有姓公孙的人当代汉而立，被霍光杀了，[1]但是霍光仍无法平息朝野对此的猜测议论。公孙的本义是公侯的孙辈，后来才成为姓氏，现在凑巧武帝的曾孙叫病已，似乎正合此预言；而且刘病已尚在狱中时就有望气之人告诉武帝"长安狱中有天子气"，若立刘病已为帝，也应了望气者之言。在仓促废掉刘贺之后，新君必须要有足够的合法性依据，霍光的权威已经不起再次废立的折腾了。如此看来，立武帝曾孙刘病已符合天意，足以服众。同样重要的是，刘病已起于民间，根基全无，从布衣起家为天子，对于霍光来说，易于操控。

刘病已即位后，改名询，是为宣帝。他与刘贺年纪相仿，但由于苦难的成长经历和寄人篱下的历练，他比刘贺要成熟得多，行事谨慎。面对大权独揽的霍光，宣帝一度极不自在。史书记载："宣帝始立，谒见高庙，大将军光从骖乘，上内严惮之，若有芒刺在背。"一次，霍光与宣帝同坐一车去拜谒高祖庙，宣帝感觉如芒在背一般地难受，此后换成与他有旧的张安世同乘，他才放松下来。

《霍光传》载："及上即位，乃归政。上谦让不受。"霍光真愿归政吗？刘询初即位，就有侍御史严延年上奏章弹劾霍光"擅废立，亡人臣礼，不道"。[2]出于自身安全，霍光也不能放弃权力。归政是霍光一种明目张胆的试探，他想看看刘询是否如刘贺一般急于获得属于天子的完整权力。刘询敢接受吗？显然不敢。

1　《汉书》卷七五《眭弘传》。
2　《汉书》卷九〇《酷吏传·严延年》。

但是刘询实非弱君，他非常小心谨慎地礼尊霍氏，同时又非常坚定地扶植自身的权力基础，为有朝一日排除霍氏对汉家皇权的分享做着准备。不过，他想不到的是，夺权所付出的代价是何等之大，影响是何等之深远。

宣帝与外戚

宣帝是作为昭帝的继承人入继大统的，但他只是昭帝的侄孙，礼法中有父死子继，兄终弟及，没有以侄孙继叔祖的。而且巫蛊之变到这个时候并未平反，他以庶人身份、罪人之后继位，在合法性和正统性上都存在着极大的欠缺。所以即位后，宣帝首先着眼于加强自身的正统性。他的正统性来自武帝后裔的身份，可处理这个问题需要他极大的平衡技巧。一方面，他需要不断巩固武帝的权威以为自己背书；另一方面，他需要为自己的祖父平反，以摆脱自己罪臣之后的阴影，而这在一定程度上又会削弱武帝的权威。

在巩固武帝权威的问题上，他和霍光利益一致。昭帝时期各种批评武帝的声音就已此起彼伏。盐铁会议上，贤良文学们就对武帝时期的社会政治进行了集中的批判。霍光一方面要改弦更张，力纠武帝之弊，否则国家可能崩溃；另一方面他不能容许对武帝公开的清算，因为他的辅政地位来自武帝遗诏。

到宣帝时期，对武帝的批评更是不加掩饰。所以宣帝即位之初，就下诏列举了武帝的种种功德，要为他定庙号。今文《尚书》的大家，长信少府夏侯胜公开反对诏书中对武帝的那些褒扬之辞，他说："武帝虽有攘四夷广土斥境之功，然多杀士众，竭民财力，奢泰亡度，天下虚耗，百姓流离，物故者过半。蝗虫大起，赤地数千里，或人民相食，畜积至今未复。亡德泽于民，不宜为立庙乐。"[1]他认为武帝都没有资格获得庙号。虽然最后武帝的庙号定为世宗，但是可看出批评他已经成为一股公开的潮流。宣帝长于民间，这些情况他是知道的，不过他必须要通过立庙设乐这种做给活人看的虚假之礼，来崇隆自身权力来源的威望，以巩固他的权力基础。不止于此，武帝是整个西汉诸帝中君权最集中的，宣帝修"武帝故事"，本身就表明了对君权衰弱、霍光秉政现状的不满。

从武帝到宣帝，这一权力传承脉络中间绕不开的是太子刘据，必须要小心翼翼地否定武帝在巫蛊之变中的决定，为祖父刘据平反，宣帝的合法性才稳固。在这个问题上，武帝虽然做出了一些象征性的举措，但从未正式为刘据平反。昭帝时期，也有意避开这一问题。所以宣帝在即位之时，认真说起来，居然仍是罪人之后。

本始元年（前73年）六月，宣帝下诏要求群臣为其父祖议谥号："故皇太子在湖，未有号谥，岁时祠，其议谥，置园邑。"[2]所谓议谥，本质上就是要对人物做出官方评价。但是根据汉代的做法，有爵方有谥，天子（天子为王者之爵，由上天授予）及公侯伯子男五等爵位死后才能议谥，太子虽是天子继承人，却不是一种爵位，所以向来没有为皇太子议谥的先例。[3]宣帝提出这个要求，不外乎想连带对巫蛊之变的性质下一个定论，"洗白"自己的出身。群臣经过讨论与权衡，提出了意见：首先把宣帝的父亲史皇孙刘进从巫蛊之变中摘出来，谥曰"悼"，宣帝的母亲称"悼后"。据《逸周书·谥

---

1 《汉书》卷七五《夏侯胜传》。
2 《汉书》卷八《宣帝纪》。
3 刘洁：《卫太子刘据的谥号问题探究——兼论〈汉书〉所见卫太子之地位》，《秦汉研究》，2021年第1期。

法解》,"年中早夭曰悼","悼"就是中年早逝。至于史皇孙为何在中年死去(即死于巫蛊之变一事),则丝毫不提,即是对宣帝之父不做褒贬。

对关键人物,宣帝祖父太子刘据,则谥为"戾",宣帝祖母史良娣称"戾夫人"。《逸周书·谥法解》:"不悔前过曰戾。"这是一个很有意思的处理方式,所谓"前过",指的应是杀武帝使者江充,擅发兵攻丞相府,与武帝派来的军队战于长安、死数万人这三件事。如果说"行巫蛊诅咒上"一事无法确认其有无,以上三事却是客观存在、无法脱罪的。要完全翻案,势必对武帝在其中的角色和决策做彻底的否定,这是宣帝不愿意看到的。但是要就此将太子定为"罪人",宣帝也失去了继位的合法性。在汉代,"罪人"是一个特定的称谓,社会地位极低,为"七科谪"之一,遇有大战役,要被征发上前线,罪人之后的社会权力和社会地位也要受到了种种限制与歧视。"前过"的核心在于将"罪"改为"过",性质上不同,宣帝也就摆脱了罪人之后的身份。所谓"不悔"即是指太子为兵败自缢而死,没有谢罪改过,这也是无法更改的客观事实。与之可比的是,皇后卫子夫的谥号是"思",其意应是"追悔前过",[1]区别在于卫子夫是接到废后的诏令后自杀谢罪的。"戾"虽也属恶谥,但相对于丑、刺、幽、厉、荒、纣等,贬义相对较轻。

通过这一番腾挪,终于在不否定武帝的前提下将太子脱罪,宣帝既尽了孝道,又"洗白"了出身,展现了高超的政治智慧。[2]

在大张旗鼓为父祖"昭雪"之下,宣帝悄悄地培植自己的力量,

---

[1] 辛德勇:《制造汉武帝(增订本)》,生活·读书·新知三联书店,2018年,第161页。
[2] 刘洁:《卫太子刘据的谥号问题探究——兼论〈汉书〉所见卫太子之地位》,《秦汉研究》,2021年第1期。

这一力量主要有两个来源。一是贫贱时对他有恩之人的家族，如加封张安世一万零六百户，将他的三个儿子张千秋、张延寿、张彭祖，都任为自己身边的中郎将、侍中。原因是张安世的哥哥张贺原是太子据的宾客，本应处死，经张安世上书为哥哥求情，张贺免死，代以宫刑，入宫中服务，后出任掖庭令。他出力照顾养在掖庭的刘病已，教他读书。宣帝即位时张贺已死，张安世已为车骑将军、光禄勋。[1]宣帝有意借着这层关系，以报恩为名拉拢他。

宣帝另一个更有力的举措则是扶植自己的母族。这确实巩固了宣帝的权力基础，为日后推倒霍氏积蓄了力量，却在宣帝身后开启了西汉覆灭的祸端。

宣帝的外戚有三支，其一是祖母史家。史家是鲁国高门，一女入太子门为良娣，一女嫁给鲁安王刘光为鲁王后。[2]宣帝遇赦出狱之后，入掖庭抚育之前的一段时间，曾被丙吉送到史良娣的哥哥史恭家抚养，宣帝从小就和史恭的三个儿子史高、史曾、史玄一起长大，情同手足。宣帝即位后，以恩封史曾为将陵侯，史玄为平台侯，史高为关内侯、侍中，极为贵幸。霍光死后，史高以告发大司马霍禹谋反之功封乐陵侯。[3]

其二是母族王家。宣帝之母名叫王翁须，死于巫蛊之变中。她少年习歌舞，后被卖入太子家，与母家失去联系。因此宣帝历尽波折才寻找到外祖母家，封外祖母王媪为博平君，封赏极多，"以博平、蠡吾两县户万一千为汤沐邑"；封舅舅王无故为平昌侯，王武为乐昌侯，食邑各六千户。[4]

---

[1] 《汉书》卷五九《张安世传》。
[2] 《史记》卷二〇《建元以来侯者年表》。
[3] 《汉书》卷九七上《外戚传·卫太子史良娣》；卷八二《史丹传》。
[4] 《汉书》卷九七上《外戚传·史皇孙王夫人》。

第三支是皇后许氏一族，尊崇这一支遇到的阻力最大，也最能展露他欲依外戚以对抗霍光的用心。

刘病已在民间时娶许广汉之女为妻。许广汉在把女儿嫁给刘病已前，人生一直在走背字。他本是昌邑王刘髆的侍从郎官，陪同刘髆随武帝游甘泉时，误拿其他郎官的马鞍，被判为盗取上物，罪应死，许广汉以宫刑赎死，为宦者丞。上官桀叛乱时，长官让他去取捆人的绳子，他没找到，别人却找到了，他又因此获罪，判处鬼薪苦役。此后他沦落为暴室啬夫，这是掖庭令下属负责织作部门的小吏。此时，刘病已正居住在掖庭，于是许广汉和同处底层的刘病已成了邻居。掖庭令张贺本来想把自己的孙女嫁给刘病已，张安世不许。张贺一直觉得不给病已完婚对不起太子，而许广汉有一女名平君，年十四五，张贺就设宴款待许广汉，在酒酣耳热之际，半骗半劝，让许广汉答应把女儿嫁给"罪人之子"。婚后一年，平君生一子，名刘奭。刘奭出生数月之后，刘病已"变"成了皇帝。

宣帝即位以后，封许平君为婕妤，皇后之位虚悬。群臣议立皇后，霍光有一小女霍成君未嫁，便授意群臣议立成君为后。宣帝知道外戚是他未来对抗霍氏最可依赖的力量，这一阵地万万不能被霍氏控制。何况霍光的外孙女、昭帝皇后上官氏已成了皇太后，废昌邑王的诏命就是以上官太后的名义发出的。若是太后和皇后尽在霍氏，他自己终生都将是被人操纵的木偶。于是他突然下了一封诏书，"求微时故剑"——要寻找他贫寒时所用的一把剑的下落。故剑如此，遑论故人，宣帝的态度表达得隐晦而坚定。霍光也不能为此再次和新帝撕破脸，便也做了妥协，于是群臣上书请立许婕妤为皇后。按照汉代以恩封侯的例子，皇后之父可以封侯，但是霍光公开羞辱国丈许广汉，称许广汉是受过刑罚的人，不宜封侯，以此来表达他的不满。因此，一年多后许广汉才得封为昌成君。霍光在世时，许氏外戚都被严格限制。一直到霍光死后，地节三年（前67年），宣帝借着立皇太子一事，"乃封太子外祖父昌成君许广汉为平恩侯，位特进。后四年，复封广汉两弟，舜为博望侯，延寿为乐平侯"。[1]

霍光之妻霍显曾经因想让小女儿为皇后而毒杀了许平君，又图谋毒杀许皇后生的太子，未能成功。霍光死后，借着惩办此案，宣帝清算了霍氏势力，其中史、王、许三家外戚都出了大力，霍氏之后的权力真空理所当然地由他们来填补。

宣帝算是一代明君，躬亲政事，任用能吏，但是种种事例表明，史、王、许三家外戚势力日渐染指朝廷政事，对宣帝的决策产生了很大的影响。

元康年间，匈奴派兵围攻汉在车师的屯田部队，久攻不能下，显示出国力已经衰弱。宣帝与后将军赵充国等商议，准备趁机出兵打击匈奴右地，使其彻底不能再侵扰西域。丞相、高平侯魏相上书劝谏，请与匈奴继续保持和平，不要再动干戈，奏章的结尾说："愿陛下与平昌侯、乐昌侯并平恩侯及有识者详议乃可。"[2] 平昌侯王无故、乐昌侯王武，都是宣帝的舅舅，平恩侯为宣帝的岳父许广汉。丞相上书，必须严谨，既然如此说，可见这些外戚对重大朝政的参与在当时已是公开的了。外戚对朝政的深度参与引起了部分朝臣的警惕，谏议大夫王吉上书言得失，其中提出"外家及故人可厚以财，不宜居位"，对于这些亲戚，可以多给金钱美宅良田，但是治理国事靠的不是血缘，是能力，不宜让他们执掌政事。宣帝认为他"迂

---

[1] 《汉书》卷九七上《外戚传·孝宣许皇后》。
[2] 《汉书》卷七四《魏相传》。

阔"，因而"不甚宠异"。王吉谢病归琅邪（即琅琊），[1]其子孙成为东汉末年魏晋之间第一等的门阀：琅琊王氏。

根据《汉书·外戚恩泽侯表》，宣帝一朝封侯者二十一人，其中九人是以外戚身份封侯，数量远超武帝朝，足见宣帝对外戚的恩宠拔擢之甚。

黄龙元年（前49年），宣帝病重，即将不起，"选大臣可属者，引外戚侍中乐陵侯史高、太子太傅[萧]望之、少傅周堪至禁中，拜高为大司马、车骑将军，望之为前将军、光禄勋，堪为光禄大夫，皆受遗诏辅政，领尚书事"。[2]十二月初七日，宣帝崩于未央宫。二十六日，太子刘奭即位，是为元帝。[3]刘奭此时已二十七岁，他多才艺，善史书，通音律，但是"柔仁好儒"。[4]这或许是宣帝在他到了这般年纪时仍然要为他指定辅政大臣的原因。

宣帝虽逝，他生前恩宠的外戚们的势力已经养成，日加显赫，代代相传。如王氏封侯的二人，王无故之子王接为大司马、车骑将军，王武之子王商为丞相。并且从史高领衔辅政开始，外戚就独据了权力的中心位置，从此以外戚为大司马、车骑将军或大司马、大将军统领朝政，成为惯例。

后世多以为宣帝是"中兴"之主，躬亲万机，不会有外戚之失，西汉末年外戚之祸乃是起于元帝、成帝之时。史家杨树达却指出："然则元帝之信任[史]恭、[石]显，成、哀时外戚之贵盛，其源皆自宣帝启之。当汉极盛之时，已伏家国覆亡之渐，此亦读史者所

---

1 《汉书》卷七二《王吉传》。
2 《汉书》卷七八《萧望之传》。
3 《汉书》卷八《宣帝纪》。
4 《汉书》卷九《元帝纪》

宜知也。"[1]

其实可以往上再推一步，可以说西汉后期的外戚之祸，追本溯源，萌芽于武帝，养成于宣帝，大行于元、成之时。

武帝一朝，天子"多欲"，而外朝行政有一定的规矩与程序，天子行事难有如臂使指之感。再加上对外征伐之事多涉紧急与机密，也不能以常规的行政体系来应对，于是他便不断扩大身边近臣的权限范围，内朝便逐渐成为决策中心，以丞相为首的外朝成为执行机构。特别是在对外征伐之事上，其权力运作类似于二战时日本的大本营制度。内朝皆是近臣，而外戚天然地是内朝成员，可是外戚是把双刃剑：在天子强势时，外戚对君权是绝对臣服的，天子甚至有力去扶植新的外戚集团来替代旧的外戚集团，以防范外戚坐大，这就是武帝时的卫李之事；当天子幼弱时，外戚便事实上代替了君权，这便是成、哀时王氏之事。

卫青为大司马、大将军时，内朝首领的权力地位已经超过三公九卿之首的丞相。武帝临终前任命内朝官员霍光以大司马、大将军之职辅政，发展到史高以侍中兼大司马、车骑将军辅政，外戚控制内朝，内朝控制外朝，外戚势力有增无减，家族之间的权力更迭从未停止，成为终西汉一朝都无法摆脱的命运，注定要发展到王莽篡汉。但其祸根则已在武帝朝埋下，若无巫蛊之变，太子刘据正常继位，他为太子多年，羽翼丰满，不必单依靠外家，外戚擅权或可避免。而在巫蛊之变后，幼子继位，这一命运即不可避免。

---

[1] 杨树达：《汉书窥管》，上海古籍出版社，1984年，第77页。

儒生帝国

巫蛊之变还是西汉统治集团组成结构发生重大变化的分水岭：从立国之初就一直把持权力核心的那些家族——主要是与刘邦一起打天下的开国军功集团及其后裔，在事变之后几乎是一夜间就从政治舞台上销声匿迹。昭帝之后，一批新的政治大家族逐渐形成，取代"老权贵"们占据了权力的中心，一直到王莽代汉。随着权力集团组成成分的变化，儒家思想才真正成为西汉官方的意识形态，比学界向来认为的以武帝"罢黜百家，独尊儒术"为起点要晚了七八十年。当代史学家蔡亮先生对这一问题有深入的考察，他的著作《巫蛊之祸与儒生帝国的兴起》对此之分析充满了洞见。接下来的数据和观点主要得自他的研究。

蔡亮翻检《史记·汉兴以来将相名臣年表》和《汉书·百官公卿表》，取三公九卿、列将军、京兆尹这一层级的高层官员作为考察对象，武帝一朝共有142人。其中77人的生平，尤其是仕途，在《史记》和《汉书》中有较为详细的记载。

武帝在位共54年，经历了13位丞相，他们中的10人在任丞相之前就或因继承或因军功而得封侯。其中窦婴、田蚡、刘屈氂、公孙贺四人算是外戚宗室；许昌、薛泽、庄青翟、石庆四人是开国功臣之后；卫绾、李蔡因军功得封侯，后任为丞相。另77人之中有45位出身于权臣之家，其中的一半都是西汉开国军功集团的后裔。他们大多在担任三公九卿之前就已经在朝中取得了举足轻重的地位，或身为列侯，或担任要职数十年。

从西汉立国到武帝时，这一上层权力集团具有很强的传承性，在不犯罪的情况下，他们都能够顺利地将自己的爵位与权力传递给后代，帝位的更替不会打破这一结构，前朝的官员及其后裔往往也是后一朝的权力中坚。当时最显赫的家族如石庆家、汲黯家，有数十人在朝廷中担任两千石或更重要的职位。武帝朝这77位高层官员中，就有四对父子（石庆/石德、李广/李敢、公孙贺/公孙敬声、张广国/张常），三对兄弟或表兄弟（李蔡/李广、石建/石庆、司马安/汲黯）。但是，这一权力传承在武帝之后急遽而彻底地被打破了。

昭、宣、元三朝一共也是54年。还是根据《史记·汉兴以来将相名臣年表》和《汉书·百官公卿表》，这一时期记录了140位高层官员的名字，史料记录了其中74位的生平事迹，可以和武帝朝的情况对比起来看。

昭、宣、元三朝一共有11位丞相，没有一位在被提拔为丞相之前拥有爵位。除韦玄成外，其他所有的丞相都是自己从官僚体系的底层一步一步攀爬到权力顶峰的。韦玄成的父亲韦贤在宣帝时担任丞相，但在韦贤之前，除了班固提到他有个远祖曾为楚元王傅外，韦氏没有任何人担任显职。

除韦玄成外的这10位丞相大都出身贫寒。蔡义在大将军霍光幕府做事时，因家贫，常步行入公府。匡衡家世代为农，"凿壁偷光"就是他的故事，他在跟随博士学习《诗经》时，同时还得为人做工以求食。丙吉、于定国做过狱吏，而魏相起步为郡中卒史。杨敞出身好一些，祖上是高祖时的郎中骑杨喜，因在乌江边抢得项羽一肢，封赤泉侯。但到杨敞时家道早已没落，他是因为在大将军霍光幕府得到霍光赏识才得擢升，与祖荫无关。黄霸出身稍微富裕的家庭，武帝时捐钱谷得任二百石的小官，后才一步步地升上来。

昭、宣、元时期的这74位高层官员中，只有4位在昭帝即位之前就在中央任职，但他们也只是在巫蛊之乱后才被提拔到要职的。没有一位高层官员能把自己家族的仕宦历史追溯到西汉早期，其中27位来自官宦家族的官员，其家族的仕宦历史大都也仅仅能追溯到昭帝朝。[1]

这一断裂的原因是很清楚的，虽有开国功臣集团随着时间自然衰败的因素，但主要还是因为武帝一朝持续不断的清洗。但是权力集团在武帝朝和昭帝朝之间如此地毫无延续，如此地截然两分，则是巫蛊之变的大杀戮及其后持续到武帝驾崩前的大清洗的结果。[2]

旧的权力集团崩溃，出身贫寒的底层官员上位，是否表明昭帝之后社会流动性加大了呢？并非如此，这些新兴的官僚阶层很快站稳脚跟，荫庇子弟，新的权力垄断家族在二三十年间就形成了，他们主导朝政直至王莽代汉。

昭帝之后形成了五大家族，他们的子弟在其后的每一朝中都有人占据重要的职位，累世公卿。韦贤任宣帝的丞相以后，他的儿子韦玄成在大约三十年后也取得了同样的职位，他的孙子韦安世在成帝时任九卿，韦赏在哀帝时任大司马。金日䃅由武帝的卫士被提拔为车骑将军后，金氏从昭帝朝到西汉末年，共出了5位三公九卿。除此之外，萧望之、丙吉、王吉也各自建立了显赫的世宦家族。

与新的权贵集团相伴而生的是儒生官吏逐渐充斥官场。

---

[1] 蔡亮此说，颇有可商榷之处。李峰教授认为：其一、作为考察对象，武帝时期共142人，昭、宣、元时期共140人，但能够被用来分析的分别只有77人和74人，所能利用的数据有限，其结论必有局限性；其二、蔡亮对一些人物出身的分类不妥，如果仔细甄别，重新分类后，则武帝朝与昭、宣时期官员出身构成的差别有所缩小。详参李峰、苗苗：《论数据分析法在史学研究中的运用——以〈巫蛊之祸与儒生帝国的兴起〉为例》，《中国史研究动态》，2022年第3期。李峰教授审阅笔者文稿，并向笔者分享了这篇论文，在此表示感谢！

[2] 征和二年之后持续的清洗，可参见顿文聪：《再论巫蛊之祸》，《唐都学刊》，2017年第5期。

武帝时，董仲舒虽然向他建议"罢黜百家，独尊儒术"，但是这一政策似乎并未施行。一个相当明显的现象是，武帝亲政后任命的丞相中，只有公孙弘可称为儒生。丞相之下的高官的任命中，有利于读书人的察举也并未成为重要的途径。出身和军功是比察举更普遍有效的仕进渠道。李广利征大宛后，他的军官中"为九卿者三人，诸侯相、郡守、二千石百余人，千石以下千余人。"[1]在司马迁的记载中，武帝朝的高官中，只有公孙弘、赵绾、王臧、兒宽被称为儒生，朱买臣和孔臧应该也被同时代的人认为是儒生。[2]但在昭、宣、元三帝54年的统治中，11位丞相中有5位是儒生，而另外3位在进入官僚上层后也开始学习五经。其他69位三公九卿中，有19位是儒生。

　　一个很明显的原因是，当原有的官僚集团突然崩溃后，依靠出身的渠道失效了；一段时间内国家不再大事征伐，军功也少了；行政能力就成为甄别人才的重要手段，儒者所学本就是治国理政之术，读书也就成为社会中下层唯一的晋升之道。

　　除了以上时代变迁的背景，这一改变也与君主的个人选择有关。昭帝之治垂拱而已，看不出个性。宣帝少年时期得到张贺和张安世兄弟的照顾，张贺令他学《诗经》，宣帝称赞张贺"修文学经术，恩惠卓绝"，[3]《汉书》称张安世"忠信谨厚""匿名迹远权势"，他的儿子张彭祖与刘病已幼时"同席研书"。[4]可以看出，张贺和张安世的父亲张汤虽是酷吏的代表，但是后人已有转入儒术的倾向。刘病已

1　《史记》卷一二三《大宛列传》。
2　朱买臣曾"说《春秋》"于武帝前，孔臧的著作在《汉书·艺文志》中被归于儒家。
3　《汉书》卷八《宣帝纪》。
4　《汉书》卷五九《张世安传》。

少年时已接受张贺安排的儒学教育。

宣帝祖母史良娣家对宣帝也有影响。太子刘据成年后好鲁学，善《穀梁传》，而史家的籍贯在鲁国，宣帝曾经被史家抚养过一段时间，应该也受了一些影响。

宣帝一朝，丞相、御史大夫一职几乎全由儒生出身者担任，这展现了重儒术、任儒生是宣帝治国思想的一面。但是这只限于外朝官僚体系，内朝官员多由法吏充任。这是宣帝有意为之的安排。他告诫儿子的那段话最能说明他治国之术的完整面向。太子刘奭"柔仁好儒，见宣帝所用多文法吏，以刑名绳下……尝侍燕从容言：'陛下持刑太深，宜用儒生。'宣帝作色曰：'汉家自有制度，本以霸王道杂之，奈何纯任德教……'乃叹曰：'乱我家者，太子也！'"。[1]

王道"任德"，依靠儒术治国；霸道"任刑"，以法家理政。刑德兼备乃是儒法并举。

但是元帝并没有听进其父的教导，果真"纯任德教"，放弃儒法兼用的汉家制度，单以儒家学说切入现实政治，"独尊儒术"可说是在元帝手中才真正地实现。所以元帝也被后世学者称为"彻头彻尾儒化了的皇帝"。[2]

皇帝"纯任德教"，与重用外戚同时发生，正成为西汉后期外戚不可控制的一个重要原因。武帝既任用外戚，又时时以严刑峻法来震慑、清除危及皇权的外戚，扶植新的外戚为自己服务。宣帝治国"以霸王道杂之"，也能控制外戚。元帝却只知行"仁义"，对外戚王氏施以恩德，却不能以严刑峻法和刑吏来约束外戚的违法骄恣。

---

[1] 《汉书》卷九《元帝纪》。
[2] 苏诚鉴：《汉元帝的儒生政治》，《安徽师大学报（哲学社会科学版）》，1987年第3期。

元帝一朝，皇后王政君家族长期把持朝政。元帝之后成帝继立，封舅父王凤为大司马、大将军，领尚书事，再现了霍光故事。外戚柄政从此再无终日。王凤死后，王氏家族的王音、王商、王根、王莽依次接任大司马、大将军职，根基日厚，终至王莽代汉，轻松拿过高祖刘邦血战而得的江山。

本书起于武帝因时时警惕外戚对皇权的威胁，不惜大兴巫蛊之狱，杀太子，族卫氏，灭李氏，诛赵夫人（即钩弋夫人），可是终章之时却是这般结局，茂陵泉下有知，不知悔是不悔。历史总是这样，机关算尽，百般折腾，到头竟是一场空。

附 篇

他是黄雀？[1]

有关巫蛊之祸的史料稀少，足以称为信史的不过《史记》《汉书》《资治通鉴》而已，近年虽有汉代简牍等新材料的发现利用，对于涉及宫廷机密的这段历史却没有什么贡献，以至于这段历史的真相，仍是扑朔迷离。

在现有相关史料的记载中，有一个身影在巫蛊之祸前后的诸多相关事件中屡次出现，给后人留下诸多谜团。

向天子进太子的谗言之人中有他；与江充一同调查巫蛊之事有他；太子起兵后，逃向甘泉宫报信之人中也有他。他和事件的关键人物江充一起被武帝下诏定罪，死法尤为奇特。他的身影屡次出现在这场政治风暴中，他这些行为的动机是什么？他在谋求谁的利益？

这个人就是苏文。

有关他的史料太少，但他总是在关键的时刻出现，轻轻地一推，然后又闪身退入历史舞台的幕布之后。史家谨慎，不敢多言。关于苏文无法解开的谜团，也是有关巫蛊之祸众多问题无法解释明白的原因之一。这让我在书写故事过程之中，也深为困惑：我试图用逻

---

[1] 本章主要参考孙景坛：《苏文应是汉武帝晚年"巫蛊之祸"的元凶》，《南京社会科学》，2008年第10期。

辑推理联系起断裂的史料,但是对苏文行为的推理解读,却终因中间的裂缝缺失太多,很难徒靠推理强为之弥缝。可是我写作的过程中,苏文却时不时地出现,而且多是在事件发展的关键时刻出手,令人无法对他在其中的角色视而不见。

在查阅相关研究论文时,我读到孙景坛教授十余年前的一篇论文,很受启发。孙教授从苏文死法的奇特性入手,提出了极为大胆的推测,对巫蛊之祸给出了多一重的解释角度。因此,我打算沿着孙教授论文的思路,展示苏文在巫蛊之祸中所扮演的角色的一种可能性。

在写作时,此篇是放在正文之中的,但编辑认为,目前的推测即使与现存的史料不冲突,也很难证实,不能让读者误以可能为实然,不宜加入文稿之中。但是我又不忍将这个精彩的故事删去,同时我也认为,对于史料缺乏的早期历史,可以在史料的断裂之间谨慎地以推理去勾连,以小心的想象去弥合。于是编辑告诉我,让我用现有的史料,辅以推理,再加些想象,把苏文的行为单独写成一个故事,既满足我的不甘心,又让本书其他部分的严谨性不被拖累。想来想去,只有这个办法了,于是我就同意了,并在原稿基础上写下这段前言。此篇算是对巫蛊之祸中不可解之处的一种"强解",是对另一种可能性的"一家之言"。至于是否有可能就是历史的真相,只能靠以后万一出现的新材料来证实或者推翻。

两个神迹

在巫蛊之祸及其余波中,除了先后受到冲击的卫氏与李氏,还波及了一个我们熟悉的陌生人:

久之，巫蛊事多不信。上知太子惶恐无他意，而车千秋复讼太子冤，上遂擢千秋为丞相，而族灭江充家，**焚苏文于横桥上**。[1]

天子身边的近侍苏文竟然被活活烧死。之前的许多事中都有苏文的身影，他有若干敌对太子的行为，如：诬告太子淫乱后宫，闻天子生病而有喜色；被天子派遣"助"江充搜查后宫；逃奔甘泉告变。但是现有史料始终没有说明清楚，苏文这一切行为背后的动机是什么。没有巨大的利益推动，谁敢蹚"易储"这趟浑水？

李氏外戚集团诸多已被证实的骨干，都是腰斩，如丞相刘屈氂、马通兄弟。而苏文则是被"焚于横桥上"，横桥正对长安城北门，跨越渭河，是交通要道，在此被公开活活烧死，是相当残酷的刑罚，并不见于汉律之中。武帝对他法外施刑，几近于泄愤。可见他在某一利益集团中地位极高，所起的作用极大。

苏文到底是什么人？他到底做了什么，让天子如此愤怒？

《汉书》与《资治通鉴》都没有直接说明此事，只有通过蛛丝马迹，透过看似不相关的点滴之处去做推理勾连，或许可以揭开苏文的真面目，也可以解释此前若干不可解之点。

储君之争，后世多看到卫、李二氏之争，其实这是一摊浑水，参与者远不止于此。武帝晚年，钩弋夫人是一个无声而有力的竞争者，她的出现和妊娠都带着神迹。世上本无神鬼，一切不合常理之事背后都是凡人在设局。

钩弋夫人是带着神迹横空出世的。《汉书·外戚传》载：

---

[1] 《汉书》卷六三《武五子传·戾太子据》。

> 武帝巡狩过河间，望气者言此有奇女，天子亟使使召之。既至，女两手皆拳，上自披之，手即时伸。由是得幸，号曰拳夫人。

武帝巡狩过河间时，身边望气的人告诉他，天上的云气表示此地有奇女子。武帝派身边的人去打听，回报果然有一个姓赵的姑娘，出生时双手紧握成拳，多大的力气也掰不开。将此女召来之后，派左右去试，果然也是掰不开。武帝好奇，亲自出手，轻轻一下，姑娘的双拳就展开了。武帝大喜，召入宫中。所以此女被称为拳夫人，她居住于钩弋宫，故又号钩弋夫人。

钩弋夫人的出现是一个神迹，该如何理解这个神迹？

其实班固给出了一个线索："先是其父坐法宫刑，为中黄门，死长安，葬雍门。"钩弋夫人的父亲本是朝廷官员，犯法当斩。如果不是罪不可赦，则有两个办法可以免死。一是花巨额的金钱赎罪，免为庶人，等待以后有机会再起。出土的张家山汉简中记载了大量西汉法律条文，其中的《二年律令·具律》明确规定了赎死需要缴纳黄金二斤八两。武帝时，征伐四夷，财政困难，大量使用以钱赎死的办法充实国库。天汉四年（前97年）、太始二年（前95年）发布的诏令中有"死罪入赎钱五十万减死一等"的规定。[1]大量的武将在战场上兵败当斩，也都是通过纳钱赎罪的方式免死。[2]

二是受腐刑，入宫服务。其依据是景帝时期所颁布的条律"死

---

[1] 《汉书》卷六《武帝纪》。
[2] 这样例子在史书中比比皆是，如《史记·卫将军骠骑列传》："骑将军敖亡七千骑；卫尉李广为虏所得，得脱归；皆当斩，赎为庶人。""博望侯坐行留，当斩，赎为庶人。……合骑侯敖坐行留不与骠骑会，当斩，赎为庶人。"《史记·李将军列传》："右将军［赵食其］独下吏，当死，赎为庶人。"《汉书·苏建传》："苏建……失军当斩，赎为庶人。"

罪欲腐者，许之"。[1]没钱的获罪之人就只能选择这种方式，如司马迁为李陵降匈奴一事辩解，触怒武帝，下狱当死，因为拿不出五十万钱赎死，只得接受腐刑。钩弋夫人的父亲和司马迁一样，没钱赎罪，又不愿死，就受了宫刑。司马迁入宫做中书令，钩弋夫人的父亲为中黄门。[2]

苏文也是中黄门。

苏文常在武帝身边，深知天子多欲好女色，甚至深知什么样的着装、说话方式能吸引武帝。当年江充第一次见武帝，敢于那样着装，其实也是武帝被身边的人吃透了他的喜好，才会敢如此安排。苏文和赵父是同事，可能二人相善，赵氏女又正好天生丽质。苏文能以故人之女设下一局，接下来所发生的一切其实都是天子身边的宦者才有机会操控的。

从此前有关苏文的几个记载判断，苏文是武帝身边相当亲近、地位相当高的宦者。

武帝巡幸河间国，应该是天汉三年（前98年）巡幸泰山时路过。此时的河间王是武帝的侄子刘缓。天子此时虽然已经因为方士们"候祠神人，入海求蓬莱，终无有验"而对神迹开始厌倦，但是"羁縻不绝，冀遇其真"。[3]苏文在他身边，对他的这种心理自然深知。古来望气之人与方士术士皆属奇技淫巧，为天子与他们接洽沟通的多不是外朝大臣，而是天子身边的宦者。所以苏文能够指使望气之人说此地有奇女子。天子如有意，自然也是通过宦者安排寻找。

---

1 《汉书》卷五《景帝纪》。
2 详参霍存福、程令政：《秦及西汉初期的奸罪与腐刑——以出土简牍资料为主要依据》，《社会科学辑刊》，2020年第2期。
3 《史记》卷二八《封禅书》。

试验能不能掰开赵姑娘的拳头当然不好让丞相、御史大夫们去，不能让侍卫武人去，最合适的人还是宦者。最后天子亲自下场，自然"奇迹"发生，手到拳开，天子大喜，神迹完成。

世间本无神迹，中间这各个环节，只有天子身边的宦者首领有能力、有机会掌控。

当然，赵氏女自己也很有姿色与本事，她得到了武帝的喜爱。武帝封她为婕妤，让她住在钩弋宫。婕妤位视上卿，爵比列侯，身份高贵。这有她自己努力的原因，也得依赖苏文这样的宦者的指点与协助。

太始三年（前94年），钩弋夫人妊娠十四月产下皇子刘弗陵，这是第二个神迹。有人告诉天子，昔日尧也是十四月始生，天子大喜，说："闻昔尧十四月而生，今钩弋亦然。"因而命名刘弗陵出生的宫室之门为"尧母门"。[1]

根据现代医学，人类妊娠的时间在40—42周之间，如长于42周仍不能生产，死胎的概率会随时间而快速增加。有记录的最长妊娠时间出现在20世纪的美国，是375天。钩弋夫人孕期14个月，425天左右，可能性极低。

尧十四月始生的说法不知从何而来，目前能查到的历史记载都和刘弗陵相关，没有汉以前的记载。武帝说"闻昔尧十四月而生"，这个表述像是他刚听人说的，而非当时已广泛流传的说法。所以很有可能这个说法就是告诉武帝这个传闻的人编造的。

因此，刘弗陵十四月所生只有两个可能。从科学的角度分析，可能是因为钩弋夫人月经长期不规律，所以从她最后一次停经算，

---

[1] 《汉书》卷九七上《外戚传·孝武钩弋赵婕伃》。

导致孕期计算错误。若从阴谋的角度分析，可能就是有能够把持后宫的人，联合宫女宦官一起欺骗武帝，再安排人向武帝进言，编造"尧十四月而生"的神话。

武帝之所以会相信这个神迹，有两个重要原因：其一，他本人也是带着神迹出生的。他的母亲王夫人告诉景帝，她是"梦日入怀"而生刘彻。武帝自己今日成为千古一帝，自然是上天的安排，"梦日入怀"就是明证。因此他就可以接受刘弗陵的神迹。其二，尧舜是儒家理想的君王，虽然这时儒家并未在思想上彻底把持汉代政治，但是影响力已经越来越大。当时广泛流传刘氏是尧之后，这个传言可能已经影响到了武帝。[1]这一传言在武帝之后影响越来越大，到外戚王莽秉政时期，他刻意散布王氏为舜之后，为刘氏禅让给王氏制造依据。

有权力把持后宫设此局的人，苏文自然要算一个。以故人之后赵夫人和带着光环出生的皇子刘弗陵为争权工具，以苏文为核心的宦者集团，在史料的字里行间若隐若现。

宦　者

如果以上推断成立，之前诸多不可解之处便有了答案，诸多原本推断为李氏外戚成员所为之事便也有了新的可能。

针对太子的各种诬告自然得到解释，同时也能看出这是以苏文为核心的宦者小集团在联合行动。告发太子的小黄门常融、王弼二

1　宋艳萍:《论"尧母门"对西汉中后期政治格局以及政治史观的影响》,《史学集刊》, 2015 年第 4 期；崔建华:《西汉时期"汉家尧后"说的生成及演化》,《人文杂志》, 2021 年第 8 期。

人因为被天子察觉进而被杀，从而在史书上留下印迹，其他参与而未被发觉的宦者为数必不在少。

公孙贺一案苏文也有参与的可能性。朱安世在狱中能够上书告发丞相，在一般情况下困难重重。当年武帝的哥哥、废太子刘荣在狱中想给父亲景帝写谢罪书，若没有窦婴的帮助，连刀笔竹简都得不到，更不用说将写好的谢罪书呈递至父亲案前。可朱安世却能轻松完成，而且他所掌握的丞相之罪极多，"南山之竹不足受我辞"，可见诉状写得不少。朱安世作为大侠，甚至未必认字，可能需要安排人入狱听他口述，再写下来。在竹简时代，从书写到搬运至天子案前，必得大事声张。此事可以通过天子身边的侍郎马通、马何罗办成，也可通过黄门苏文这条线。李氏与赵氏，此时共同的目标都是扳倒太子，他们未必有合作，但是劲是往一处使的。

江充入太子宫查巫蛊，苏文也有推波助澜的空间。江充查太子宫时，"于太子宫得木人尤多，又有帛书，所言不道；当奏闻"。天子特意派按道侯韩说、御史章赣、黄门苏文三人从旁监视，江充本人从未在长乐宫任职，不熟悉宫中情况，应当没有机会预先在太子宫埋下木人、帛书栽赃太子，现场所发掘出的木人、帛书要么是太子宫中确有人对天子行巫蛊之事，甚至此人就是太子——当代就有史学者持此说，[1] 要么就是宫中其他人提前埋下，以配合江充的行动。

事后来看，江充束手就擒，可能是他理直气壮，认为在太子宫中确实查出实据，到天子那里对质也不怕。他并没想到太子会和其父撕破脸，不再走常规的对质申诉途径。如此看来，他栽赃太子的可能性较小。韩说毫无防备因而被杀，章赣亦无提防，受伤逃脱。

---

[1] 参见辛德勇：《制造汉武帝（增订本）》附录《汉武帝太子据施行巫蛊事述说》，生活·读书·新知三联书店，2018年，第128—167页。

这说明二人对此事背后的隐情并无所知，所以他们在现场保持中立客观的监察职责的可能性较高。反观苏文，作为肢体残缺之人，却是反应最快的，全身而至甘泉，似乎他对可能发生的一切早有准备，这说明太子宫中的木人、帛书有可能是他安排预先埋下的。作为宦者集团的领袖，确实也只有他才有这个条件。他配合江充，并不需要让江充知道，这样戏才演得最真。他这么做至少是为了扳倒太子，最好的结果则是卫李鹬蚌相争，渔翁得利。所以他看见挖出证据后，能预判到被冤枉栽赃的太子在激愤之下可能出险招，他预先做好了准备，所以能闻警即逃。

到了甘泉后，他立刻展开下一步行动："说太子无状。"苏文将太子的作为直接定性为"无状"，即是悖逆无道的行为。苏文是第一个带来长安信息的人，他的话必然给武帝带来先入为主的影响。

发生的这一切井井有条，环环相扣，似乎提前计划过。这更说明可能是苏文见武帝允许江充入太子、皇后宫查巫蛊之后，便提前安排宦者宫女埋下木人、帛书。

卫子夫与太子皆自缢，卫氏外戚集团被彻底打倒，苏文的敌人立刻变为李氏外戚。目前能看得到的，他对李氏直接发难的第一件事，当是内谒者令郭穰告发李广利、刘屈氂。郭穰是一个很奇特的角色，内谒者令一职多由宦者担任，他应该同苏文一样，也是宦者。他在历史记载中只出现过两次，都与储君之争有关。第一次是告发李广利与刘屈氂共谋立昌邑王为太子，行巫蛊诅咒上，直接引发了李氏外戚的崩溃。一次告发就摧毁了掌控军政大权、看似牢不可破的李氏外戚集团，其间不无蹊跷，当有很多环节、很多安排，可惜史料无存。第二次则是刘病已之事。太子有一个孙子，巫蛊之祸爆发时才几个月大，因此幸免于难，被关在长安郡邸狱中，郡邸狱是关押各郡国涉及巫蛊罪犯的监狱。原廷尉右监丙吉因犯法被贬至鲁国担任州从事一职，因太子巫蛊之狱牵连太多，长安的司法官员不够用，遂从地方征召官员入京办案。丙吉奉召入长安，负责在郡邸狱审理案件。他既同情太子无辜得罪，又可怜刘病已幼小无依，就拖延审理，希望能保全幼子，并找保姆在狱中抚育刘病已。

后元二年（前87年），武帝病重不起，又有望气者进言，长安狱中有天子气。武帝遂派使者至长安各狱，将长安狱中罪犯，无论轻重、已决未决，统统处死。到郡邸狱执行这个命令的"正好"就是郭穰。郭穰连夜直奔郡邸狱，丙吉闭门不纳，说："皇曾孙在。他人亡〔无〕辜死者犹不可，况亲曾孙乎！"郭穰与丙吉相持至天明不得入狱中，于是回宫禀报，弹劾丙吉。武帝这时已醒悟，遂说："天使之也。"因此大赦天下，郡邸狱中连刘病已在内的所有人员方才得逃大难。[1] 刘病已即是日后的汉宣帝。

望气者言"长安狱中有天子气"，这简直是和当年在河间"此地有奇女子"一样的套路。如果那一次是有人指使望气者，这一次又怎能保证不是？不过后元二年苏文已被烧死，这次是谁指使的呢？郭穰与苏文是什么关系？他是在苏文死后接掌了这个秘密宦者集团，继续为推动立刘弗陵为储君而运转？抑或他与苏文其实都不过是常融、王弼一样的人，听命于背后更大的人物，此人始终隐身其后，仍未暴露？这个人也是宦者吗？

这个宦者集团手中的棋子是钩弋夫人与她的儿子刘弗陵，从他们两人的命运中能否发现更多这个团体存在的证据呢？

钩弋夫人死于巫蛊之变后，武帝驾崩之前。她的死有三种记载。

---

[1]《汉书》卷七四《丙吉传》。

班固在《汉书·外戚传》中记得最平实：

> 钩弋婕妤从幸甘泉，有过见谴，以忧死，因葬云阳。

褚少孙在他所补的《史记·外戚世家》中绘声绘色地记载了一段悲情的诀别：

> 上居甘泉宫，召画工图画周公负成王也。于是左右群臣知武帝意欲立少子也。后数日，帝谴责钩弋夫人。夫人脱簪珥叩头。
> 帝曰："引持去，送掖庭狱！"
> 夫人还顾，帝曰："趣行，女［汝］不得活。"夫人死云阳宫。时暴风扬尘，百姓感伤。使者夜持棺往葬之，封识其处。
> 其后帝闲居，问左右曰："人言云何？"
> 左右对曰："人言且立其子，何去其母乎？"
> 帝曰："然。是非儿曹愚人所知也。往古国家所以乱也，由主少母壮也。女主独居骄蹇，淫乱自恣，莫能禁也。汝不闻吕后邪？"

《资治通鉴》也采用了这一条记载。

第三种记载出自《汉武故事》，荒诞不经，不值得认真对待，录于此聊备一说：

> 从上至甘泉，因幸告上曰："妾相运正应为陛下生一男，七岁妾当死，今年必死。宫中多蛊气，必伤圣体。"言终而卧，

遂卒。既殡，香闻十里余，因葬云陵。上哀悼，又疑非常人，发冢，空棺无尸，唯衣履存焉。起通灵台于甘泉，常有一青鸟集台上往来，至宣帝时乃止。

依《汉武故事》，钩弋夫人就是上天派遣下凡陪伴武帝的仙女，以七年为期，其间为他生一继承人，期满回天庭。这个故事唯一的价值就是反映了钩弋夫人的故事流传到后世已成神话这一事实。

褚少孙的记载影响很大，后世学者多有讨论，值得认真对待。这一记载展现了多个信息点。其一，天子"召画工图画周公负成王"，是有意托孤于霍光，让他行周公辅佐成王之事，这是霍光在武帝死后总揽大权的依据之一。其二，此时武帝已经决定死后传位于幼子刘弗陵，并且此事左右群臣皆知。其三，杀钩弋夫人唯一的原因是决定立其子为帝，担心主少母壮，汉家再现吕后之事。

这三件事是紧接着发生的，具体时间是什么时候呢？史料没有明确的记载，只能征引旁证。班固和褚少孙的记载相同之处在于钩弋夫人死于从幸甘泉之时，根据《汉书·武帝纪》记载，后元元年（前88年）正月，武帝行幸甘泉。可以推断，钩弋夫人是在这次随幸甘泉时被杀。但是刘弗陵是在次年，后元二年（前87年）二月十二日才被立为太子，两天后武帝就驾崩了。如果武帝真的在后元元年春正月就有了立刘弗陵之意，为什么要拖一年多，直到死前两天才极其仓促下诏立他为太子？如果此时就有了让霍光辅政的想法，为什么一年的时间内不做出任何正式的安排，甚至都没有给霍光安排实质性的职务？霍光以遗诏顾命之前的身份只是"侍中、奉车都尉"，负责掌管舆车，秩比二千石。所以褚少孙的记载，在这两方面都充满疑点。

而班固的记载简单，却涵意丰富："有过见谴，以忧死。"[1]——这与褚少孙所记的第三点矛盾。赵夫人的死不是她毫无过错，只因武帝要"立子杀母"不得不杀之，而是因为"有过见谴"。赵夫人因何过而被谴？这是何等严重的过错，竟然能让钩弋夫人"忧"死？联系苏文之死或许可以得出一个解释。"上知太子惶恐无他意，而车千秋复讼太子冤，上遂擢千秋为丞相，而族灭江充家，焚苏文于横桥上。"从这句话来看，苏文死的时间是田千秋被擢为丞相之后。而《资治通鉴》则是把江充被族灭、苏文被焚死条置于田千秋征和三年（前90年）面见武帝，被立置为大鸿胪之后，任丞相之前。据《汉书·百官公卿表》，田千秋于征和三年任大鸿胪，征和四年（前89年）六月二十五日（丁巳），擢为丞相。也就是说，苏文最晚当死于此年六月之后，距钩弋夫人之死最短不过半年，最长也就两年的时间。

苏文被烧死，是因为武帝已逐渐认识到太子是被逼而反，苏文过往陷害、打击、谋害太子的诸种行为，在武帝眼里一下清晰起来。至于苏文之案是否牵连到整个宦者集团，其在被烧死前是否供出钩弋夫人，不得而知。钩弋夫人之死，有可能是因为她在苏文死后，害怕密谋败露，日日忧惧，因其他事被武帝谴责，忧心而死；也有可能是所谋之事已经败露，遭到谴责，忧惧而死。

以上所分析的苏文的谋划，看起来似乎不可思议，其实寻常。不过是想重演百年前秦朝赵高的故事而已。太子少傅石德说不定就已经看出了这一层，所以他才会对太子说："将不念秦扶苏事邪！"那么谁是胡亥？谁是赵高？以前的人都以为石德说的是李氏，现在

---

[1] 《汉书》卷九七上《外戚传·孝武钩弋赵婕伃》。

来看，可能他选的这个先例是认真考虑过的：刘弗陵是胡亥，苏文是赵高，都是幼子，皆为宦者，一一对应，丝丝入扣。

苏文的布局如此迂回，如此隐秘，起于细微，却离成功可能只差最多两三年的时间。如果他的计划没有被发觉，武帝死后，刘弗陵即位，钩弋夫人为太后，苏文将在幕后操纵政权。这只不过是将东汉的宦官专权提前二百年实现而已，哪有什么不可能的？

参考文献

古　籍

1. ［汉］司马迁:《史记》,北京:中华书局,2014年。
2. ［汉］班固:《汉书》,北京:中华书局,2012年。
3. ［汉］荀悦:《汉纪》,北京:中华书局,2002年。
4. ［南朝宋］范晔:《后汉书》,北京:中华书局,2000年。
5. ［汉］司马迁:《史记会注考证》,［日］泷川资言考证、杨海峥整理,上海:上海古籍出版社,2015年。
6. ［宋］司马光:《资治通鉴》,北京:中华书局,2011年。
7. ［宋］黎靖德:《朱子语类》,北京:中华书局,1986年。
8. ［宋］洪迈:《容斋随笔笺证》,凌郁之笺证,北京:中华书局,2022年。
9. ［清］孙星衍等辑:《汉官六种》,北京:中华书局,2008年。
10. ［清］赵翼:《廿二史劄记校证》,北京:中华书局,2013年。
11. ［清］姚苎田:《史记菁华录》,上海:上海古籍出版社,1988年。
12. ［清］梁玉绳:《史记志疑》,北京:中华书局,1981年。
13. ［清］何焯:《义门读书记》,北京:中华书局,1987年。
14. ［汉］班固:《汉书今注》,王继如主编,南京:凤凰出版社,2013年。

15. 《汉书新注》，施丁主编，西安：三秦出版社，1994年。
16. 《十三经注疏》（清嘉庆刊本），［清］阮元校刻，北京：中华书局，2009年。
17. 《三辅黄图校注》，何清谷注解，西安：三秦出版社，2006年。

论　文

1. 吴树平：《上官桀历官搜粟都尉考》，《文史》第8辑，北京：中华书局，1980年。
2. 张大可：《卫青、霍去病生年试探》，《社会科学》，1982年第1期。
3. 何兹全：《东汉宦官与外戚的斗争》，《文史知识》，1983年第4期。
4. 卢兆荫：《略论两汉魏晋的帷帐》，《考古》，1984年第5期。
5. 高敏：《秦汉邮传制度考略》，《历史研究》，1985年第3期。
6. 蒲慕州：《巫蛊之祸的政治意义》，《"中央研究院"历史语言研究所集刊》，1986年1月。
7. 祝总斌：《西汉宰相制度变化的原因》，《历史研究》，1986年第2期。
8. 袁传璋：《司马迁"卒于太始四年说"献疑——太史公卒年考辨之三》，《安徽史学》，1987年第3期。
9. 苏诚鉴：《汉元帝的儒生政治》，《安徽师大学报（哲学社会科学版）》，1987年第3期。
10. 江淳：《西汉游侠与京师治安》，《社会科学家》，1987年第5期。
11. 方诗铭：《西汉武帝晚期的"巫蛊之祸"及其前后——兼论玉门汉简〈汉武帝遗诏〉》，《上海博物馆集刊》第4期，上海：上海古籍出版社，1987年。
12. 牟润孙：《汉初公主及外戚在帝室中之地位试释》，《注史斋丛稿》，北京：中华书局，1987年，第50—79页。
13. 邹本涛：《西汉南北军考辨》，《中国史研究》，1988年第1期。
14. 孙家洲、李宜春：《西汉矫制考论》，《中国史研究》，1988年第1期。

15. 卫广来：《论西汉纳妃制度》，《山西大学学报（哲学社会科学版）》，1990年第3期。

16. 孙机：《步摇、步摇冠与摇叶饰片》，《文物》，1991年第11期。

17. 赵生群：《〈史记〉太初以后记事特征初探》，《南京师大学报（社会科学版）》，1992年第1期。

18. 洪煜：《论西汉皮币》，《史学月刊》，1992年第6期。

19. 秦学顺：《西汉外戚何以出身微贱》，《西南师大学报（哲学社会科学版）》，1993年第1期。

20. 吴刚：《"巫蛊之祸"新探》，《中国史研究》，1993年第2期。

21. 林沄：《天亡簋"王祀于天室"新解》，《史学集刊》，1993年第3期。

22. 阎步克：《汉武帝时"宽厚长者皆附太子"考》，《北京大学学报（哲学社会科学版）》，1993年第3期。

23. 曾维华：《汉高祖刘邦生年考》，《上海师范大学学报》，1993年第4期。

24. 陈启新：《"卫太子持纸蔽鼻"辨伪》，《中国造纸》，1995年3月。

25. 方诗铭：《战国秦汉的"赵女"与"邯郸倡"及其在政治上的表现》，《史林》，1995年第1期。

26. 陈满光：《西汉丞相选任述论》，《贵州师范大学学报（社会科学版）》，1995年第2期。

27. 朱子彦：《汉代外戚集团的形成与擅权》，《历史教学问题》，1996年第4期。

28. 胡新生：《论汉代巫蛊术的历史渊源》，《中国史研究》，1997年第3期。

29. 王子今：《西汉长安的"胡巫"》，《民族研究》，1997年第5期。

30. 陆建伟：《秦汉时期市籍制度初探》，《中国经济史研究》，1999年第4期。

31. 贾贵荣：《儒家文化与秦汉封禅》，《齐鲁学刊》，2000年第4期。

32. 田旭东：《西汉时期的大司马与外戚专权——读〈汉书〉札记》，《西北大学学报（哲学社会科学版）》，2001年2月。

33. 李建民：《〈汉书·江充传〉"桐木人"小考》，《中国科技史料》，2001年第4期。

34. 焦克华：《汉代的"酎金"与"酎金案"》，《平顶山师专学报》，2002年第S1期。

35. 卫广来：《西汉出宫人制度考实》，《文史哲》，2002年第2期。

36. 田余庆：《论轮台诏》，《秦汉魏晋史探微（重订本）》，北京：中华书局，2004年，第30—62页。

37. 顾颉刚：《武士与文士之蜕化》，《史林杂识初编》，北京：中华书局，2005年。

38. 张小峰：《卫太子冤狱昭雪与西汉武、昭、宣时期政治》，《南都学坛》，2006年第3期。

39. 徐津宁：《浅析老年病人的心理护理》，《现代生物医学进展》，2006年第11期。

40. 白兆晖：《论西汉后宫宠幸暨赵女现象的成因》，《邯郸学院学报》，2007年第1期。

41. 赵晓优：《西汉郎官制度的形成》，《中北大学学报（社会科学版）》，2007年第S1期。

42. 孙家洲：《再论"矫制"——读〈张家山汉墓竹简〉札记之一》，《张家山汉简〈二年律令〉研究文集》，桂林：广西师范大学出版社，2007年。

43. 张鸿勋：《抽刀刺石壁 志感飞泉涌——唐代敦煌贰师泉传说寻水故事的考察》，《天水师范学院学报》，2008年第3期。

44. 谢彦明：《西汉八校尉军事建置考辨》，《上海大学学报（社会科学版）》，2008年第6期。

45. 孙闻博：《秦汉简牍中所见特殊类型奸罪研究》，《中国历史文物》，2008年第3期。

46. 孙景坛：《苏文应是汉武帝晚年"巫蛊之祸"的元凶》，《南京社会科学》，

2008年第10期。

47. 孙景坛：《"汉武帝'罢黜百家独尊儒术'子虚乌有"新探——兼答管怀伦和晋文（张进）教授》，《南京社会科学》，2009年第4期。

48. 成祖明：《郎官制度与汉代儒学》，《史学集刊》，2009年第3期。

49. 齐润运：《论汉武帝时期上林苑的范围》，《秦汉研究》第3辑，西安：陕西人民出版社，2009年。

50. 王连旗：《试论西汉丞相制度的演变》，《开封大学学报》，2010年第4期。

51. 刘涛、王科社：《李广俘获匈奴当户及其长子当户年龄考》，《丝绸之路》，2010年第2期。

52. 王子今：《汉朝军制中的"越骑"部队》，《史学月刊》，2010年第2期。

53. 李禹阶：《论中国外戚政治的起源及形成的历史条件》，《四川大学学报（哲学社会科学版）》，2010年第3期。

54. 蔡亮：《重塑统治集团：西汉巫蛊案的再解读》，《湖南省博物馆馆刊》第7辑，长沙：岳麓书社，2010年。

55. 秦进才：《周亚夫与栗太子之废新探》，《石家庄学院学报》，2011年第5期。

56. 张寒：《汉代军功爵赏法律制度研究》，《前沿》，2011年第12期。

57. 陈啟喆：《"巫蛊之祸"中外戚、权臣势力消长的考证——以〈史记〉〈汉书〉为中心》，《西南古籍研究》，昆明：云南大学出版社，2012年。

58. 江新：《董仲舒对策之年考辨兼答孙景坛教授》，《河北师范大学学报（哲学社会科学版）》，2012年第3期。

59. 刘鸣：《"白马之盟"真伪辨》，《秦汉研究》第六辑，西安：陕西人民出版社，2012年。

60. 秦铁柱：《西汉时期匈奴归义列侯论析》，《商丘师范学院学报》，2013年第10期。

61. 刘厚琴：《汉代母系意识研究》，《咸阳师范学院学报》，2014年第3期。

62. 杜汉超：《汉代水衡都尉初探》，《赤峰学院学报（汉文哲学社会科学版）》，2014年第9期。

63. 张英梅：《试探肩水金关汉简中"传"的制度》，《敦煌研究》，2014年第2期。

64. 石云涛：《汉代良马的输入及其影响》，《社会科学战线》，2014年第7期。

65. 汪春泓：《前汉昌邑王考》，《长江学术》，2015年第3期。

66. 吴小强、张铭洽：《西汉窦太后的黄老思想与赵文化》，《邯郸学院学报》，2015年第3期。

67. 贾艳红：《上巳节考论》，《齐鲁学刊》，2015年第1期。

68. 宋艳萍：《论"尧母门"对西汉中后期政治格局以及政治史观的影响》，《史学集刊》，2015年第4期。

69. 彭卫：《秦汉人身高考察》，《文史哲》，2015年第6期。

70. 白坤：《汉代后妃问题研究综述》，《中国史研究动态》，2016年第1期。

71. 陈苏镇：《汉未央宫"殿中"考》，《文史》，2016年第2期。

72. 谢弈桢：《〈卫青传〉"给事建章""为建章监"考疑》，《文教资料》，2016年第36期。

73. 顿文聪：《再论巫蛊之祸》，《唐都学刊》，2017年第5期。

74. 薛小林：《在国家祀典与个人仙路之间：秦皇汉武封禅考论》，《世界宗教文化》，2017年第4期。

75. 韦知秀：《爱情与政治视域下的"长门遗恨"——〈史记〉阿娇婚姻悲剧分析》，《渭南师范学院学报》，2018年5月。

76. 李峰：《〈通鉴〉汉武帝元狩年间史事书写辨正》，《史学理论与史学史学刊》2018年上卷。

77. 潘铭基：《略论〈史记〉的长公主》，《渭南师范学院学报》，2019年第4期。

78. 宋杰：《两汉时期的太子宫》，《南都学坛》，2019年第3期。

79. 代剑磊：《汉景帝更立太子的政治史分析》，《唐都学刊》，2019年第5期。

80. 孙家洲：《西汉前期三大政治集团的"平衡"及其破局》，《理论学刊》，2019年第6期。

81. 宋杰：《汉代皇室"两宫"分居制度的演变》，《中国史研究》，2019年第4期。

82. 闫爱民、赵璐：《"踞厕"视卫青与汉代贵族的"登溷"习惯》，《南开学报（哲学社会科学版）》，2019年第6期。

83. 陈佳宁、张玉芳：《汉武帝时期女性的政治参与研究——以〈史记〉为中心》，《西部学刊》，2019年第21期。

84. 霍存福、程令政：《秦及西汉初期的奸罪与腐刑——以出土简牍资料为主要依据》，《社会科学辑刊》，2020年第2期。

85. 范云飞：《从"周礼"到"汉制"——公私视角下的秦汉地方宗庙制度》，《史林》，2020年第2期。

86. 安子毓：《西汉武昭之际政局辨疑》，《齐鲁学刊》，2020年第4期。

87. 刘洁：《卫太子刘据的谥号问题探究——兼论〈汉书〉所见卫太子之地位》，《秦汉研究》，2021年第1期。

88. 田立坤：《步摇冠源流考察》，《北方文物》，2021年第6期。

89. 马智全：《肩水金关汉简中的"宣曲校尉"》，《商丘师范学院学报》，2021年第7期。

90. 崔建华：《西汉时期"汉家尧后"说的生成及演化》，《人文杂志》，2021年第8期。

91. 张同胜：《数字"十四"神话意蕴的渊源学考察》，《连云港师范高等专科学校学报》，2022年第1期。

92. 李峰、苗苗：《论数据分析法在史学研究中的运用——以〈巫蛊之祸与儒生帝国的兴起〉为例》，《中国史研究动态》，2022年第3期。

93. 王羽：《论战国秦汉游侠阶层对社会秩序的建构》，《今古文创》，2022年第25期。

94. 王允亮：《汉廷政事与经典书写——论〈史记·三王世家〉的撰写及影响》，《中山大学学报（社会科学版）》，2023年第1期。

95. ［日］仁井田陞：《汉魏六朝债权的担保》，《东洋学报》，21:1，1933年。

96. 张一兵：《明堂制度研究——明堂制度的源流》，吉林大学博士学位论文，2004年。

97. 王刚：《学与政——汉代知识与政治互动关系之考察》，华东师范大学博士学位论文，2004年。

98. 胡春润：《东方朔研究》，武汉大学硕士学位论文，2005年。

99. 吴涛：《论西汉的〈穀梁〉学——兼论〈穀梁〉与〈公羊〉之间的升降关系》，复旦大学博士学位论文，2007年。

100. 亢灵芝：《汉代太子教育初探》，陕西师范大学硕士学位论文，2013年。

101. 温巧珍：《两汉侍中研究》，湖南师范大学硕士学位论文，2014年。

102. 苏鑫：《汉代储君制度研究》，吉林大学博士学位论文，2016年。

103. 李晓蓓：《汉代诸侯王就国问题研究》，吉林大学硕士学位论文，2017年。

104. 韩团结：《汉代奏议研究》，陕西师范大学博士学位论文，2020年。

105. 邱荻：《汉代后宫礼制研究》，山东大学硕士学位论文，2021年。

专　著

1. 钱锺书：《管锥编》，北京：中华书局，1979年。

2. 杨树达：《汉书窥管》，上海：上海古籍出版社，1984年。

3. 朱维铮：《中国经学史十讲》，上海：复旦大学出版社，2002年。

4. 李开元：《汉帝国的建立与刘邦集团——军功受益阶层研究》，北京：生活·读书·新知三联书店，2000年。

5. 钱穆：《秦汉史》，北京：生活·读书·新知三联书店，2004年。

6. 刘汝霖：《汉晋学术编年》，上海：华东师范大学出版社，2009年。

7. 臧知非：《战国秦汉行政、兵制与边防》，苏州：苏州大学出版社，2017年。

8. 辛德勇：《制造汉武帝（增订本）》，北京：生活·读书·新知三联书店，2018年。

9. 林剑鸣：《秦汉史》，上海：上海人民出版社，2019年。

10. 蔡亮：《巫蛊之祸与儒生帝国的兴起》，北京：北京师范大学出版社，2020年。